SUPPLÉMENT

AUX

DICTIONNAIRES

BRETONS

ÉTUDE RÉCRÉATIVE ET SÉRIEUSE :

HISTOIRE, PHYSIOLOGIE LINGUISTIQUE, ORTHOGRAPHE,

VOCABULAIRE, ETC.

PAR LE TRADUCTEUR BRETON

du Menaie Marianus du P. JACOLET,
et de l'Avenue du Ciel. *Bali an El.*

*On peut encore aujourd'hui méditer dans le
vif d'imagination que Michelet trouvait au dialecte
l'un si imagination que la mutabilité même d'une
langue dans la ... son lecture semblable
du ... ... celle d'un ... ...
de ... ... Personne, où il se sera
à n'y ... ...*

E. MORIN.

LANDERNEAU,

Imprimerie de P.-B. DESMOULINS fils, Rue du Pont.

1872.

SUPPLÉMENT

AUX

DICTIONNAIRES BRETONS

SUPPLÉMENT

AUX

DICTIONNAIRES

BRETONS

ÉTUDE RÉCRÉATIVE ET SÉRIEUSE :

HISTOIRE, PHYSIOLOGIE LINGUISTIQUE, ORTHOGRAPHE,

VOCABULAIRE, ETC.

PAR LE TRADUCTEUR BRETON

du *Mensis Marianus* du P. JACOLET,

et de l'Avenue du Ciel. *Bali an Eé.*

ÉPIGR.

On peut encore aujourd'hui saisir dans le vif l'organisme de l'idiome breton ; mais que l'on n'attende point le moment moins éloigné peut-être que ne le pensent nos excellents recteurs des paroisses bretonnantes, où il ne sera plus qu'une matière inerte abandonnée au scalpel des philologues anatomistes...

E. MORIN.

LANDERNEAU,

Imprimerie de P.-B. DESMOULINS Fils, Rue du Pont.

1872.

AUX AMIS DES TRADITIONS.

C'était en Juin 1870. On se demandait, dans un cercle d'amis des vieilles traditions, si les questions soulevées au sujet de la langue bretonne n'avaient aucune solution dans les indications de l'histoire combinées avec celles de l'expérience. Le temps n'est pas aux plaisirs de l'esprit, et la réponse promise alors, après s'être fait attendre, rappelle encore trop la naïveté d'un grammairien qui, entendant parler de catastrophes imminentes, disait : Pour moi je suis tranquille ; j'ai dans mon portefeuille 36 conjugaisons parfaitement complètes. — Mais il est si difficile de dire adieu aux traditions, même lorsqu'elles paraissent insignifiantes ! Et nous sommes menacés de perdre les nôtres avec la vieille langue qui en est la sauve-garde ; qui pouvait être le pivot d'une instruction rurale égale en vraies lumières à la civilisation citadine dans le moule banal de laquelle on veut couler l'enfance.

On gémit de la dépopulation des campagnes, et, par une fatale inconséquence, on propage les préjugés et les ignorances qui alimentent le courant désastreux des émigrations en ville. Dans un conseil d'arrondissement on a signalé comme un abus que dans une commune de 7000 habitants on donne l'instruction religieuse en breton à 60 filles pauvres. Etrange façon d'entendre le bien du pays ! Au chef-lieu même de cet arrondissement une personne pauvre, élevée conformément aux préjugés régnants, disait : Pour mon malheur, j'ai trop bien appris le français. J'ai été élevée par des religieuses. Dans ma paroisse je pratiquais mes devoirs religieux. J'étais heureuse. Pour mon très-grand malheur, j'ai voulu mettre mon français en pratique !... Dans la même ville, deux autres victimes de l'éducation faussée faisaient dernièrement des aveux analogues. Et ici le militarisme n'est pour rien, à moins qu'on n'ait besoin d'une armée de pétroleuses.

Egalité, universalité de l'instruction, tel est le cri des ennemis de la Société. Il ne faut plus qu'un espion quelconque ne puisse pas être renseigné par chaque vachère ou sarcleuse qu'il rencontrera, si toutefois le progrès ne supprime, avec le vieux parler, les vachères et les sarcleuses.

J'avais fait un projet ; je te le dis tout bas.
Un projet ! mais au moins tu n'en parleras pas.
C'est plus beau que Lycurgue, et rien d'aussi
sublime.
N'aura jamais paru si Ladvocat m'imprime.
L'univers mon ami, sera bouleversé.
On ne verra plus rien qui ressemble au passé ;
Les riches seront gueux et les nobles infâmes ;
Nos maux seront des biens, les hommes seront
femmes,
Et les femmes seront tout ce qu'elles voudront...
Du reste, on ne verra, mon cher, dans les campagnes,
Ni forêts, ni clochers, ni vallons, ni montagnes.

Chansons que tout cela ! Nous les supprimerons,
Nous les démolirons, comblerons, brûlerons.
Sur deux rayons de fer un chemin magnifique
De Paris à Pékin ceindra ma république.
Là, cent peuples divers, confondant leur jargon,
Feront une Babel d'un colossal wagon.
Là, de sa roue en feu, le coche humanitaire
Usera jusqu'aux os les muscles de la terre.
Du haut de ce vaisseau les hommes stupéfaits
Ne verront qu'une mer de choux et de navets.
Le monde sera propre et net comme une écuelle,
L'humanitairerie en fera sa gamelle, etc.

De Musset.

Les Pharisiens de la philanthropie prennent en pitié des êtres plus fortunés qu'eux, — o! fortunatos ! — qui ont d'autres horizons, et moins d'ignorance, ayant moins d'erreurs dans l'esprit. Vus des hauteurs de l'intuition chrétienne, les colosses de l'obscurantisme athée sont peu de chose. Mais quand, descendus à leur niveau, nous jargonnerons tous la langue qu'ils parlent si bien, quoique ceux qui regardent plus loin que M. About l'appellent un riche patois, ils auront le dessus, vu les conditions où nous sommes. Faut-il s'étonner de leur ardeur pour ce qu'ils appellent instruction, et qui peut être une duperie ! Des personnes bien intentionnées leur font écho, et partagent leur mépris de la vieille langue. Elles sont peut-être moins intéressées aux saines et fortes études primaires, qu'entichées d'on ne sait quelle civilisation urbaine, contraire à l'abnégation, cause par là de la dépopulation du pays, mortelle à tous les intérêts ruraux.

Au début de la guerre on demandait à DE MOLTKE ce qu'il en augurait. — Les affaires ne vont pas mal, dit-il ; mes froments ont souffert des pluies, mais je compte sur une bonne récolte de pommes de terre. — Ce joli mot n'aurait jamais pu venir à l'esprit de nos hommes du progrès, qui n'ont que faire de choses dont ils ignorent la provenance et la nécessité. Ils auraient plutôt répondu en disciples de ce magister, dont le patriotisme se traduisait en cette lamentation : Hélas ! les participes ne sont pas connus en France ! en France, on ignore les participes !...

Si c'est là l'ignorance que la religion déplore, (Is. 5. Ben. XIV), on fait bien de dégoûter notre jeunesse pauvre de la vie des champs, et de réserver des éloges pour ceux qui passent leur vie à « entourer de leurs meilleurs hommages la langue de Voltaire. » (1872). Seulement, quand nous sommes sous le coup des désastres que cet homme appelait de tous ses vœux (1738), cette manière de dire ressemble à une ironie. Celui qui a le plus haï les Français serait-il celui qui a le mieux su leur langue ? Il est de fait qu'un de ses disciples a montré dans certains feuilletons un instinct de destruction aussi anti-français qu'anti-catholique ; et, pour en venir à notre sujet, c'est un ennemi forcené du breton. Au contraire, les vrais amis de la grande patrie française, qui en comprennent l'unité d'une manière large et patriotique, qui ne se sont pas complus à voir grandir ses ennemis naturels, s'intéressent à la conservation de la première langue parlée sur la terre de France, bien qu'ils ne l'aient vue qu'à travers le barbarisme qui l'enveloppe dans les livres. Aussi ont-ils paru sympatiques à l'initiative de celui qui a voulu la rappeler à ses compatriotes.

L'appréciation indépendante de ses théories ne diminuera pas la reconnaissance qu'ils lui ont vouée. Dans cette matière, une certaine indépendance est permise, même à l'égard des grands écrivains. (V. p. 37-44). Peut-on n'être pas froissé dans ses plus chères convictions en lisant certaines pages de CHATEAUBRIAND, de THIERRY, etc. THIERRY, cet oracle de CHATEAUBRIAND, « ce grand réformateur de notre histoire. » (Étud. hist.), qui écrit HLODOWIGH pour CLOVIS, et a commis des erreurs bien plus graves. Comment a-t-il été amené à substituer une orthographe barbare, relativement nouvelle (1556 ?), à l'ancienne (450 ?) Comment, en breton, a-t-on été amené à écrire : eunn, chezlaouit, pour, un, silaouit ? Ce n'est pas le lieu de l'examiner. Il suffit de noter qu'on ne pouvait être scrupuleux à l'égard de la vérité syllabique quand on faisait bon marché des vérités essentielles ?

Ce serait illusion de croire qu'on acceptera les conséquences des faits énumérés ici, et sur lesquels les meilleurs écrivains français ne peuvent se faire leurs idées à eux, n'ayant pas d'accès à la source des informations. D'après eux, le Christianisme, pour former la nationalité française, s'est uni au principe germain qui apportait l'esprit de famille et les autres éléments civilisateurs, n'empruntant à la civilisation césarienne que sa langue. Le latin aura formé le français, en s'assimilant quelques mots germains. L'élément celto-gaulois est éliminé. (V. Le Monde, critiq. l'hist. de Jul. Cés.) Cela suppose que le dialecte celto-gaulois était essentiellement différent de celui des Francs, trop grossier pour contribuer à la formation du français, et sans expression pour les idées civilisatrices de famille, de propriété, etc., et que les Germains, encore payens, étaient plus civilisés que les Gaulois. Ce que S. JÉRÔME ne donne pas à entendre (Ep. 91, 92), non plus que ce qu'on dit des antiquités des écoles d'Autun, de Lyon, de Marseille, etc.

On dédaigne d'interroger sur ces points un témoin qui a échappé aux Musulmans de la littérature, l'idiome de la vieille Armorique. Des idées préconçues le font compter pour rien. Dès qu'un mot breton a quelque rapport avec le latin, on lui donne une origine latine, alors même que sa forme indique le contraire. Les deux langues étant de la famille indo-européenne et ayant les mêmes racines, il est facile d'enlever à la nôtre tous les mots qui gênent certaines théories. Ce qui l'est moins, c'est d'expliquer comment les bretons ont pu conserver l'élément formel de leur langage primitif et l'adapter à l'élément matériel emprunté aux Romains ; comment des étrangers, campés dans des postes militaires, berceaux de nos villes, auront inculqué leur langue aux naturels du pays auxquels ils ne se mêlaient pas (l. c.) ; ce que n'ont pu, pendant des siècles, des hôtes domestiques aimés et vénérés. Depuis des siècles, des livres religieux en langage mixte sont lus, relus, médités au foyer breton, et ces livres fermés on y revient toujours au vieux langage traditionnel. L'influence attribuée aux Romains sur notre idiome est donc aussi peu vraisemblable que l'opinion de ceux qui expliquent par la même cause la douceur relative du dialecte Léonais, et que l'explication qu'on en donne dans LE PELLETIER (Préf.) Au reste, les soldats Romains devaient charger fortement leur prononciation, (Varr.) et ne savaient pas le latin. (QUINTIL.)

Un fait à notre portée. En un lieu appelé Téren, isolé au milieu de terres incultes, une personne qui aurait aujourd'hui près de cent ans, employait le mot *dic'hras*, dans le sens physique qui est le sens radical des mots. V. p. 48. *Aestiva gratior umbra. En anv eo gras beza en diseol.* Supposons le même âge à la personne qui lui apprit à parler, et, sans remonter plus haut, nous voilà au temps où le français n'était connu que dans les grandes villes. Les relations étaient rares, les communications difficiles. N'est-ce pas choquer toutes les vraisemblances que de voir dans ce langage et dans le nom de ce lieu des emprunts au latin ou au français, parce que, dans la racine, ce sont des mots bretons, latins et français? V. p. 105. Les disciples de LE GONIDEC rejettent ces données, dans l'intérêt de leur système, comme ils refusent d'admettre, par exemple, l'identité radicale des mots *ho, vos, vous.* V. p. 30, et le mot Vous, p 108, pour ne pas reconnaître qu'ils confondent, contrairement aux indications de l'analogie et à la philosophie du langage, deux mots essentiellement différents, *ho, vos; o, eux ou leur,* etc.

Pour revenir aux écrivains français, il ne convient pas de vouloir préciser toutes les raisons qui les empêchent de reconnaître la valeur de l'idiome breton. Un de leurs oracles, ROQUEFORT, va jusqu'à en contester l'existence quand il parle « d'une prétendue langue Celtique. » Voilà où l'on arrive quand on accepte de confiance les théories des savants de l'Académie soi-disant Celtique.

Dans cet essai de lexicologie bretonne il y a des pages ennuyeuses comme un examen de conscience ; mais cet ennui peut aboutir à la connaissance de faits aussi instructifs qu'anciens, confinant même aux points les plus intéressants du domaine de la théologie, du vrai savoir ; et découvrant des horizons ravissants. Les Nestors du Voltairianisme n'en font nul état, parce qu'ils voient le progrès dans l'oubli continu, l'ignorance et le mépris des choses anciennes. Que ne viennent-ils puiser à l'école de nos pâtres, dont CHATEAUBRIAND parle si cavalièrement, la science que PLATON appelle : *Scientiam tempore venerabilem!...*

Cette étude ne se borne donc pas aux stériles satisfactions de la curiosité. S. ISIDORE, le docteur de son siècle, dans son livre des origines, ramène à l'étude étymologique des mots presque toutes les sciences divines et humaines ; et le P. THOMASSIN a fait voir qu'il y a une méthode d'étudier chrétiennement les vieilles langues. Pas d'élément d'histoire plus vital, ni qui fasse mieux briller cette chaîne d'or de traditions dont le premier anneau est dans l'Eden. C'est à ce point de vue qu'il faut juger ce recueil. Près du lieu où il a été fait, sous les majestueux ombrages d'un bois plusieurs fois séculaire et rendez-vous annuel des vrais représentants de toute la partie bretonnante de l'Armorique, les échos les plus purs de la voix du passé se répondent encore dans la plus vieille langue vivante de l'Europe. Ceux qui aiment entendre cette voix pourront seuls comprendre l'attention donnée ici à certains détails, spécialement à ce qui a trait à la parenté des langues ; un point qu'on regrette de n'avoir pu mieux expliquer faute d'espace, et que les correcteurs d'imprimerie comptent pour rien. Ainsi, par exemple, en tête des premières éditions de MARIGO, publiées à Saint-Brieuc et à Quimper (1750), on lit : *Clauda Marigo, eus a barres Beuzec-Conq.* Dans l'édition *corrigée* de 1846, on supprime la conjonction *eus*, (ecs) : — *Person a Bl.* — On y remplace *un*, *ur*, *unan*, *ebquen*, par, *eun*, *eur*, *hunan*, *hebken*, etc. D'autres livres plus anciens ont subi les mêmes altérations. En dehors du point de vue de la tradition, ce sont des minuties. S'en occuper, c'est, comme dit VOLTAIRE, — « peser gravement des œufs de mouches dans des balances de toile d'araignée. » — Il est bien plus important de savoir si c'est *x* ou *s* qu'il faut au pluriel de *chou*, encore qu'on espère, grâce au progrès, ne plus s'occuper de ce que ce mot désigne.

On ne se ferait pas faute d'appliquer le mot de VOLTAIRE à certains rapprochements faciles à faire entre le breton et le vieux français (1550-1600), où les traces de la première langue des Gaules sont plus visibles, et montrent l'erreur de ceux qui ne veulent la voir qu'à travers le français grammatical d'aujourd'hui : — Il n'était pas pour supporter (il ne pouvait) : *N'oa ket evit gouzav...* Ce qu'il a besoin (ce dont) : *Ar pez en d-euz ezom.* (René GAVLTIER, ANGEVIN). Gr. *E agape en (quam) agapesas me.* L'amour que v. m'avez aimé (dont v. m'avez). V. p. 50. Il a fallu être sobre de ces rapprochements, et se contenter de recueillir quelques faits de langage, où, avec un peu de bonne foi, on reconnaît l'organisme d'un langage naturel. Le sous-titre — physiologie linguistique — ne doit donc pas être pris dans son sens rigoureux ; une véritable physiologie du langage eût heurté trop de préjugés d'école. La preuve, c'est que plusieurs, sous l'empire de ces préjugés, ne veulent pas conserver notre idiome dans sa forme naturelle et absolue. A cheval sur la grammaire, ils veulent du breton équivalant au français de celui qui disait équitation pour équité. V. p. 56-7. Et pourtant, le tour particulier et naturel des langues primitives peut bien valoir le mécanisme artificiel des langues modernes, et quelquefois allie mieux la grandeur et la simplicité. Il y a des traductions du plus beau cantique qui existe, grammaticalement correctes, qui n'en montrent pas mieux la sublime beauté, qu'on ne montrerait la beauté d'un temple majestueux en en faisant voir les piliers un à un ou par fragments séparés. V. p. 53.

Les questions réservées à la science n'étant touchées ici que par le côté des faits, parmi lesquels on a souvent préféré ceux qui donnent à une étude instructive le caractère d'une œuvre badine et d'un véritable délassement, on n'y peut voir une excessive prétention sans ressembler quelque peu à un ambassadeur français, qui s'étonnait d'avoir trouvé à Londres des enfants qui parlaient l'anglais plus couramment que lui. On est bien aise, toutefois, d'avoir un introducteur tel que celui qui signe l'épigraphe.

SUPPLÉMENT AUX DICTIONNAIRES BRETONS

ETUDE RÉCRÉATIVE & SÉRIEUSE : HISTOIRE, PHYSIOLOGIE LINGUISTE, ORTHOGRAPHE, VOCABULAIRE, ETC.

I.

LA LANGUE BRETONNE A-T-ELLE DES PRINCIPES FIXES, D'ORTHOGRAPHE

ET DE SYNTAXE ?

Il ne s'agit ici d'imposer ni même de proposer aucun système nouveau à ceux qui sont censés avoir le leur, ou qui auraient à revenir sur celui qu'ils se sont fait. Ce serait ignorer ce que coûte le sacrifice d'une conviction dans une matière où les doctrines sont libres. Il s'agit seulement de répondre, avec toute la loyauté possible, à la question que se faisait naguère une réunion d'hommes appelés par état à faire usage du langage breton, et qui désiraient se faire, sinon une conviction, au moins une opinion raisonnée sur cette question, pour leur usage particulier et sans avoir à subir les fantaisies de l'esprit personnel.— C'est pour obéir à une sorte d'engagement de famille, provoqué à cette occasion, que j'ose essayer cette petite étude de linguistique bretonne.

En 1867 un sincère amateur de nos antiquités nationales provoqua, dans un but louable, une discussion franche et amicale sur la même question (V. l'Océan). Le débat n'aboutit pas, parce que, à défaut d'arguments, on fit appel aux injures.

Mis en demeure de dire mon petit mot, je voulus justifier la préférence du lecteur breton pour le système du P. MAUNOIR et de MARIGO, et de ceux de leur temps. Je signalais quelques points où ce système me semblait plus logique que celui proclamé le seul rationnel. Les répliques n'entrèrent pas assez dans les détails pour donner lieu à des explications claires et précises. Exclusivement préoccupés de la question d'orthographe, mes contradicteurs se contentèrent de me reprocher de ne pas formuler mon système, et de supprimer arbitrairement quelques signes ; par exemple, le signe de l'élision dans le mot *déoc'h,* à vous, où il n'y a évidemment aucune élision, la particule prépositive, *de,* étant entière. Seulement, dans le dialecte de Léon, cette particule, isolée, est *da,* en latin *ad,* en français, *à,* le *d* remplacé par un accent. Après quelques reproches aussi peu fondés, on assimilait le breton, sous le rapport de l'orthographe, à une langue en voie de formation, au français de JOINVILLE. On insistait aussi, toujours au préjudice de la vérité, sur la nécessité de l'uniformité d'orthographe, de l'intervention des hommes dans le perfectionnement des langues, sans distinguer celles de première et celles de seconde formation. Enfin, on ne voulait pas que dans cette question on fît appel aux langues anciennes, « le breton n'ayant rien à faire avec ces langues. » On disait encore : A quoi bon discuter lorsque chacun condamne d'avance toute vérité comme erreur ? Et après cette déclaration de la compétence exclusive des partisans du système nouveau, venait la sentence de ceux qui ne l'adoptent pas sans réserve, « qui, pour écrire, au lieu de suivre des règles tracées d'avance (!) n'écoutent que la folle du logis, incapables qu'ils sont d'abaisser d'une ligne un orgueil cuirassé d'ignorance... (V. l'Océan 1867). » Dans ce concert de censures, voilà la tonique. Je fais grâce des duretés inédites.

Comment après cela oser répondre à l'appel bienveillant qui m'a été fait, en soulevant la question qui fait l'objet de ce travail. Je le tenterai cependant ; ce sera une manière de récréation et de protestation contre une défaveur, dont ces récriminations sont la cause partielle.

Je crois qu'on peut, en dehors de tout système préconçu, adopter une manière d'écrire la langue bretonne, ayant tous les caractères désirables de simplicité, de naturel, de vérité ; répondant aux indications de l'histoire de la langue et aux habitudes des lecteurs bretons ; en un mot, en rapport avec le véritable génie de cette vieille langue.

II.

APERÇU HISTORIQUE.

Dans toute question, rien de tel que de remonter aux origines ; surtout dans une question où les véritables principes ne sont que la conséquence forcée des faits. — Montons donc aux faits primitifs.

Le mode d'éclosion des langues mères, à Babel, est un mystère. Ce que l'on sait, c'est que ce ne fut pas un fait naturel, mais l'œuvre immédiate de la divine puissance. Cet événement arriva vers l'an 1800 après la Création ; ou, d'après les Septantes, environ 400 ans après le déluge. On a eu beau disserter pour savoir si le langage parlé avant la Confusion s'est conservé dans quelque famille, cette question est restée et restera sans solution. Aucune langue ne peut être censée la première langue parlée, plutôt qu'une autre, à moins que l'on ne prouve que les racines primitives y ont été conservées avec plus de simplicité que dans les autres ; ce qui n'est guère possible. Un simple changement de prononciation a pu suffire pour empêcher les ouvriers de Babel de s'entendre. La difficulté que nous éprouvons à bien comprendre le breton d'Angleterre, et même celui de Vannes, en est une preuve. Une substitution de sens, pour quelques mots, y a pu contribuer également. Ainsi, le mot *ab*, dans l'hébreu, — qui a bien pu être l'unique langue primitive, — signifie *père*; et, en breton, *fils*. — Abiven, fils d'Iven. — Toutes les langues auraient donc conservé les mêmes racines monosyllabiques, et leur différence, à l'origine, aurait consisté uniquement dans l'emploi et la combinaison de ces éléments. La chaîne du langage serait restée foncièrement la même, la trame, le tissu seul aurait varié; ce qui nous ramène à son unité primordiale. Les peuples sauvages ont eu beau dénaturer leur parler, tant chaque tribu voulait être inintelligible à la tribu voisine, ils n'ont jamais pu effacer entièrement l'empreinte de cette unité, si précieuse à constater.

Quoi d'étonnant alors, que les recherches les plus autorisées et les plus approfondies aboutissent toutes à cette conclusion, que tous les idiomes de l'Europe sont les dialectes d'une même langue primitive, et qu'un grand nombre de ceux de l'Asie leur sont proches parents? Quelques uns leur donnent pour père à tous le Sanscrit. Mon contradicteur avoue même, en s'appuyant sur de grandes autorités, que la langue celtique pourrait être la branche aînée de la famille des idiomes européens. Il va jusqu'à citer une récente découverte, qui ne serait pas loin de le prouver. On aurait trouvé, dans les contrées avoisinant le Thibet, une population celto-indienne parlant notre langue, et cette tribu se serait séparée de la souche commune environ 2500 avant notre ère (V. l'Océan Juill. 1867). On pourrait beaucoup rabattre de ce chiffre, que la langue celtique serait encore aussi ancienne qu'aucune autre. Mais le plus simple, pour rester dans le vrai, est de s'en tenir à la parenté des langues, abstraction faite de leur filiation. Donner un seul et même idiome pour père à tous les dialectes européens, n'est-ce pas oublier qu'à Babel il se forma d'un seul jet plusieurs langues? (55? 72? V. Text. des SS. Pèr. etc.) Chercher celle qui fut parlée dans le fortuné paysage de l'Eden, rappellerait les témérités parfois ridicules des celtomanes qui ont jeté tant de discrédit sur la question bretonne. On connait les rêveries des Postel, des Goror Bécan et autres. Il est facheux qu'on ait eu l'air de leur assimiler le savant P. Perron, et surtout Bullet. Des écrivains de nos jours ont pu se parer de leur immense érudition et se faire admirer. S'ils sont allés un peu loin en ramenant toutes les langues au Celtique, comme le P. Thomassin les ramène à l'hébreu, leur sentiment, si on le maintient dans des bornes légitimes, écartant toujours la question de filiation, n'est pas si absurde qu'il le parait à première vue. Il suffit de rappeler ce fait admis et prouvé, que tous les idiomes de l'Europe, pour ne pas dire du monde entier, ont un fond commun. D'après Simon Stévin, un homme reconnu pour très-savant et très-judicieux, les langues allemande, française, etc. dériveraient de la celtique par le flamand, et la langue celtique serait la plus ancienne des langues. Il y a loin de là aux rêveries de ceux qui en font la langue de nos premiers parents, laquelle a pu s'éteindre à Babel. Il semble pourtant qu'il serait plus exact de dire qu'on ne connait pas de langue plus ancienne. Tout ce qui précède ressortira encore mieux de l'exposition des faits qui vont suivre.

III.

L'origine des Celtes se rattache aux premiers souvenirs de l'histoire du monde. Sous divers noms, ils ont peuplé les contrées Centrales et Occidentales de l'Europe, après être sortis de l'Asie, berceau du genre humain. Toute histoire doit remonter vers cette source. L'Ecrivain sacré prenant congé à Babel de tous les autres peuples, pour s'occuper presque exclusivement du peuple juif, ce n'est souvent que d'après des vues d'analogie philologique que l'on fait l'histoire de chaque race, de ses mœurs, de sa langue. C'est surtout à la lumière de la linguistique que l'on peut suivre, dans presque toute l'Europe, les traces des peuples Celtiques. C'est d'après les mêmes données qu'on a coutume de diviser les peuples en deux grandes familles, la famille Sémétique, qui comprend ceux de la race de Sem, les Hébreux, les Chaldéens, etc; et la famille Indo-Européenne, qui occupe d'immenses régions depuis l'Inde jusqu'aux extrémités de l'Europe. Elle comprend, les Indiens, les Grecs, les Romains, les Germains, les Celtes, etc. Cette classification est basée sur des rapports de langage, des comparaisons grammaticales, sur l'idendité des sons que l'on entend, ou que l'on a entendus depuis l'Inde jusqu'à la Bretagne. Ainsi, toutes les races occidentales sont de la famille Indo-Européenne, aussi bien que les Grecs et les Romains. Les Celtes sont les premiers occidentaux. Leur arrivée sur le bord de la mer d'Occident remonterait à environ 1600 avant l'ère chrétienne. Leur race se lie au berceau du genre humain par les Romains, les Grecs et les autres peuples de cette grande famille. Nous verrons que nous sommes parents par la langue des Romains en particulier, et des Grecs; et cette parenté est la plus utile à constater à notre point de vue.

Environ mille ans avant notre ère, les Celtes s'étendirent de plus en plus sur l'Europe; occupèrent la Chersonèse, la Crimée, la Thrace, la Macédoine, l'Illyrie, la Pannonie, les Alpes, les Apennins, la Campanie, la Germanie actuelle. Enfin, après avoir laissé plusieurs tribus dans les diverses parties de l'Europe, poussés par les Scythes ou Germains, (Pline les confond), ils se concentrèrent dans la Gaule, où, depuis environ 500 ans, d'autres tribus de leur race les avaient précédés. Quelques tribus passèrent la mer pour s'établir dans l'Ile d'Albion. Ce furent apparemment les Britanni, partis de la Gaule Armorique dont la grande Bretagne reçut sa première population, (Text. de BÉDE, TACITE, PLINE, TRIADES, etc. etc.). Ainsi, faire venir originairement d'Angleterre les Bretons avec la langue qu'ils parlent, et non directement du berceau commun, c'est aller contre les indications de l'histoire aussi bien que de la géographie. C'est donc se tromper que d'aller au pays de Galles chercher la source du véritable Breton. Mais n'anticipons pas.

L'Armorique dut rester toujours peuplée de Britanni. Tous ne passèrent pas la mer. Il n'y a dans l'histoire nul exemple d'un pays se dépeuplant entièrement de ses premiers habitants. Ceux qui y retournèrent de l'Ile Britannique, rapportèrent à leurs pères de la Péninsule le nom de Bretons. D'où celui de Petite Bretagne.

Il y eut des émigrations vers 280, 364 de notre ère ; et surtout en 404, quand les Saxons devinrent maîtres de l'Ile. On doit remarquer qu'il y eut assez d'intervalle entre chaque émigration, pour que la couche de population primitive pût, dans l'Armorique, reprendre assez le dessus pour conserver ses traditions de langage, supposé que le parler des Bretons insulaires eût commencé à s'altérer au contact des dialectes Saxons, ce que rien ne prouve. Il paraît même que l'altération de l'antique langage n'eut lieu qu'au 40e siècle. Ce fut alors qu'une réforme eut lieu, réforme si funeste que le législateur des Cambriens crut nécessaire de signaler une différence entre l'ancienne langue Bretonne et la nouvelle (V. l'Univers, 30 Avr. 1851. Edit. quot...). En effet, d'après Goffroi de Monmouth, elle aurait eu lieu vers cette époque ou un peu auparavant.

La domination étrangère pesa toujours moins sur la Petite Bretagne ou Armorique, — au moins sur la partie qui a conservé la vieille langue, — que sur les autres parties des Gaules. De là le silence de l'histoire sur son passé. Les quatre siècles de la domination Romaine lui laissèrent sa vie propre et sa physionomie primitive. Cependant, elle fut occupée, au moins militairement. Une partie du pays doit même à la présence prolongée d'une légion, le nom de Léon, et c'est la partie du monde où l'on parle encore le plus pur dialecte Celtique de l'aveu des savants eux-mêmes. Il devait donc y être bien vivace, sans mélanges d'éléments contraires. Il faut aussi remarquer que ce sol antique était en dehors du courant des grandes invasions qui ont emporté tant de petites nationalités. Il y a dans ces faits et dans ceux qui vont suivre bien des éléments de simplification pour les questions qui se rattachent à la langue Bretonne.

IV.

LES VIEILLES LANGUES DE L'OCCIDENT.

On nomme quelquefois les langues de l'Europe, Indo-Germaniques, par allusion aux deux points extrêmes de leur empire. On pourrait par la même raison les nommer Indo-Celtiques. Aussi bien, toutes les notions que nous ont laissées les historiens classiques sur les peuples du Nord et de l'Occident, conduisent à cette conclusion, que leurs langues ne différaient guère — *Sermo haud multum diversus* — (Tac.) ; que les langues Gauloise et Germaine étaient primitivement la même : — *Gallorum olim lingua eadem ac Germanica* (Geb. Voss.). — Et le Celto-Breton n'est autre que le Gaulois (J. Cés.). Les savants, entre autres Ph. Cluvier, prouvent, l'histoire en main, que la langue des Celtes était parlée. à l'origine, dans toute l'Europe. De plus, Gérard Vossius, pour n'en pas citer d'autres, place son origine à la confusion des langues, et Samuel Bochard, la montre en usage parmi les anciens peuples de l'Orient et de l'Occident.

Les dialectes Celto-Germaniques durent sans doute s'altérer dans un milieu si troublé. Les aspirations fortes, les sons gutturaux purent rendre méconnaissable le type primitif; mais ne purent l'anéantir. Il se conserva en particulier chez les Francs, un des peuples les moins barbares de la Germanie. Ce ne sont pas de pures conjectures. Il existe un monument de la langue des Francs, qui peut être du 8ᵉ siècle; ce sont les gloses interlinéaires de la loi salique en langue vulgaire. Un savant d'Allemagne, Léo de Halle, quoiqu'il en coutât à son patriotisme, s'est vu obligé de convenir que les mots en langue vulgaire de la loi salique étaient Celtiques; que non seulement les termes relatifs à l'agriculture, mais aussi ceux relatifs au droit de propriété, et à l'organisation civile et militaire sont d'origine Celtique. Il le prouve et ajoute : Ce n'est qu'avec peine que mon sentiment a pu admettre que déjà du temps de la migration des peuples nos ancètres ont emprunté aux ancètres des Francs les titres de leurs fonctions..... L'objection, que Charlemagne parlait le dialecte teutonique ou tudesque, trouve implicitement sa réponse dans ce qui précéde. On ne peut entrer dans tous les détails. Au reste, l'histoire nous montre les Celtes, les Germains, les Teutons mêlés ensemble près d'Aix, de Verceil, etc. Ils devaient donc s'entendre entre eux.

Dès les premiers siècles de l'ère chrétienne, les Francs avaient fait plusieurs invasions dans les Gaules. Vers 500, leur conversion au christianisme prépara leur union avec les Bretons. Quoi qu'on ait pu écrire sur l'antagonisme des deux races franque et bretonne, elles eurent dès lors, dans leur foi catholique comme dans leur langage, ce qui constitue la fraternité des peuples (Procop). Environ 500 ans plus tard, de l'élément Celto-Romain commença à se dégager la nationalité française, et ce fut l'origine du français, langue Celto-Latine (1000?). Encore 500 ans, et l'union fut consommée par la fusion, et du vieux Chêne-Gaulois il ne resta plus que ce rameau toujours vert, que des mains barbares, ennemies des souvenirs nationaux, travaillent à effeuiller : le Celto-Breton de l'Armorique.

V.

LA VIEILLE LANGUE DES GAULES.

On est convenu de dire que le teuton et le latin sont les deux sources du français. On voit à quel point cela est vrai. Quoi qu'il en soit, les Romains eux-mêmes continuèrent, après leur conquête à regarder les Gaules comme pays celtiques, et les auteurs qui parlent de leur langage ne nous y montrent qu'un seul idiome populaire, dont la connaissance permettait aux premiers Apôtres de ces contrées de se faire partout comprendre (V. Vie de S. Magl. etc). Des faits qu'ils rapportent se dégage cette conclusion, que le langage primitif de l'Europe, et des Gaules en particulier, et non pas seulement de l'Armorique, était à peu près le même, et que cette langue mère différait peu du Celtique ou vieux Gaulois, auquel on pourrait ramener les trois principaux dialectes que Jules César trouva dans les Gaules.

Cette langue n'était même pas inconnue dans l'Italie, dans l'ancienne Etrurie. On donne beaucoup de raisons pour considérer la famille étrusque comme une branche de la famille des Pélasges, mais on n'en donne pas moins pour en faire une branche des Celtes. Les historiens des premiers temps de la Gaule rattachent le latin au Celto-Breton par l'ombrien. Rien en effet de mieux établi que la parenté des deux langues ; elle se prouve par le témoignage des historiens grecs et latins. On peut y ajouter celui de Saint Augustin, de Saint Jérôme, (in Joel. 3.) etc... Le Cardinal Maï, dans sa collection des classiques, a pu citer plus de 300 mots latins tirés du celtique, comme H. Estienne trouvait dans le français sept ou huit cents étymologies Celto-Helléniques. Tout cela concorde avec l'histoire des premiers temps de la Grèce et de l'Italie, où nous trouvons nos ancêtres mêlés aux Pélasges, confondus avec les Etrusques. Ce pouvaient être des tribus détachées de la grande famille dans ses migrations vers l'Occident. Dès lors, rien d'étonnant que les moins prévenus en faveur de la langue celtique aient signalé tant de traces de celticisme, non seulement dans le vocabulaire, mais aussi dans la grammaire de la langue latine. On n'en trouverait peut-être pas moins dans le grec. On comprend que la similitude ne soit pas la même, depuis que le vieux langage du Latium, l'idiome primitif de l'Étrurie s'est développé sous le souffle du génie romain, pour devenir la noble et majestueuse langue de Cicéron, comme le vieux grec des Pélasges devint sous l'inspiration hellénique l'harmonieuse langue d'Homère. Bien plus ; les langues Orientales elles-mêmes ou Sémitiques, et les langues occidentales ou græco-latines et celtiques ne sont pas foncièrement différentes de manière à impliquer une diversité d'origine. Il est facile de voir qu'une foule d'idiotismes d'expression et de syntaxe sont communs au Celto-Breton en particulier et à l'Hébreu. On sait aussi que le P. Thomassin, dans sa manière d'enseigner chrétiennement les langues, les ramène toutes à l'Hébreu comme Bullet ramène au Celto-Breton les langues Græco-Latines.

A l'égard de la manière dont chaque idiome reçut sa forme particulière, des questions sans nombre peuvent s'élever dans l'esprit. Contentons-nous de remarquer que Dieu en créant plusieurs langues put mettre dans celles destinées à devenir les instruments de la grande science, le germe des développements qui devaient les distinguer. Ainsi, l'idiome qui dut être d'abord le dialecte de l'Etrurie, la vieille langue du Latium, reçut à l'origine le germe de ce développement harmonieux qui en a fait l'organe privilégié de la prière et de la reine des sciences, c'est-à-dire de la théologie : la belle et noble langue latine.

Les langues Celtiques, au contraire, on en pourrait dire autant des Sémitiques, ayant une autre destination, n'avaient pas ce germe fécond ; furent de bonne heure séparées de la souche commune, et soustraites à l'influence qui eut pu en dénaturer le type primitif.

Bien entendu qu'il faut ici se défier de l'esprit de système. Les rationalistes aiment à expliquer sans la Providence la formation des langues. Ils supposent que le langage est d'invention humaine, que le système grammatical de chaque langue a été composé pièce à pièce ; d'où mes contradicteurs concluent que « — le Breton, comme toutes les langues, s'est élaboré dans le creuset de révolutions de toutes sortes par l'intervention des hommes qui perfectionnent ce que Dieu n'a fait que préparer » — (V. le journal l'Océan, Juill. 1867). Ce système frise l'erreur. Il est certain que le langage a été donné à l'homme tout fait. L'opinion contraire a été repoussée par DE BONALD du domaine de la science, en ce qui concerne le fond essentiel du langage, ou la création de la première langue. Il est également certain que les autres langues mères furent crées à Babel, d'un seul jet, sous l'influence mystérieuse d'une intervention divine. Le rôle de l'homme y a été moindre que ne semblent le penser, avec quelques grammairiens superficiels, les écrivains du Journal précité.

A quelque époque que nous prenions une langue, dit WISSEMAN, nous la trouvons complète quant à ses propriétés essentielles. Elle peut devenir d'une construction plus variée ; mais son principe vital parait entièrement formé et ne peut plus changer ; et sous ce rapport on trouve les langues aussi parfaites dans les plus anciens écrivains que dans les plus modernes. Il est tout-à-fait contre l'expérience de supposer qu'il leur a fallu des milliers d'années pour arriver à un point donné de développement grammatical. Les langues sont jetées au moule d'où elles se dégagent avec leurs formes propres. Ceux qui attribuent leur formation à l'expansion naturelle des facultés humaines, s'égarent dans des théories hypothétiques, sans pouvoir indiquer les procédés qui les y conduisent. Si à l'égard des langues de seconde ou de troisième formation, ces assertions paraissent avoir quelque chose de trop absolu, elles sont rigoureusement applicables au Celto-Breton. Son existence est inexplicable autrement.

Ce qui distingue particulièrement notre vieille langue, c'est l'absence de toute trace de mécanisme artificiel. Sa nature grammaticale ne s'y prête pas. Mais si sa constitution est plus simple que celle de certaines langues, en revanche elle est mieux faite pour résister. Le même mot ne renfermant pas explicitement comme dans les langues classiques, la signification et la relation, et se composant d'éléments, pour ainsi dire, d'une simplicité irréductible, elle est naturellement moins susceptible de corruption. Les mots celtiques étaient essentiellement courts, au témoignage des auteurs anciens. (DIOD. de Sic.) C'est parce qu'il est simple et naturel que le breton résiste encore, malgré les essais de réforme qui l'ont éprouvé. Nous le gardons à peu près tel que nous l'avons reçu. Le langage comme la musique a l'état d'élément, c'est-à-dire la mélodie ou le chant dans sa pure essence, est un don du ciel. A l'état de science et avec les combinaisons de

l'art, il est aussi le produit du génie de l'homme, et se trouve à certains égards sous
sa dépendance. On peut considérer l'idiome breton comme langue à l'état d'élément. De
là ce caractère essentiel d'immutabilité que n'offrent pas les langues à l'état de science.
Le latin, par exemple, a un mécanisme combiné avec plus d'art. Mais cette constitution
si favorable à l'harmonie et si délicate, se désorganisa au premier contact avec des éléments contraires. Il n'a de vie qu'au moyen d'une culture assidue et intelligente. Sa
décomposition, d'après Scip. Mafféi, se serait opérée naturellement sans l'intervention
d'aucune cause étrangère. La langue bretonne, au contraire, ne participe pas dans la
même mesure à la variabilité des choses humaines. Si elle s'est modifiée quelque peu
à la longue, ce n'a été que d'après des analogies régulières, en conservant son principe interne d'individualité et de vie propre. La fantaisie n'y a été pour rien.

VI.

LE DIALECTE ARMORICAIN.

Ce qui précède doit s'entendre du dialecte de l'Armorique. Dans les autres contrées
des Gaules le celto-breton s'est éteint, et non modifié. Il y succomba, il y a environ
600 ans, aux coups redoublés que lui attirait, depuis environ 2000 ans, le mépris des
lettrés. Dès la fondation de Rome et la naissance des langues classiques, il se forma de
sots préjugés contre toute langue vulgaire, fût-elle la plus parfaite, et ces préjugés
règnent encore. Les dames romaines, comme nos petits-maîtres ou petites-maîtresses, se
croyaient le droit de rire de ceux qui ne parlaient pas, comme elles, la langue urbaine
de Rome, qu'elles ne connaissaient pas bien elles-mêmes (Quintil. Cic.). Vers l'an 100
de l'ère chrétienne, à Rome, en présence d'Aulu-Gelle, un avocat déjà vieux se servit
d'une expression singulière et incomprise. Les assistants éclatèrent de rire, et se de-
mandèrent s'il parlait étrusque ou gaulois, (toscan ou breton J. Cés.), *Tusce aut Gallice.*
(V. Nuits. Att. l. 11. C. 7). Les écrivains du moyen-âge ont, sous ce rapport, payé tribu
à leur temps; et l'hérétique Abélard surpassa les autres. Aussi demanda-t-il que, s'il
mourrait en Bretagne, on en retirât son corps. Pélage, pour devenir hérétique, dut
aussi renoncer à son nom breton. Les écrivains bretons eux-mêmes, depuis Taliésin
(l'an 500) jusqu'au traducteur des Visites au S. Sacrement, au lieu de puiser à la seule
source du pur langage celtique qui est la tradition, ont préféré un langage mixte à
l'antique idiome, qui dut succomber (1450?). L'Europe occidentale avait pris feu pour
l'antiquité classique; on s'habitua à regarder le beau en littérature comme l'apanage
exclusif des langues classiques, et à regarder comme irrégulier, barbare, tout langage auquel on ne pût appliquer, comme mécaniquement, la grammaire græco-latine. Le français
se formait sous ces auspices. Le breton, défiguré par les rudes aspirations germaniques,

céda à l'élément romain ou latin qui n'avait pas ces aspérités ; il n'eut d'autre refuge que le foyer des familles dans les campagnes isolées de l'Armorique. Il n'eut accès dans les livres, qu'à la condition de subir, pour la syntaxe, les lois de la grammaire classique. Malgré tout, l'idiome breton dut exercer sur la constitution de la langue française une primitive et décisive influence ; et on peut avec les plus compétents, le regarder comme l'une des principales racines du parler général de la France. Les vrais érudits nous montrent la véritable source du français sous l'alluvion des désinences latines jetées par la conquête sur la vieille langue parlée dans les Gaules au temps de César. Claude Fauchet, un de ceux qui ont recherché avec le plus de succès les antiquités gauloises, pense que la langue des Gaulois à la venue des Francs, n'était point la latine mais la gauloise (ou celto-bretonne) corrompue par les Romains. Ceux qui admettent difficilement ce fait, et qui croient que le latin dominait non seulement dans les principales villes, mais aussi dans les petits municipes et dans les classes à l'abri de l'influence de la haute administration, oublient que le latin n'est et ne peut être que la langue des aristocraties de l'intelligence, qu'elle ne fut jamais langue vulgaire, même à Rome où, au temps de Cicéron il n'y avait pas six dames qui la parlassent correctement. Il parait donc certain que ce que l'on nomme basse-latinité, source immédiate du français, n'est que le celto-gaulois latinisé. Le Diacre Jean, dans sa vie de S. Grégoire, pour ne citer que cet exemple, emploie le mot *follis*, pour signifier insensé, en faisant remarquer la provenance celtique de ce mot, qui n'est autre que le radical breton, *foll*. Des écrivains peu prévenus en faveur de l'idiome breton, enseignent que les termes français qui n'offrent pas de trace d'une dérivation certaine des langues étrangères, appartiennent au celtique ; ceux surtout qui, étrangers au véritable latin, ont pris la forme de cette langue pour devenir la basse-latinité avant d'être le français. L'influence du celto-breton sur le français était inévitable ; et elle est sensible, même dans les formes grammaticales, quoiqu'elle ait été voilée par l'orthographe. Quand le français se formait, on disait, Amabe (amave), de *Amabam*, j'aimais. C'était, quand au son ou prononciation, l'imparfait celto-breton, *care, me gare*, que quelques uns aujourd'hui écrivent *carie*, en sacrifiant à une prononciation toute particulière, comme ils écrivent *fleuriet, imoriet*, au lieu de *fleured*, etc. En patois, on écrit aussi *avié* (é), pour avais, (ais). — *Te gontas*, tu contas ; *Bez ez euz*, il y a. — *Em euz*, (j'ai). *Avoir*, pour *être*, etc.

Il serait donc facile, surtout au moyen de l'étude de la basse-latinité, de restituer au breton une foule de mots, et dans leur forme simple et primitive. Il n'y aurait qu'à dégager le radical des désinences que lui ont prêtées les autres langues pour se l'approprier. On aurait les mots bretons dans leur structure antique, sinon première. Leur charpente était tellement solide, qu'elle n'a guère été ébranlée. Mais il ne s'agit ici que du dialecte armoricain qui parait avoir mieux conservé le type primitif. Il suffit, pour s'en convaincre, de le comparer aux idiomes de la famille indo-européenne, qui, s'étant fixés par l'écriture, n'ont guère varié.

VII.

DIALECTE ARMORICAIN, (suite).

Ce qui a pu faire croire aux variations successives de la langue bretonne, même dans la Petite-Bretagne, c'est que, voulant en faire l'histoire siècle par siècle, on a représenté un siècle par le breton d'Angleterre, un autre par celui de la Petite-Bretagne. Pour ne pas s'égarer dans ces sortes de recherches, il faut les concentrer sur une circonscription de territoire restreinte. Quand on veut embrasser toute une province, comme on l'a dit avec autorité, on risque de réunir des éléments disparates pour en faire un composé artificiel. Il faut donc borner le champ de ses observations. Le breton de l'Armorique, écarté dès l'origine des vicissitudes de l'histoire, a pu conserver l'harmonie et la fraîcheur de ses traits primitifs. Il faut donc le distinguer des autres dialectes.

On a constaté que la naissance des soi-disant civilisations modernes a coïncidé avec la décadence des idiomes anciens. Le frottement social effaça peu-à-peu leurs particularités caractéristiques. Les combats de l'esprit et les travaux littéraires ont partout amené ce résultat, en substituant l'art au naturel et à l'énergie du sentiment. Ainsi, dans l'Islande, la vieille langue runique s'est maintenue dans son originalité native, tandis que dans le continent Norwégien elle a dégénéré, et perdu sa richesse. Ce n'est pas le seul exemple de ce genre. Les anciens dialectes qui ont servi à la confection littéraire, se sont tous décomposés. Il est donc permis de douter de la vérité de ce qui a été écrit sur la prétendue supériorité du dialecte breton du pays de Galles, lequel a subi une réforme analogue à celle tentée chez nous, et qui l'a déformé. (Du Cange, Géoffroy De Monmouth, etc...)

Le caractère de persistance de notre dialecte breton n'a pas été assez remarqué. Les transformations qu'il aurait subies d'après quelque uns, sont impossibles ; elles supposent un travail intellectuel dont nos pères étaient incapables. On ne se fait pas d'idée de ce que c'est que la construction, ou reconstruction d'une langue, ni du peu d'action des savants sur le langage populaire. On ferait des volumes sur les préjugés qui règnent à cet égard ; mais ici contentons-nous des faits les plus simples et les plus facilement vérifiables. Les écrivains ou traducteurs bretons, depuis le P. Maunoir, l'auteur de *Ar Vuez Christen* (1650), M. Le Bris (1700), Marigo (1750), jusqu'au dernier en date, parlent absolument le breton actuel, toutes les fois qu'ils oublient leur malheureux système de calque. Je suppose qu'il en est de même des autres écrits plus anciens, que je n'ai pas vus. Je pourrais aussi citer des inscriptions bretonnes, remontant à 1550 (Chapelle de Tariec, démolie, de S. J. de S. Ant. de Pl.). La génération qui a appris la langue à celle qui nous l'a apprise remonterait presque aussi haut dans le passé. Or, il faudrait plusieurs générations de ce caractère, non pour refaire — chose impossible — mais seulement pour entreprendre de refaire une langue. Il y a des siècles qu'on nous fait lire et réciter du breton mêlé et calqué sur une autre langue, et pourtant, les bretonnants, dans leurs conversations ordinaires, parlent toujours l'antique et pur langage. S'ils emploient quelques mots étrangers, ce n'est que quand il est dans la nature de ces mots de s'imposer et dans celle du breton de les accepter. Au reste, dans les langues, comme dans tout le reste, il faut distinguer la matière et la forme. L'élément matériel, dans les langues et en quelque sorte l'étoffe, ce sont les mots pris à part, c'est la structure grammaticale qui donne la forme. Une langue n'est pas une pure collection de mots, mais un organisme vivant, dont les mots sont les membres. Chaque langue à son organisme, sa forme propre, qui en constitue l'individualité. C'en est aussi la partie réellement persistante. Si le breton traditionnel s'est assimilé quelques éléments étrangers, c'est sans toucher à son organisme, sans perdre son identité spécifique, sa forme propre, ce qui fait le cachet de la vie. Il n'a pas changé sa structure grammaticale. Quelques uns commencent à vouloir calquer leur langage sur celui des livres, mais le langage artificiel n'étant pas fait pour eux, ils n'y réussissent guère mieux que ce fermier qui voulait écrire au propriétaire de sa ferme : *Scrivit d'am Mestr,* — disait-il ; — *lacait deza pendz em euz prened trempou mor* (des engrais de mer) ; *pini a reer brema calz implij anezo; ac em euz torred douarou lann, pini em euz grêt douar labour anezo.* Au milieu des siens, dans ses champs qui depuis des siècles entendent le même langage, comme ils entendent le même chant d'oiseaux, comme ils voient éclore les mêmes fleurs, il eût naturellement, instinctivement parlé le pur breton des premiers âges, au lieu de chercher à imiter le breton d'école, ou le style bâtard de conseiller municipal. Quand on aura ainsi déformé la langue, c'en sera la fin. *Forma dat esse...* Et je puis dire ici aussi bien que mon rigide censeur : *potius mori quàm fœdari.*

Ainsi, supposer que notre vieux dialecte se transforme continuellement, c'est en méconnaître l'organisme, la force de résistance vitale et toute la valeur linguistique. Les livres qui ont cours parmi les fidèles, tout en le minant et en brisant sa syntaxe, laissent assez voir, comme nous l'avons dit, qu'il ne s'est pas modifié depuis trois siècles, et ce fait nous élèvent assez haut dans l'échelle de la tradition pour voir au-delà de l'époque où certains ouvrages nous le montrent tout différent de ce qu'il est aujourd'hui, devenu subitement inintelligible, après avoir été plusieurs siècles auparavant absolument conforme à notre parler actuel. — On cite du breton du 10e s. absolument conforme au notre ; et du breton du 15e, qui en diffère complètement. Or, il est facile de voir que le véritable type une fois abandonné, il y a tant de chances de ne plus le retrouver, qu'elles équivalent à une impossibilité absolue.

VIII.

VARIÉTÉ DES DIALECTES.

La variété des dialectes ne prouve pas le contraire de ce qui a été dit. Outre qu'il ne s'agit ici que du breton oral d'une partie de la vieille Armorique, la variété des dialectes est plus apparente que réelle. La prononciation y est pour beaucoup. Pour le langage écrit, elle s'explique par l'inintelligente application de l'absurde maxime, si chère à VOLTAIRE, que l'orthographe doit être la peinture de la prononciation. Si l'on reduisait les orthographes bretonnes à leur simple expression, d'après des règles basées sur l'analogie, sans tenir compte des caprices individuels ni de la mobilité du son des voyelles, on verrait disparaître bien des différences. L'Italien oral se divise en plus de mille soudialectes dont la prononciation fait toute la différence. Dans les campagnes de la Toscane, par exemple, on prodigue les sons gutturaux, comme on le fait dans la Cornouaille et surtout dans le Morbihan. A Rome, au contraire, on supprime les aspirations inutiles, comme on le fait dans le breton du Léon. Depuis LE DANTE, tous les dialectes italiens sont ramenés à une seule et même langue écrite, dégagée des superfétations bizarres. Il paraît que la même chose a eu lieu pour plusieurs autres langues, et en particulier pour les dialectes sclavons ; et aurait eu lieu pour la langue bretonne, si le réformateur de cette langue eût adopté un système analogue, tant on était disposé à tout sacrifier à l'uniformité. Que n'aurait pas obtenu celui qui, contrairement aux exigences de l'analogie, a eu assez d'autorité pour faire accepter des formes comme celles-ci : *Eunn, disprijout, peur-ober, etc.*

Ainsi, on prend pour des différences radicales des nuances dûes à des caprices de prononciation, qui font croire qu'une langue éprouve des changements fréquents alors qu'elle reste invariable ; des raisons analogues font regarder comme irrégulière, barbare et pauvre un idiome réellement parfait, logique, harmonieux et abondant en locutions. Cela est souvent arrivé à des hommes de lettres qui ont voulu donner une idée des idiomes dont ils n'ont jamais bien connu le caractère grammatical. Voir sur ce point l'Encyclopédie théologique de MIGNE, où l'on a largement puisé pour ce travail. (Tom. 34).

Dans la variété des dialectes celtiques ce qui déroute l'investigateur du type le plus pur, c'est qu'on ne veut pas se mettre en face des faits.

« C'est du nord aujourd'hui que nous vient la lumière. » Au lieu de remonter vers le berceau commun et à la source des traditions, on s'en éloigne. On consulte sur la véritable forme des mots bretons et sur la manière de les associer, les savants d'Allemagne et d'Angleterre, qui avaient leurs points de vue, ZEUZ, DAVIES, etc. Ce dernier écrivait en 1631. Bien que cette date coïncide avec celle de la fondation de la Ville de

Brest, ce n'est pas ancien. Il y avait déjà 600 ans que le dialecte du pays de Galles avait subi la singulière réforme orthographique dont parlent, entre autres, GÉOFFROY DE MONMOUTH ET DU CANGE, et cette réforme ne dut pas se borner à la forme graphique. Aussi on a remarqué le caractère tout artificiel de la littérature de ce pays, et on y distinguait, dès le 10e siècle, deux *langages* bretons, l'ancien et le nouveau. Cette distinction remonterait même au 7e siècle, d'après le sentiment de ceux qui font GÉOFFROY DE MONMOUTH contemporain du premier historien ecclésiastique de l'Angleterre. Nous avons également deux bretons bien distincts, l'un académique, régulier au sens des grammairiens, calqué sur la phrase classique, et relativement nouveau, bien qu'on puisse le faire remonter jusqu'au 5 ou 6e siècle où les poëtes commencèrent à mélanger le langage populaire (TALIÉSIN). C'est celui que LE GONIDEC a voulu épurer. L'autre très-ancien, simple et naturel, n'ayant jamais passé par la plume des littérateurs de profession, n'offrant nulle trace de mécanisme artificiel. Il s'est conservé par tradition au foyer des familles. S'il en est sorti, c'est de nos jours; et auparavant dans quelques poésies. Que l'on tienne compte de ce qui a été fait en vain, depuis plus de 1200 ans, et surtout depuis 500 ans, pour dénaturer notre idiome, et l'on comprendra facilement, qu'il a pu traverser sans altération notable la période écoulée depuis la formation des langues jusqu'au 5e siècle, où nous le trouvons tel qu'il est encore aujourd'hui, sauf les retouches des savants; surtout si l'on remarque qu'il a dû être de bonne heure éloigné de tout voisinage nuisible à sa conservation; ce qui ressort assez de la présence sur le bord de l'Océan occidental d'une tribu de notre langue, dès le 17e siècle avant notre ère, lorsque toutes les langues étaient encore jeunes (Voir les div. chronolog...)

Il doit être permis de regretter que cet antique Breton traditionnel soit tombé en discrédit auprès des savants. Quelque génie qu'on suppose à ceux qui ont voulu lui substituer un breton académique, censé régulier, celui-ci ne nous vaudra jamais le langage que nous reçûmes tout fait. L'explication de ce point demanderait une trop longue discussion. On exprimera ici seulement le regret que pour les livres de dévotion, on n'approuve pas plus volontiers le pur breton de la tradition orale, avec une forme graphique appropriée à son double caractère d'antiquité et de simplicité. La piété Bretonne aurait pu garder pour elle, dans sa pure essence, l'antique langage; et le breton académique eût pu avoir aussi son domaine, sa littérature. *Les Gverz, les Sones*, etc. LE GONIDEC a eu le mérite d'une initiative opportune; ses droits à notre reconnaissance ne sauraient être mis en question, malgré sa préférence pour ce breton académique qui n'est pas le vieux langage. Mais, je préférerai toujours à ses leçons celles de ces maîtres qui ne se trompent jamais dans cette matière, de ces Patriarches qu'on entend parfois encore au foyer des familles bretonnes. Comment ne pas aimer ce parler naïf, pur et mélodieux écho des premiers accents entendus sur nos bords; répétés par nos pères dans la foi, S. CORENTIN, S. PAUL et tant d'autres? A raison de certaines habitudes d'oreilles, plusieurs n'aiment que la phrase artificiellement régulière. Mais ce genre classique et le breton simple et naturel n'auraient-il pas pu se supporter mutuellement, comme on voit la musique artificielle et le chant simple (où la pure mélodie) vivre côte à côte sans s'exclure? La pure mélodie a sur la science musicale plusieurs avantages : elle est affranchie des capricieuses variations de l'art ; elle s'apprend sans perte de temps ; elle a quelque chose de plus pénétrant, de plus immédiat, de plus intérieur ; elle va plus droit à l'âme, parce qu'elle traverse, pour ainsi dire, les organes sans les toucher. On peut en dire autant du breton populaire et traditionnel par rapport au langage artificiel qu'on tend à lui substituer. Les combinaisons censées régulières de nos maîtres de grammaires, contraires au véritable génie de notre vieil idiome, ne peuvent que le déformer, quoique plusieurs soient trop dominés par leurs souvenirs d'écolier pour en convenir. On fait trop de concessions à ces préjugés. Une comparaison, peut-être trop prétentieuse mais saisissante : Rossini, dans une excursion au midi de la France, entendit un vieux chant populaire, le modifia par l'addition d'un dièze ou bémol, sans doute pour obéir aux règles de l'art. Le vieux chant basque est devenu le chef-d'œuvre de Rossini, la prière de Moïse. Permis, bien entendu, aux musiciens de profession de l'admirer. Mais pour ceux qui, de temps immémorial, en faisaient retentir leurs montagnes, étrangers aux notes dièzées d'invention plus ou moins moderne, c'est un chant défloré, dépaysé, un air déformé, n'ayant ni le naturel ni même la majesté de l'air primitif. Faut-il les condamner à sentir autrement? Non pas plus qu'il ne faut imposer au breton bretonnant un langage soi-disant régulier, qui n'est pas le sien.

Le défaut de cette comparaison est de laisser supposer que les broderies que les écrivains bretons ajoutent à notre idiome, (pour l'améliorer, disent-ils), dérivent de sa constitution même, comme les accords dérivent de la nature même de la mélodie : il n'en est rien. La comparaison serait plus juste, appliquée au latin littéraire par rapport au latin primitif dont il est le développement naturel et harmonieux. La providence, en destinant le peuple Romain à embellir la parole, lui assigna, dans la famille des langues européennes, le dialecte qui avait en germe les beautés que nous admirons dans la langue de Rome, dont la formation première remonte à l'origine de toutes les langues. Croire qu'elle ne date que de 250 avant notre ère, ou même de la fondation de Rome, est une erreur. Voir les grands commentateurs sur la Génèse, etc. Rien que le nom primitif du lieu où elle fut bâtie, et qui fut son premier nom, le prouve assez, pour ceux qui savent, dans une langue, distinguer la partie réellement caractéristique, qui est, non le radical, élément commun aux idiomes, mais la désinence. On sait que le nom primitif de Rome, est Valentia, dont le radical, Val (Vall, Gall...), exprime l'idée abstraite de force, pouvoir, Roma.... Mais revenons.

Qu'elle est, dans la variété des dialectes bretons, la forme primitive et véritable? Les langues européennes étant de la même famille, il est évident que pour résoudre, au moins approximativement, ce problème, le seul moyen serait un examen comparatif de ces langues. S'il en est quelqu'une qui ait, dans des monuments authentiques, une chaîne traditionnelle non interrompue depuis les temps les plus anciens jusqu'à nos jours, qui ait pu conserver inaltérables les traits de famille, il n'y aurait qu'à lui confronter celle dont on veut connaître la véritable forme. Il s'agit ici de la forme graphique ; et l'on sait que les anciens bretons avaient défense d'écrire leur langue. On a négligé ce seul élément rationnel du problème. De là des théories plus systématiques que rationnelles. Pour la forme ou la structure des mots, on s'est éloigné de la famille, jusqu'à méconnaître la parenté, et pour la structure des phrases on s'en est rapproché jusqu'à méconnaître l'individualité : contradiction doublement illogique. De là tant de déformations, tant de dialectes. On verra que, s'il était difficile de les ramener à l'unité, on eût pu les rapprocher. Pour cela il ne fallait pas accorder trop de confiance à ceux qui, dans un intérêt d'incrédulité, et pour ne pas reconnaître l'unité primordiale de la famille humaine, méconnaissent la parenté des langues ; qui disent, comme M. LITTRÉ, que les langues néo-celtiques sont *infestées* de mots latins... (Les Barbares, etc). Cette façon de dire blesse même la vérité.

IX.

L'UNIFORMITÉ D'ORTHOGRAPHE.

Pour moi, disait un partisan de LE GONIDEC, toute la langue est dans l'orthographe (!). C'est au contraire « le point le moins important » d'après l'auteur d'un dictionnaire français-breton, imprimé à La Haye en 1756. On a attaché à cette question trop, et trop peu d'importance : trop peu au point de vue traditionnel et historique, et trop au point de vue de l'uniformité. On est allé jusqu'à désirer qu'on imposât aux écrivains bretons un système d'orthographe quel qu'il fût, en vue d'une sorte d'unité factice, à laquelle on eût sacrifié tous les trésors de traditions que peut offrir l'étude approfondie d'une si vieille langue pourvu que la discussion reste ouverte sur ce point. On a vu des hommes instruits, d'abord désireux de connaître notre langue, y renoncer ensuite, prétendant que le désaccord qui règne sur la manière de l'écrire prouve qu'elle ne mérite pas qu'on s'en occupe. A raisonner ainsi, la langue française, pour laquelle on dépense tant de millions, serait la plus méprisable des langues. On devrait s'en mieux rappeler l'histoire. Un de mes censeurs invoque, je ne sais de quel droit, en preuve de l'importance de l'unité d'orthographe, l'autorité de BOSSUET, de FÉNÉLON, de CORNEILLE, de RACINE, etc ; qui auraient d'après lui fixé l'orthographe française (V. le journ. précité). Ils la fixèrent si bien qu'un siècle plus tard il n'y avait pas encore deux ouvrages français orthographiés d'une manière uniforme. C'est au moins l'aveu de WAILLY (Princi. Génér. Gramm. Edit. 1769. préf.). BUFFON allait alors fermer la chaîne des grands écrivains français. Aujourd'hui même, après 300 ans de grammaire, a-t-on réussi à établir des règles uniformes, pour l'orthographe, ou même pour la syntaxe, sur laquelle, dit LAROUSSE, on disputera longtemps encore? Ici cependant l'accord ne devait pas être si difficile. Pourquoi la grammaire n'aurait-elle pas pris empire sur une langue encore jeune, en voie de formation? Il y avait un tribunal suprème pour faire justice des caprices des uns et de la logique des autres, en passant le niveau sur toutes les irrégularités prétendues ou réelles, avec la force d'une autorité absolue. Il n'avait pas à compter avec une tradition immémoriale, comme les modernes législateurs de notre langue. Il pouvait fixer, déterminer, tout à son gré. Et pourtant, que d'anomalies, d'après les plus compétents! Quel désaccord, dont nos critiques ne semblent pas s'être aperçus! Pour ne parler que de la règle des participes, à laquelle Louis MEIGRET finit par donner force de loi, comment fut-elle observée? J'ai sous les yeux une phrase d'un traité de grammaire postérieur au sien d'environ 60 ans (1707), où sa règle est violée, et le même mot écrit dans la même phrase par s et par z : (françoise, françoize, etc). Les écrivains du grand siècle eux-mêmes la violèrent souvent. Il était cependant si facile d'accepter à priori ce qui n'était que convention. C'est en effet une affaire de convention. Il est vrai qu'un grammairien de nos jours, au lieu de s'en tenir à ce que dit D'OLIVET, qu'il est inutile de chercher la raison d'une chose convenue, prétend donner la raison logique de la règle de MEIGRET; mais ce qu'il avance ne vaut pas ceci : Les participes tantôt s'accordent et tantôt ne s'accordent pas parce qu'ils ont un mauvais caractère.

Ainsi, si l'on s'était mis en face de l'histoire, on n'aurait pas fait, pour notre langue bretonne une question vitale de l'unité d'orthographe. La langue française avait produit ses modèles de bon gout, avant d'avoir une orthographe arrêtée. A cet égard, une ombrageuse tutèle peut même nuire, comme on l'a remarqué pour cette langue, et il parait que cela n'est pas vrai seulement de l'orthographe. Continuez, dit un grammairien, à prendre l'Académie pour guide, et si vous parvenez à écrire vingt lignes sans faire vingt grosses fautes, vous aurez du bonheur. (BESCH. MONIT. DE LA JEUN.) BONNEAU a trouvé 190 barbarismes dans la grammaire la plus suivie.

Ainsi, la bonne philosophie n'interdit pas les recherches sur la meilleure forme des mots. Elle permet de faire valoir les probabilités ; fussent-elles spécieuses, elles serviraient à mettre en relief des points certains et intéressants. Elle ne repousse même pas, à priori, les simples plausibilités, et met en réserve toutes les données pour les éprouver. L'unité d'orthographe entendu comme quelques uns l'entendent, n'a d'importance qu'à raison des préjugés d'école : elle est désirable, mais sous bénéfice d'inventaire.

X.

QUELQUES DONNÉES SUR L'ALPHABET.

Il ne s'agit pas des prétendus alphabets bretons qui, d'après les plus compétents, ne sont que l'ouvrage de l'imagination. En tous cas, ils n'ont pas l'antiquité de notre alphabet actuel. Connu en Europe dès le 12e siècle avant notre ère, il n'a guère varié de forme depuis AUGUSTE. Les inscriptions que l'on voit à Rome et ailleurs le prouvent.

Il n'avait primitivement que seize lettres. Le *g* était remplacé par le *c*. Le signe *h* manquait complètement, et c'est, une question débattue entre les grammairiens, dès l'antiquité, de savoir s'il faut le ranger au nombre des lettres proprement dites ou le considérer comme une espèce d'accent marquant l'aspiration. On l'écrivit d'abord au dessus des mots, à la manière des accents. (AULU-GELLE). Il finit par acquérir la valeur d'une lettre ; remplaça dans quelques langues le *c* ou *k*, le *g*, etc. Le *k*, qui est une autre forme du *c*, fut patronné par le maître d'école SALLUSTIUS. LE PELLETIER en fait un emploi raisonné, sans renoncer à la forme plus ancienne, (*c*), que le lecteur breton préfère.

Le *j* consonne, comme le *ç* (DE MEIGRET), est tout moderne. Il n'est pas antérieur au 16e siècle. On le met, par abus, pour remplacer l's, le *z* : *disprijout, lavarje, lavarche,* etc. pour *disprizout, lavarse...* C'est un mépris de l'antiquité et de la parenté des langues. Cependant cette influence facheuse de la prononciation sur le langage écrit est déjà ancienne ; en hébreu on voit le même son figuré de plusieurs manières : *s, sch, ch,* etc. Voir au livre des juges, un exemple frappant de cet abus de la prononciation. ch. 12.

L's adouci a produit le *z*, qui est fort ancien. QUINTILIEN le prend pour la plus douce des consonnes. Le son qu'il représente est si naturel, que plusieurs dames romaines lui donnaient, en parlant, la place du *g*, et prononçaient *fizere* pour *figere*. Aujourd'hui, pour écrire le breton, c'est l'abus inverse.

Le *v* simple est de la plus haute antiquité, quoiqu'on l'ait confondu longtemps dans l'écriture avec l'*u* voyelle. Quant au double *w*, il est tout-à-fait étranger à notre antique alphabet, qui est d'origine sémitique. On l'y voit paraître, pour la première fois, dans un poëme sur S. THOMAS BECKET. Il est vrai qu'on s'en sert pour écrire le sanscrit ; mais cette langue artificielle de l'Inde, dans la forme écrite que l'on possède, est relativement moderne. L'*x* n'est que la réunion des deux lettres, *c, s*. On écrivait primitivement apecs (apex) comme l'attestent les inscriptions.

Pour l'*y*, son introduction, d'après un linguiste, est une intrusion irréfléchie, un abus avéré, dans les mots qui ne dérivent pas du grec. Dans un travail par un ancien maître de grammaire, et qui a eu les honneurs de l'impression, on l'a patronné, et l'on a prétendu qu'il est consonne ou voyelle, selon qu'il commence ou non une syllabe. Sa nature essentielle dépendrait donc de sa place dans les mots. — Travailler, c'est bon pour les faignants, (fainéants) disait un communard. Je suis montaniard (montagnard) écrivait un autre. Ici, l'*é* a fait place a un *g*, et le *g* a fait place à un *i*. Faut-il donc dire que la voyelle est devenue consonne ; et la consonne, voyelle ? Tout cela sent le système.

Les accents indicatifs de la prononciation ne font pas partie de l'alphabet primitif. Les grecs eux-mêmes n'en avaient pas avant leur invention par ARISTOPHANE DE BYSANCE, mort vers 220 av. l'ère chrétienne. La belle langue D'HOMÈRE et de PLATON avait bien su s'en passer. Il est même prouvé que les grecs ne possédaient d'abord aucun signe d'aspiration, aucun caractère correspondant à notre *h*. L'èta (*ê*) qui dut le représenter n'existait même pas dans le principe ; il n'y avait que l'epsilon (*e*). Une simple aspiration a fini par compter comme lettre, et ce fut le premier sacrifice fait à la prononciation (V. PLATON. CRATYL. etc).

XI.

FUNESTES EMPIÈTEMENTS DE LA PRONONCIATION SUR L'ORTHOGRAPHE.

A l'origine les signes orthographiques n'étaient pas soumis à l'arbitraire de la prononciation, au moins chez les peuples qui avaient le respect de leur langue. Ainsi les grecs en assimilant plusieurs mots dans la langue parlée leur conservaient, dans la langue écrite, leurs traits caractéristiques. Chez eux certains grammairiens furent, comme chez nous, complices des envahissements de la langue parlée, de ses empiètements sur l'orthographe : de là les altérations dont se plaint un autre grammairien, qui y voyait un débordement de barbarie menaçant pour la langue.

Une irruption analogue menaça le latin qui fut, comme le grec, bien défendu par les bons écrivains. On voulut, par une imitation inintelligente, mettre devant chaque voyelle une aspiration bien marquée. Par bonheur cette rude aspiration indiqué par un *h*, qui ôtait au latin sa souplesse et sa douceur, fut repoussée, au moins de l'écriture (AULU-G. QUINT. CIC). Comme la prononciation a ses licences, elle conserva l'aspiration, au moins dans quelques mots (S. AUGUSTIN CONF). Aujourd'hui encore les Italiens des environs de Florence aspirent beaucoup, et prononcent, par exemple, *Confiteor*, comme nous dirions (o) *C'honfiteor*. Mais les signes de l'aspiration ne hérissent jamais l'italien écrit, pas plus le dialecte toscan que le dialecte romain, lequel se distingue par une prononciation très-douce, comme le toscan par ses fortes gutturales. C'est ainsi que le breton du Léon se distingue par sa douceur des autres dialectes.

Il y a des localités où l'on aspire toutes les voyelles, bien que la fréquence de ces aspirations affecte peu agréablement les oreilles et les yeux. On peut même regarder l'abus des signes de l'aspiration comme un symptôme de décadence. Il signala la décadence de la latinité, que ses bons écrivains avaient d'abord si bien défendue contre cette barbarie. Pour marquer la dure accentuation que prit le latin dans la bouche des étrangers, on vit des lettres imprévues s'intercaler dans les mots, et dénaturer leur physionomie. On multiplia les rudes consonnes, les aspirations fortes ; on écrivit *nichil*, pour *nihil...* Le *h*, primitivement signe d'aspiration, passa à l'état de lettre véritable et se glissa dans une foule de mots d'où on l'avait d'abord repoussé. C'est ce qu'attestent différents auteurs. Les lettres doubles s'entroduisirent dans l'écriture à la faveur de ce débordement. Comme plus tard, en breton on substitua *Brytho* à Brito, *dd* à *z*, etc. après la bizarre réforme dont parle Géoffroi de Monmouth (9e-10e S.) ?

Voici comment l'auteur du dictionnaire déjà cité (art. 9.) justifie ce système. — « On a, dit-il, défiguré le breton sous prétexte de l'adoucir. Avec ces doucereux il faudrait dire *leax* et non *leah*, lieu ; *Jezovaz* et non *Jehovah*. La prévention, ajoute-t-il, est quelque chose de pitoyable à ceux qui sont exempts de cette manie. » — Peut-on être plus affirmatif dans le faux ? Dans *leah* (*leac'h loc-us*) le *h*, représente une articulation gutturale, caractéristique du mot, et marquant sa parenté dans la famille des langues ; le *z* lui ferait perdre ce trait de famille, aussi bien que sa vraie signification. La comparaison basée sur le mot hébreu n'est pas plus juste. Il s'écrivait primitivement par quatre lettres, et les saints docteurs voyaient du symbolisme dans ce nombre de quatre, qui a été presque doublé, au préjudice du symbolisme, quand on a voulu marquer l'aspiration. Mais nul n'a pu songer a représenter par *z* ce son guttural, qui exige le signe *h*. Ainsi dans le premier exemple il est question d'une articulation ou d'une lettre véritable, dans le second, d'une simple aspiration : l'auteur ne les distingue pas. S'il avait mis en regard, par exemple, *Mahe, Maze*, Mathieu ; *perh, pers*, partie (*pars*) *a-visiou, a-huehieu*, quelquefois (*vicib.*), l'analogie des langues qui ont une tradition sûre lui eut fait voir de quel côté est ici l'esprit de tradition. Dans ces langues le *t* et l'*s* ou *z*, et non le *h*, se remplacent : *posse, pote...* L'auteur ne pouvait alléguer que la tyrannie de l'usage. (Voir au mot guttural).

Ailleurs il exalte l'utilité des accents. Il ne comprend pas comment nos devanciers ont pu s'en passer· — On m'objectera, dit-il, que mon écriture est hérissée d'accents. Il me semble que le bon sens devrait dicter, parée... On ne dit pas d'un jardin plein de fleurs,' qu'il en est hérissé!! (p. 16). — Il eut pu ajouter dans sa verve poétique, que les herbes parasites qui fleurissent parmi les blés, ornent les sillons ; ou plutôt, que la rouille orne le fer, sans nuire aucunement!!

Plaisanterie à part, les accents peuvent être, non un ornement, mais une nécessité pour la prononciation, surtout quand les langues vieillissent et tombent en désuétude. Mais vouloir représenter tous les sons, c'est vouloir l'impossible. Il y a dans les sons dont se compose la parole, surtout dans ceux des voyèles, une infinité de nuances si variées et si fugitives qu'on ne peut les fixer par des signes. VOLTAIRE a beau dire que l'écriture est la peinture de la voix, que plus elle est ressemblante meilleure elle est, aucun idiome n'acceptera ce principe spécieux s'il veut se conserver. Il faut, disent quelques uns, écrire comme on prononce. Quelques grammairiens du temps de PASQUIER — tenaient aussi pour maxime qu'il fallait escrire comme on prononçait ; ils aboutissaient à une orthographe si bizarre que leurs ouvrages étaient illisibles. On ne doit pas perdre de vue que la prononciation est de sa nature chose arbitraire et presque individuelle ; et quand chacun écrira sa prononciation, il n'y aura plus de langue. (NODIER). Le même mot, dit S. JÉROME, peut-être prononcé de différentes manières, suivant le jugement du lecteur, *Prout ordo flagitaverit. Apud Ebræos, deber,* etc. (Is. 9).

XII.

(SUITE). QUELQUES EXEMPLES.

A l'encontre de cette tendance à subordonner l'orthographe aux caprices de la prononciation on remarque aussi une tendance exagérée vers l'orthographe étymologique, que réprouve Saint JÉROME : *jure projicitur.* En effet, la disparition d'une lettre ne rend pas toujours méconnaissable l'origine ou la physionomie du mot. Qui ne voit, par exemple, que *couscoude* est pour *coulsgoude,* comme en Français *douceur* est pour *doulceur (dulcedo)?* La saine grammaire veut donc qu'on fasse quelques concessions au système d'orthographe phonographique. QUINTILIEN va jusqu'à permettre qu'on n'écrive pas dans les mots plus de lettres qu'on n'en prononce, les lettres n'ayant d'autre fonction que de garder et de transmettre les sons. J'aimerais mieux dire qu'on ne doit prendre pour guide la prononciation qu'autant que la nécessité y oblige, et que l'analogie avec les autres langues ne fournit pas d'indications claires sur la véritable forme des mots. Les traits de parenté dans les. langues sont précieux à conserver. Ils peuvent alarmer l'incrédulité de quelques rationnalistes ; mais les plus sensés se rendent à l'évidence sur ce point. Ils ont vu l'absurdité d'expliquer par une simple coïncidence l'identité radicale de 600 à 800 mots grecs, latins et celtiques. Peut-on citer, parmi les savants illustres, un autre que SCHLÉGEL qui ait énoncé des doutes sur la parenté de notre idiome avec les autres langues de la famille européenne ? Il est vrai que mon critique semble aller plus loin que le doute, et jusqu'à la négation complète. Le breton, dit-il, n'a rien à faire avec les autres langues — (l. c.). Il est vrai que LE GONIDEC parait s'être inspiré de la même idée en créant — C'est son mot — Une orthographe nouvelle. On ne comprend pas ce procédé, dont il faut accuser les empiètements de la langue parlée sur la langue écrite. Que seraient devenues les autres langues si elles avaient suivi tous les écarts de la prononciation ?... Dans le Poitou, par exemple, il faudratt écrire *itchi,* pour, ici ; en Italie, *dchivitas,* pour *civitas,* etc. Dès le temps de Varron on prononçait *via*, comme s'il y avait *viha*. Parfois Le Gonidec a l'air de vouloir que le breton répudie toute parenté avec les plus nobles langues, comme quand il écrit *eunn*, pour, *un*, (*un-us*), *chélaoui*, pour *selaou* ou *silaou*, (*silere*), *hag*, pour *ac* (*ak*) et, *peurabeur*, pour, *perober*. Ici, en effet, on ne peut pas dire qu'il subit les exigences de la langue parlée. Jamais, dans son pays natal, il n'a entendu prononcer *peurober*. Il a pu entendre, très-rarement *parober*, presque toujours *perober*. Le préfixe *per*, ou *par* ou *bar*, commun au latin, au grec, au sanscrit et au breton, s'écrit par une voyelle simple, *e* ou *a* ; il exprime l'idée d'achèvement, et peut se mettre, au besoin, devant tous les mots bretons. Les écrivains latins eux-mêmes l'emploient devant des mots avec lesquels il semble faire double emploi, (*percomplere*) ; et l'on sait combien peu le latin aime l'arbitraire. Pour être conséquent, Le Gonidec devrait écrire : *peubeuz*, *eun eum etc. Peubeuz den*. Dans Vannes, on écrirait *mantreut*....

En sacrifiant trop à la prononciation, on défigure la langue, on voile des analogies réelles, intéressantes, utiles à noter. On déroute même les plus instruits. Un exemple entre mille : *Peurhada*, pour *perada*, achever de semer. Voici, d'après Le Pelletier, l'analyse de ce mot : *Peuo*, cesser, *ar*, le, *hada*, semer ; *peuo ada*, *peurada*, *peurhada !!* Il était si simple de dire : *Per*, préfixe commun au breton et à ses nobles sœur de la famille européenne, exprimant achèvement, perfectionnement ; *ada*, semer. Cesser et achever sont deux : on cesse sans achever.

A propos de ces questions, les écrivains citent une orthographe soi-disant ancienne, pour l'opposer à celle du P. Maunoir et de Marigo, qui serait nouvelle. L'ancienne écrit, par exemple, *credaff*, pour *credan ; mar credaff, mar credan*, si je crois ; *off*, pour *on*, moi : *evidoff, evid-on*. Ici faut-il encore s'en prendre aux caprices de la prononciation ? Quoi-qu'il en soit, ses formes bizarres, *credaff, off*, etc, pour *credan, on*, relativement modernes, ne sont pas de notre dialecte. Ici encore on peut invoquer l'analogie, tout en convenant que la ressemblance de plusieurs mots peut s'expliquer par une pure coïncidence. Dans les régions voisines de l'Albanie où, au témoignage des voyageurs, l'on parle encore un idiome primitif, ou le vieux grec, *on*, signifie moi, comme chez nous. Chacun sait que la syllabe caractéristique de la première personne de l'indicatif, en grec, est également *on* : *eluon*. En latin, la première personne finit souvent par *o*, et par *m* : *lego, legam* ; l'*m* paraît avoir été originairement caractéristique de la première personne (*lego-m*). On sait aussi le rapport étroit qui existe entre *m* et *n* ; en latin on met souvent l'un pour l'autre. On sait également que les mots composés finissent par perdre une partie de leurs éléments. Remarquons encore le breton, *velson* (*pa velson*), je vis ; bien qu'on dise également *velis*, qui coïncide avec le français. — Je rend-is. — *Si salvarai-eo meon fradre :* Je (*se is*, *si*) sauverai mon frère (14e siècle). Remarquons de plus que, notamment aux environs de Quimper, les bretons prononcent souvent *credon, lavaron ; mar credon*, si je crois ; *pa lavaron*, quand je dis, en faisant sentir légèrement l'*n*. Quand à la substitution réciproque de l'*o* à l'*a*, elle n'a rien d'étonnant, vu la mobilité des voyelles. Monsieur Roussel, un

savant homme de Saint Pôl de Léon, contemporain de LE PELLETIER, me semble avoir
donné quelque part, l'explication de l'origine de ces formes particulières, *off*, *en aff*, *goff*,
credaff, etc. J'ai entendu un homme de loi expliquer leur adoption dans les noms propres.
(HABASQUE, LABASQUE, LABBAT, etc). *E-basc.* facile à mener, à nourrir, *paicere*, *pasca.*— Elles s'expliquent aussi par le fait historique déjà mentionné. Mais le plus simple est de mettre en regard
quelques mots de l'orthographe dite ancienne et de celle réellement, historiquement ancienne. L'une, postérieure à la réforme consignée dans l'histoire, n'a peut-être pas 500 ans ;
l'autre en peut avoir plus de 2000. *Priff*, *prim-us*, premier ; *Parth. Perh*, *pers*, pars, part ;
ffest, *festuz*, (*festus*) agréable. *Furf*, *furm*, *form-a*, forme. *Rhosyn*, *rosen* (*roz*), *ros-a*, rose.
Mawrth, (DAVIES), *meurs*, mars ; *Brytho*, *breton*, *brito*, breton ; *lleô*, Gr. *cluô*, Br. *cléo*, écoute.
Hun, (LE GON. *eunn*,) Gr. *en*; Br. *un*; *Un-us*, un. *Awr* (DAV.) *heur*, dans plusieurs livres bretons et dans LE PELLETIER *eur*; Gr. *ôra*, de *aor*, or qui dans la plus ancienne langue de
l'Orient signifie aussi lumière, soleil. C'est en effet d'après la lumière et le soleil qu'on a
d'abord mesuré le temps, comme dans les pays d'Armorique on l'a fait d'après la mer,
d'où en breton *mare* pour signifier temps, heure. *El*, en Orient, signifie aussi soleil (*élios*)
eol. Enfin, une foule de mots semblent prouver qu'il y a eu toujours tendance à surchar-
ger l'orthographe des langues monosyllabiques, au préjudice de leur simplicité primitive.
« Aux *ungs playst*, autres *n'en sont contents*. » Quoi qu'il en soit, il est évident que, *furm*,
prim, sont des formes plus anciennes que *furff*, ou *priff*; comme *en*, *un* sont plus anciens
que *eunn*, *hun*, *ung*, etc.

XIII.

CONCLUSIONS PRATIQUES, RELATIVEMENT À L'ORTHOGRAPHE.

Ce qui constitue la physionomie des mots, ce sont les consonnes, sur lesquelles la prononciation a moins d'action pour les changer. Elles sont donc la partie principale de l'orthographe, et on ne doit effacer dans l'écriture que celles qui sont des entraves à la lecture. L'usage détermine la valeur de chaque signe, et une tradition orale de vocalisation
est essentielle à toute langue. *Ar brezoneg a ranc beza sicoured*, *evit beza lenned*, disait un
vieillard de 86 ans, en redressant la prononciation de celui qui lui faisait une lecture.
Cela est peut-être encore plus vrai de toutes les autres langues. Le nombre des signes
orthografiques n'égale pas le tiers de celui des sons dont se composent les langues
eu général. On vante le système graphique du sanscrit, où l'on essaie de noter les
moindres nuances de prononciation, mais ce sanscrit artificiel n'a jamais fonctionné avec
son lourd attirail de signes graphiques, si ce n'est dans les cabinets des savants. Une
pesante armure, si artificielle qu'elle soit, n'est pas avantageuse. Il y a donc avantage
à s'en tenir à la forme simple et primaire des mots bretons, telle qu'elle se dégage de

l'examen comparatif des langues anciennes, surtout quand on a un point d'appui dans l'exemple de devanciers respectables. (P. Maunoir, Marigo, etc).

Il y a certains mots dont la forme primaire a partout varié dès l'origine. A l'égard de ces mots il faut s'en tenir à la prononciation actuelle. Ainsi, quoi que le latin *lan-a*, soit probablement plus ancien que *glan*, laine — ce que l'analogie du grec permet de contester ; *plenus*, plus ancien que *leun*, plein ; *ptizanè*, plus ancien que *tizan*, *em* ou *am* (Hébr.), plus ancien que *mam*, mère, etc, on comprend qu'à l'égard de ces mots il faut subir les exigences de la prononciation, même en écrivant. Il en est de même pour plusieurs mots où il est facile de distinguer la consonne étrangère à la racine primitive. Exemple : *dor*, porte, (*os, oris*). Le *d* est euphonique, aussi bien que dans *d-eo !* *d-euz !* (Si fait!) ; *d-eomp*, allons, (*Eamus*), etc. etc. Aussi on dit, *an or*, jamais *an dor* ; *an diou*, (les deux), jamais *an niou*, quoi qu'en dise Le Pelletier. C'est que dans le premier mot, (*dor*), le *d* n'est pas lettre radicale.

Les mots, surtout les monosyllabiques, commençant par une voyelle sont plus susceptibles d'attirer, par aspiration, une lettre étrangère. Quand c'est une consonne, elle finit par s'imposer même à la langue écrite. (*am, mam ; omos, memes*). Le plus souvent c'est ou un *g* ou un *l* : *aeur*, aire (*area*), est devenue *leur* en breton, comme le mot théologique, auréole est devenu dans quelques livres anciens, lauréole (*laureola*. P. Vega. Index. L. Dupont, etc.) : ganse, (*ansa*). Mais pourquoi exiger qu'on suive tous les écarts de la prononciation ? Le mot *raoz*, par exemple, se prononce quelquefois *raoscl* ; est-il nécessaire de l'écrire ainsi ? Il s'écrit en bas latin *rauseum*, en dialecte germanique ou tudesque, *raus*, en français roseau, en breton *raoz*. C'est une espèce de glaieul, que l'on ne doit pas confondre avec le roseau à tige, ou roseau de la passion. (Massette).

Le mot *risc*, prononcé quelquefois *riscl* ; (en français, risque) également pris un *l*, par suite de la confusion des deux mots, *risca*, risquer, *ricla*, glisser, que l'on distingue toujours dans les pays où le breton s'est le mieux conservé. *Rib*, (*a rib ar mor*, le long de la mer), se prononce parfois *ribl*, (*ripa*). Dans ces mots, ni la prononciation ni l'étymologie n'exigent pas la lettre étrangère, *l*. Ceux qui ne veulent pas faire de notre idiome breton un batard, devraient bien, autant que possible, écarter ces lettres intruses. Pourquoi ne pas se soumettre aux exigences de l'analogie, autant que le permettent celles de la prononciation ? Hors de là il n'y a qu'arbitraire, fantaisie, mépris de l'histoire.

Toutefois, l'analogie laisse une certaine latitude sur l'orthographe de plusieurs mots. Si, par exemple, on écrit *mam* par un seul *m*, on pourra invoquer l'analogie de l'hébreu, du persan, *em, am*, etc. Le vieux grec et le latin mettent deux *m*, (*mamma*) dans ce cas et les cas analogues, il importe peu, pour la vraie physionomie du mot, et pour la tradition, que la consonne se double ou ne se double pas, comme on peut le prouver par plusieurs exemples empruntés au grec, au latin et même au français. Dans plusieurs mots, le français double la consonne, où le latin ne le fait pas ; et le latin le fait où le breton ne le fait pas. Ex. *Terra*, Terre ; *Teren*, terre inculte, etc. Pour ces mots, ce n'est pas fantaisie que de les orthographier d'après la prononciation.

Il en est de même à l'égard des mots commençant par *v*, lequel attire le *g* : *gvelet, guerza, gver* : (*Videre*, *Vendere*, *Viridis*)... Ici la letre radicale est le *v*. Ceux qui ne connaissent le breton que par les livres, s'imaginent qu'il est de son génie de supprimer souvent le *g* ; il l'ajoute au contraire dans certaines phrases, à tous les mots commençant par *v* : *gveturiou a velen eno*, j'y voyais des voitures. L'erreur vient de ce que telle est l'affinité réciproque du *g* et du *v*, que souvent ils se remplacent : *Eus a voenn vad eo*, pour, *eus goenn vad eo*, il est de bonne race. *G*, est ici la lettre radicale, devenue, *v*, mais non pas supprimée au sens des celtistes à système (*genos*, *genus*). Certains mots prennent indifféremment *g* ou *v* : *Goall dud*, *voall dud*, de méchantes gens. La lettre radicale ici parait être le *v* ou *f* adouci (Gr. *phaulos*, *faulos*). Cette affinité du *g* et du *v* tient évidemment à la scruture des organes de la parole ; aussi, pour ne citer qu'un exemple entre mille, en français on a fait guêpe, de *vespa*. La fantaisie n'y est donc pour rien, et l'on peut, pour l'orthographe, suivre ici la prononciation. Quoique, dans les mots précités, le *v* soit plutôt radical que le *g*, il a pu lui-même être attiré par une racine encore plus ancienne : *vir*, (*verum*) de *eir-ô*, je vois... Telle est l'empire de l'usage, que l'on est comme obligé, en construction, de supprimer quelquefois le *g*, quoiqu'il soit lettre radicale : Ex. *Da ouzout eo*, pour, *da c'houzout eo* (GINOSCE). La seconde manière serait la plus logique ; comme, *me c'hoar* (*me voar*), serait plus logique que, *me oar*, la lettre radicale devant être représentée dans toutes les modifications du mot dont elle est partie essentielle.

Ce qui a été dit contre les empiétements de la langue parlée sur la langue écrite ne doit pas non plus s'entendre de la permutation de certaines lettres, où le caprice individuel n'a rien à voir ; elle correspond même à un sentiment profond de l'unité de la pensée se réflétant dans l'unité organique de la phrase. On n'en donne pas ici les règles, dont ceux qui ont provoqué le présent travail ont une connaissance pratique qui ne trompe jamais. Ici encore la prononciation commande l'orthographe. Ceux qui ont attribué ces permutations à des prescriptions druidiques, ne connaissent ni le génie de notre langue, ni la nature grammaticale de toute langue populaire. Au reste, cette particularité de notre idiome a des analogies dans les autres langues, et jusques dans les noms propres. Le nom de l'historien anglais BEVER, latinisé, a fait FIBERIUS ; celui de l'Espagnol BARBEIROS, a fait VARRERIUS, etc. Les *t* et *s*, *p* et *b*, et autres lettres muables, se remplacent souvent d'une langue à une autre, aussi bien que dans la même langue. Il est donc évident que ces permutations ne se font pas en vertu de règles tracées d'avance.

En consultant l'analogie sur la forme graphique des mots, on se trouve à peu près ramené à l'orthographe du P. MAUNOIR et de MARIGO, et des autres écrivains de leur temps. Toutefois, on peut encore la simplifier en s'inspirant de LE GONIDEC. Il est d'ex-

4

périence qu'on peut employer le *g* dur qu'il a rétabli, et qui se trouvait déjà dans quelques écrits plus ou moins anciens, dans l'explication des tableaux de Michel le Nobletz, dans un vieux recueil de gverz sans date, dans la légende des SS. Laurent et Florent, etc. Seulement il y est marqué par une espèce d'apostrophe : (*g'enel*, naître).

D'après les principes énoncés, il serait plus rationnel d'écrire *es*, préposition (ex) que d'écrire *eus : es Paris*, *eus Paris*; mais on ne peut pas toujours se soustraire à cette règle vicieuse de Voltaire; que l'écriture doit être la peinture de la prononciation. Cependant la bonne prononciation, n'est pas entièrement perdue. Ex. *Me zo es a g'ichen Castel; ac en, es a g'ichen Folgoat...* Comment faut-il écrire en breton la particule négative, *ne*, commune au latin, au français et au breton? Le Gonidec écrit indifféremment *ne* et *na*. Conséquemment à son principe ordinaire, d'éviter toute ressemblance avec les autres langues, il eût dû préférer *na*. Marigo et les autres écrivains, réellement plus rationnels, mettent *ne*, avec l'indicatif, et *na*, avec l'impératif et les modes indirects; c'est-à-dire que la particule *na* fait du futur et du conditionnel des modes indirects, ou des subjonctifs, le breton n'en ayant pas d'autres. Ex. *Ne vize morse dirag ar zacramant, na vize tenereed e galon bete scuilla daëlou*; qu'il ne fût attendri jusqu'aux larmes. *Me viro na deuio :* j'empêcherai qu'il ne vienne. *Ne lavar netra :* il ne dit rien. *Na lavar netra;* ne dit rien. (V. Marigo, 1ʳᵉ édit. etc). Ici la raison et l'usage sont d'accord. *Na ra ket, laca evez, daou bred braz en un devez. Var an deiz lez ar c'housket, choum e cador, na c'hourvez ket. Goude miz Ebrel da fin Eost, da dan ebet ne d-i tost;* ou : *na d-a tost.*

An, le, est plus rationnel que *ann*. En effet, ce qui fait partie constitutive d'un mot doit y rester sous une forme ou sous une autre; or, en construction, le *n* final peut ici devenir *l, r : al labour, ar penn...* Que devient donc l'autre *n?* Par la même raison, *eunn*, au lieu de *un*, est irrégulier. Il est de plus contre-indiqué par l'analogie. Quelques uns, il est vrai, prononcent *eun den*, comme ils prononcent *eunan*. Dans les environs de St.-Pôl et au bas Léon, on prononce *en* (*den*) conformément au Grec, au Danois. Il est plus reçu d'écrire *un*, comme en latin, sauf, bien entendu, la partie caractéristique ou la désinence. Mais, que l'on consulte le tableau des quatre à cinq milles dialectes parlés sur le globe, et l'on verra que cette manière d'écrire ce mot, *eunn*, était entièrement inconnue avant la réforme nouvelle, d'après laquelle, pour être logique, il faudrait aussi écrire *eunnan*, pour *unan*, un. Il est également contraire aux conséquences de l'analogie d'écrire *hini, hun*, qui ont le même radical. *Ur goal ini, ur goal unan;* (un méchant). Les deux se disent. On a essayé de justifier cette forme de mot, (*hun*) dans la Revue de Bretagne et Vendée, sans doute pour ne pas reculer devant les conséquences des théories qu'on y défendait. La linguistique serait donc un courant devenu plus pur à mesure qu'il s'est éloigné de sa source!...

XII.

ABUS DU SIGNE DE L'ASPIRATION. — ENCORE L'ANALOGIE DES LANGUES.

Dire qu'on abuse, en écrivant le breton, du signe de l'aspiration, c'est heurter le système le plus vanté. Aussi est-ou bien aise de pouvoir mettre cette assertion sous la garantie d'autorités respectables. M. ROUSSEL, de St.-Pól, l'oracle de son temps, n'admettait dans le breton écrit aucune aspiration marquée par *h*. Il avait raison, dit LE PELLETIER, puisque toute voyelle est aspirée par elle-même (ou peut l'être), sans signe particulier dans l'écriture. Il écrivait donc *ouarn*, fer, etc. On trouve dans des livres très répandus, déjà assez anciens, *ast* (héb?) empressement, *abil*, instruit, *eur*, heure... V. *Finvezou*, p. 6. LE PELLETIER, MARIGO (1ᵉ éd.). Les latins eux-mêmes supprimaient volontiers le signe de l'aspiration (V. LE PELLETIER). Les Saints Pères écrivaient quelquefois *Ebræi, Seon...* pour *Hebræi, Sehon* (Hier.). Ce signe est si peu essentiel aux mots, qu'on en peut citer une infinité, où tantôt on le met et tantôt on l'omet. *Ita, hitta*, (héb), *ed*, blé ; *s-itos* en grec ; *satum, ador*, en latin ; *ad, had*, en breton. Il parait que l'hébreu oral aspirait beaucoup. Pour le figurer, quand il était tombé en désuétude, on en surchargea l'orthographe ; un mot primitivement de trois lettres, en prit jusqu'à neuf en vue de figurer la prononciation. On ne parait pas avoir assez remarqué que l'hébreu ne distinguait guère le signe de l'aspiration de la lettre aspirée : de là *he*, pour *e, h*. Une langue vivante n'a nul besoin d'être ainsi subordonnée aux signes orthographiques. Ce système de notation minutieuse n'a de valeur qu'autant qu'il contribue à donner la vive intelligence des mots. J'aurais compris, par exemple, sauf l'assentiment du lecteur avec lequel il faut compter, qu'on eût écrit *nouhen*, (*ouhen?* lat. *unguen?*) pour *nouén*, en vue d'exprimer le suave symbolisme du nom donné au sacrement des mourants ; mais je ne comprends pas qu'on écrive *hanter* pour *anter* (*inter?*) — On sait que le *h* remplace souvent le *g*, et alors ce n'est plus une simple aspiration, mais une lettre véritable. En construction, il remplace souvent le *g* et le *c*, quand ces lettres sont initiales ; par exemple, *e halloud*, son pouvoir. Il serait encore mieux d'écrire *e c'halloud* (Revue de Br. et Vendée). Ce mot a, dans plusieurs langues, *g, c*, ou un caractère analogue pour lettre initiale et radicale, laquelle ne doit pas s'effacer. On peut aussi regarder le signe *h* comme remplaçant le *c*, seule consonne de la conjonction *ac*, quand, pour l'euphonie, on écrit *ha* (gr. *cai*), ce qui a lieu devant une consonne où le *c* s'élide. Sans doute qu'un accent marquerait suffisamment l'élision (*à*), aussi bien que dans la particule conditionnelle *mar*, si, prononcée souvent *ma*, et que l'on confond à tort avec une autre particule, qui n'est pas le même mot (*ma*, que, etc). Seulement le goût des signes exubérants a tellement pris faveur, que cette simplification raisonnée de l'orthographe bretonne ne parait plus de mise.

L'emploi du signe *h* dans les mots où il représente, non une articulation gutturale, mais une simple aspiration, est une application de la maxime précitée de VOLTAIRE. Le grand moqueur du 18ᵉ siècle trouvait l'orthographe française absurde ; celle qui résulterait de son principe le serait davantage (V. SUPRA). Dans un ouvrage sur la langue bretonne trop favorable à l'emploi illimité du signe *h*, on cite quelques livres bretons, d'une certaine valeur ; entr'autres le *Buhez Christen*, attribué en partie au P. MAUNOIR (1650). Mais il faut noter que les éditeurs ou imprimeurs des livres bretons se sont cru le droit de les corriger, rien que pour y multiplier le signe de l'aspiration. Pour s'en convaincre, il n'y a qu'à regarder la dernière édition du Catéchisme de Léon. Non seulement ils se sont cru le droit de corriger l'orthographe, ils se sont même cru celui de modifier les prières auxquelles l'Eglise avait défendu de rien changer. C'est ainsi que dans le livre même dont il est question on a substitué, à la fin des litanies de LORETTE, un autre *Oremus*, à l'Oremus *Gratiam tuam*... Ce que n'avait pas osé, vingt ans auparavant, un autre éditeur. Rien donc d'étonnant qu'on ait changé l'orthographe de nos livres bretons. Au reste, dans l'édition que j'ai d'*Ar Vuez Christen*, on écrit *buez* sans *h*. Je ne sais si les grecs disaient indifféremment *bios* et *buos*, comme ils disaient *biblos* et *bublos;* toujours est-il que ce mot même fait bien voir que l'orthographe du P. MAUNOIR se rapproche plus de l'orthographe usitée il y a deux à trois milles ans, que celle qu'on veut lui substituer. On sait que les accents n'existaient pas encore (SUPRA). L'orthographe avait donc moins d'aspérités à l'origine.

L'emploi du signe de l'aspiration, dans les pronoms surtout, n'a d'autre résultat que de hérisser inutilement la langue écrite, et n'a pas d'appui dans la tradition. Je vois, dans un poème nouvellement édité : *M'hes lakai d'ober eur c'hoarz all;* je te ferai rire autrement. *M'es lacai... Es, et,* pour, *se, te,* comme *am, em,* pour *me.* C'est très fréquent ; mais pourquoi l'*h*? Que de fautes de ce genre ! La confrontation d'un grand nombre d'écrits bretons de provenances diverses m'a convaincu qu'avant l'apparition des théories nouvelles les pronoms s'écrivaient de la manière la plus simple possible. Mais, dit-on, tous ces écrits ne sont ici d'aucune valeur, attendu qu'ils n'ont pas été orthographiés d'après des règles fixées d'avance. Toujours la souveraineté des théories préconçues ! N'est-il pas évident qu'un accord qui se fait ainsi de lui-même ne peut avoir d'autre base que le génie même ou la nature grammaticale de la langue, et non la fantaisie? Au reste, on peut invoquer ici l'autorité de M. ROUSSEL, de LE PELLETIER, de GRÉGOIRE DE ROTRENEN, de l'auteur du dictionnaire déjà cité, partisan outré des signes parasites sauf pour les pronoms, de M. DUMOULIN de Crozon, auteur d'une grammaire bretonne, etc., etc. Ainsi l'objection porte doublement à faux. La raison et l'autorité sont d'accord pour dire que les pronoms, n'ayant qu'un rôle secondaire, doivent revêtir une forme simple et modeste. Leur existence n'a souvent qu'une raison d'harmonie ;

leur rôle se borne à empêcher la répétition monotone du nom. Il fallait donc les faire extrêmement courts, afin qu'ils pussent se répéter pour ainsi dire sans être aperçus, et qu'il en résultât pour la diction une allure franche et rapide. Sous ce rapport la conformation des pronoms est parfaite dans les écrits susmentionnés : une voyelle et une seule consonne à la première et à la seconde personne du singulier. La caractéristique de la première, est l'*m*, faiblement prononcé et devenant souvent *n*, s'incorporant avec un autre mot (*evidon*); la caractéristique de la seconde personne est *t*, qui dans toutes les langues se change souvent en *s*. La troisième personne (du singulier) n'a pas de consonne radicale. Aussi, dans les conjugaisons, la 3ᵘ personne du singulier n'a pas de lettre caractéristique, la voyelle étant essentiellement fugitive. Ex. *Pa enorAN*, quand j'honore ; *pa enor*, quand il honore. *Pa enorEN*, quand j'honorais ; *pa enorES*, quand tu honorais ; *pa enorE*, quand il honorait (Gr. *etima-on*, *etima-es*, *etima-e*)...

La nouvelle école écrit *oun*, moi. Mais *oun*, d'après les meilleurs livres, signifie je suis. Ici l'usage ancien, la prononciation et la raison sont d'accord : *o-on*, est-moi. — Le tout est plus grand que la partie — Le mot composé du verbe et du pronom, doit être plus que l'un ou l'autre isolé. Nos anciens livres ne sont donc pas les moins logiques. Parfois ils écrivent *disprijout*, c'est-à-dire, substituent *j* à *s* ou *z*; preuve que l'abus était déjà dans la prononciation ; mais jamais ils ne confondent *je* avec *je suis*. Quand à l'*u*, substitué à l'*o*, cela est fréquent (Gr. *edelo-on*, *edel-oun*, *ous*, etc). L'auteur de *Letr bugale Mari* remplace l'un des deux *o*, par un accent (*ón*); ce qui semble rationnel. Il y aurait bien des conclusions intéressantes à tirer de l'analogie des désinences personnelles dans les verbes latins, grecs, bretons, français, etc.; mais les partisans du nouveau système sont trop ennemis de ces rapprochements qui, en effet, lui sont contraires. Si au lieu du verbe grec, *timaô*, on prenait le verbe *luô*, la double ressemblance du radical et des désinences personnelles dans les deux langues grecque et bretonne serait frappante : Gr. *elu-On*, *elu-Es*, *elu-E*... Br. *dilui-Eñ*, *dilui-Es*, *dilui-E*... N'était l'*i* euphonique il y aurait identité parfaite. Quelquefois cependant ce pronom de la 3ᵉ personne, même au singulier, prend la consonne *n*, peut-être par euphonie : *en anaoût*, le connaître.

Ainsi les livres bretons qui ont cours parmi les fidèles, ne vont pas contre l'analogie des langues en ne donnant qu'une simple voyelle pour radical à ce mot. (*E-um*, *e-is*, *e-os*).

Comme au singulier, la première personne du pluriel a pour caractéristique la consonne *m*, souvent remplacée par *n* en breton comme en latin (*eundem*); ainsi que dans d'autres langues : *ém*, *om*, *on*, *omp*. L'*m* attire le *p*, comme en latin et en français. (Dompter, solempniser, 1550). Manigo, en écrivant, *deom-ni*, à nous, ne supprime rien qui soit réellement partie constitutive du mot. La lettre gutturale, *h*, n'en est pas non plus ; ce qu'on a écrit pour contester ce point en a élevé la certitude au plus haut degré possible. Ici cependant l'accord n'est plus si général entre les écrivains bretons, dont la plupart, non pas tous, écrivent *hon*, *hor*. LE PELLETIER écrit ce mot avec ou sans *h*; la dernière manière, que je préfère par raison d'analogie, parait plus commune dans certains manuscrits dùs à des hommes affranchis de tout esprit de système (Gr. *em*).

La seconde personne a pour consonne constitutive la lettre gutturale, *c'h*, ou *h* : *hui*, *c'hui*, *ho*; par transposition devant une voyelle, *oh*, *oc'h*. Cependant, dans quelques endroits : *c'hui* se prononce *Fi*. C'est alors *f*, ou *ph*, qui constitue ce mot (Gr. *sphoi*, foi; *voi*, vos). Ceux qui l'écrivent par la simple voyelle, *o*, sont trompés par la prononciation, qui ne fait pas sentir l'articulation gutturale devant une consonne : Ex. *o tud*; il faut : *ho tud*, (vos parents). A la troisième personne au contraire, le son guttural ne se fait pas entendre même devant une voyelle, preuve qu'il y est étranger. Ex. *o ano*, leur nom; *oc'h hano* (*oh hano*), votre nom. Ici on voit la différence essentielle des deux pronoms, ou adjectifs possessifs. Ceux qui écrivent. *ho*, à la troisième personne, veulent sans doute distinguer le pronom de la particule auxiliaire *o* (*velet*); mais la distinction ressort d'elle-même du sens de la phrase. Vouloir distinguer matériellement tous les mots qui ont un emploi différent, c'est se condamner à des bévues. Ceux qui ont jeté les yeux sur l'interminable liste des homonymes latins (7 à 800?) et français, verront l'absurdité de ce système appliqué à une langue essentiellement monosyllabique. VOLTAIRE n'était pas plus absurde dans sa critique de la langue hébraïque. (V. GUÉNÉE. T. 3). Au reste, en écrivant *ho*, à la troisième personne, on l'identifie avec la seconde, ce qui n'est pas rationnel : — Cette phrase ci : — *Colled eo ho spered ac ho skiant* — Que signifie-t-elle? Vous avez perdu le sens et la raison? Ou bien : — Ils ont perdu? Impossible, d'après la nouvelle orthographe, de savoir lequel on veut dire. C'est qu'il est plus essentiel de distinguer, quant à la forme, un pronom d'un autre pronom, que de distinguer un mot quelconque d'un autre mot avec lequel il n'a, quant au sens, d'autre rapport que celui indiqué par la fonction de chacun. Comme le rôle du mot le spécifie assez, l'identité de forme n'y fait rien. Qui ne distingue le pronom de l'article, dans cette phrase : Le travail le fatigue. Mais comment faire la distinction, si la forme, l'espèce et la fonction sont les mêmes, comme dans l'exemple ci-dessus? On veut éviter l'homonymie, et on l'accepte, quand elle est illogique! Sur ce point surtout, nos livres bretons un peu anciens sont plus rationnels. Voir en particulier, MARIGO, les trois catéchismes (anc. édit.), les cantiques de M. YAOUANC, etc. etc.

Daus ces mots composés : *ennon, ennot, deza, dezi, dezo*, la prononciation a doublé l'*n* et introduit un *z* euphonique; (*deza, dea, dei*). *Deoe'h, deoh*, n'est que la préposition *de, da*, incorporée au pronom, sans lettre intercalée. Cette orthographe déjà ancienne, ne sent nullement l'esprit de système, et répond aux indications les plus claires. En peut-on dire autant de celle-ci : *enhon*, (en moi) *enho, outho, d'ezhô, d'é-hoc'h*? Cinq signes parasites dans un mot, et dont la prononciation ne réclame aucun!

L'abus des signes orthographiques et de l'*h* en particulier, n'a été l'objet d'aucun examen critique; on a mieux aimé rendre odieux ceux qui ont voulu l'éviter. Pour le corriger, quelques uns commencent à écrire, par exemple, *o* et *on*, eux, nous, lorsque ces pronoms sont sujets, *ho* et *hon*, quand ils sont complément. Ex. *Clevet on eux, o deux ho guelet.* C'est supposer qu'une lettre radicale peut être supprimée ou employée arbitrairement, et qu'en langue celtique le mot peut changer de forme, suivant qu'il est sujet ou complément : double erreur. C'est en même temps prouver que les *h* n'ornent pas la langue écrite. Une autre inconséquence analogue, c'est d'écrire *hano* avec *h*, et *anaout* sans *h*. Enfin, un abus que l'analogie des langues n'autorise pas, c'est de changer en *h* tous les *s* ou *z*.

A la 3e personne du pluriel, Manigo et quelques autres écrivent *ii*, et *int-ii, int*. La prononciation usuelle n'y est pas contraire ; et il est à remarquer que les deux lettres, *n t*, caractérisent cette désinence personnelle dans les conjugaisons bretonnes, latines, françaises, etc. (*sunt*, sont. - Gr. *Lu-ont-ai*).

XIII.

ANALOGIE DES LANGUES. (SUITE).

D'après ce que j'avais vu dans une méthode d'hébreu, je croyais d'abord que les hébraïsants figuraient les pronoms de la manière la plus simple, et ne mettaient à la troisième personne ni consonne radicale, ni signe d'articulation gutturale. J'y voyais particulièrement une frappante coïncidence avec le latin. (*e - o, e - a*). Il parait néanmoins que généralement ils aiment à figurer l'aspiration. De plus, l'hébreu ayant plus d'un dialecte, il est impossible qu'il y ait sur ce point une règle absolue. Dans le chaldéen et le syriaque, pour ne citer que ces deux dialectes, on écrit *ine* (ane ?) lui ; *inun*, (anun ?) eux ; *ini*, (ani ?) elle, etc. Les voyelles ayant peu de consistance, il est impossible de figurer exactement ces mots. Quoiqu'il en soit, on n'y voit plus cette forme simple des pronoms bretons, qui va si bien au génie et à la physionomie de notre vieille langue. Et pourtant, ici encore l'analogie est favorable à cette forme simple. Il n'y a qu'à décomposer les mots cités pour exemples.

Quand, dans une classe particulière de mots, une partie du mot reste invariable, identique, c'est qu'elle n'en est pas l'élément formel et caractéristique. Ex. *Tuam*, dans le sanscrit, c'est le latin *tu, te* ; le breton *te, ta, da, az, at* ; l'allemand *du*. Dans le sanscrit, la syllabe *am* s'ajoute à chaque pronom ; donc elle n'en caractérise aucun, et quand on en dégage la partie caractéristique, il ne reste que *tu, toi*. Les pronoms bretons ont également, dans certaines phrases, une partie générique et commune, qu'on ajoute à la partie essentielle et caractéristique : Ex. *Ahanon*, (ac'han-on), ac'han-ot, anez-a, anez-o. Il parait plus conforme au génie des langues primitives d'écrire, sans séparer les éléments : (*anezo*).

L'analyse des autres pronoms hébreux vient à l'appui de ce qui précède. Celui de la seconde personne, s'écrit *atta*, au pluriel *attem*, pour *an-ta*, *an-tem*, le *n* se changeant en *t* par assimilation, comme le *d* dans attention. Ceci est mis hors de doute par ce qui arrive dans les autres dialectes, le chaldéen, le syriaque : *an-t*, etc. Quelquefois la particule constitutive finit par se perdre, ce qui détruit l'identité primitive des pronoms et des désinences personnelles des verbes dans plusieurs langues.

Pour en revenir aux exemples déjà cités, quand on dégage la forme caractéristique de la partie purement générique, on voit qu'il ne reste à la 3e personne qu'une voyelle, au moins dans le chaldéen, le syriaque, etc. On peut aussi remarquer la ressemblance, sinon l'identité, de la partie générique des pronoms dans ces vieux dialectes hébraïques et dans le breton : — *Pa velas anezo*... Quand il les vit... (*an-ez-o*) seulement, en breton, cette partie des pronoms a été modifiée par la prononciation, pour la première et la seconde personnes : *ahan-on*, *ac'han-ot*... La particule euphonique *ez* est fréquente en breton.

Au pluriel de la première personne, dans les dialectes hébraïques la partie strictement caractéristique paraît être *nu*, *na*, (*an*), *n*; ce qui coïnciderait avec le grec *noi*, le latin *nos*, le breton *ni*, *on*, etc. Ceux qui écrivent en breton *nign*, ou *nhi*, sacrifient trop à leur prononciation particulière, ou à l'orthographe censée étymologique; ceux qui écrivent *hon*, suivent une orthographe qui prend pied, mais qu'il suffit de discuter pour être indulgent à l'égard de ce qui ne la suivent pas, et visent au plus simple. Les anglais mettent aussi le signe de l'aspiration aux différents pronoms, et écrivent, par exemple, *thou*, pour *tu*. Autre preuve que ces mots ont plus d'éléments à mesure qu'ils s'éloignent de la source commune. Notons encore qu'il est conforme au génie des langues primitives d'écrire en un seul mot, la préposition et son complément. *Deomp*, *evidomp*, etc. pour *evid-omp*.

XIV.

AUTRES INDICATIONS SUR L'ORTHOGRAPHE.

L'analogie fournit donc plusieurs indications sur l'orthographe, à l'aide desquelles on peut se fixer à cet égard, sans oublier qu'il ne serait pas rationnel d'exiger ce que n'offre aucune langue, une orthographe rigoureusement uniforme. On voit qu'on a trop innové en écrivant *karann*, (avec deux *n*) pour *caran*, j'aime, (*evel ma caran*); *car ez* pour *cares*, (*z* pour *s*), etc. Qu'on écrive ainsi : *euz* — il y a (*bez'ez euz*), il n'y a pas d'indication contraire; mais en est-il de même pour *eus*, (*es*, *ex*), préposition? Ici pourquoi affaiblir l's qui tient lieu d'une double lettre, (*cs*)? Pourquoi, *euz*, substitué a *eus*, *es*? En Vannes, c'est le *c* qui est resté. D'après le grec, l's ne serait pas essentiel (*ec*).

On écrit et on prononce indifféremment, *lavarot* et *l'avaroc'h*. La seconde manière caractérise mieux la désinence personnelle : *Pa lavar-oc'h* quand vous direz (quand dira-vous).

Au conditionnel, *me a ganje*, pour *me a ganse*, *j* pour *s*, est une innovation imposée, non par Le Gonidec, mais par ses disciples.

Comme dans les autres langues, le verbe être est très-irrégulier en breton. A la 3e personne du présent de l'indicatif, la désinence personnelle reste quelquefois seule dans la prononciation, et la lettre dominante, ou servant de radical, se perd : *guerzed é*, pour *gverzed eo* (*o e*).

A l'imparfait, *oan*, *oas*, *oa* (*pa oa*), quelques uns mettent un *v*, (*pa voa*); d'autres, un *i* euphonique, (*a ioa*). A moins d'indication contraire, je préférerai toujours la forme graphique la plus simple, surtout si elle est appuyée de quelque autorité : ainsi, j'ecrirai comme Le Gonidec, *oa*, sans préjudice de la prononciation de chaque endroit.

Ceux qui écrivent *voa*, doivent supposer que le type fondamental du verbe a un *b*, lequel devient *v*. En effet, il y a un *b* à l'infinif, *beza*, à l'impératif, *bez*, sois, etc. Mais souvent il fait place à un *d*, *mar deo*, a un *z*, *pa zeo*, *me zo*, etc. Le *b* pourrait donc être plutôt accidentel ou euphonique, que lettre radicale dans le verbe *beza*. Nous avons vu que les racines courtes, ayant d'abord une voyelle, attirent souvent une consonne (*Ner*, pour *er*, *her*, *hoïr*, héritier, etc). Il est donc impossible de décider quel est le type fondamental du verbe *beza*, en latin *esse*, en sanscrit *as*, être. Le présent de l'indicatif, 3e personne du pluriel, fait : en latin, *sunt*, en grec *eisi* (*enti*?) en sanscrit *santi*, en breton *int*, *inti*, et par euphonie, *zint*, *zont*. *Ne ziscuezont ket ar pez ma int — ar pez ma z-int;* dans le tréguier quelques uns prononceraient, *ar pez ma zont* : Ils ne se montrent pas tels qu'ils sont. Dans le latin primitif, on écrivait *unt* ou *ont : fociunt*, ou *fouciont*, pour *fugiunt*. Étud. histor. On remarque ici la coïncidence des langues indo-européennes. Mais la lettre radicale, essentielle, du verbe *beza*, quelle est-elle ? S'il avait une lettre dominante, ce serait la lettre *o*, qui, en effet, exprimerait l'idée de l'existence, d'après le grec : *Oon*, l'étant, celui qui est, l'Etre souverain. Les bretons d'Angleterre écrivent *ev*, *ew*, pour *eo*. C'est que le *v* et l'*o* se remplacent souvent. Ce serait à la physiologie, plutôt qu'à la grammaire, de rendre raison des particularités de ce genre.

Si l'on supposait le *b*, le *v* purement euphonique dans le futur du verbe *beza*, — *pa v-ezo* — on aurait une autre coïncidence du breton avec le latin primitif. Les vieux monuments font foi en effet qu'en latin on a dit d'abord, *eso*, je serai. — En allemand on met *bin*, ou *in*, (*oun*), je suis; *bist*, ou *ist*, (*out*), tu es.

La seule conclusion à tirer de ces remarques, c'est que la manière la plus simple d'écrire, pour ce mot comme pour d'autres, peut-être la plus rapprochée du type fondamental. Je vois dans un écrivain qui fait autorité : *clevet em oa...* (*oa*). L'identité, sauf les modifications nécessaires, du verbe être et du verbe avoir, est une des preuves que l'on peut donner, pour montrer que la philosophie est profondément empreinte dans notre langue. Mais c'est de la philosophie scolastique.

XV.

DERNIÈRES CONCLUSIONS SUR L'ORTHOGRAPHE.

Il y a des articulations qui ont entre elles de l'analogie et peuvent être prises les unes pour les autres. Par exemple, dans les langues européennes, *l* et *r* se remplacent souvent dans le passage d'un idiome à un autre ; Colonel ; en breton et en espagnol, *Coronel*, etc. Très-souvent le son fort est remplacé par le son faible, et réciproquement. Ainsi, le mot grec *mesgo*, je mèle, le mot grec et latin, *clango*, je fais du bruit, *stagnum*, etc. étang, prennent la lettre faible *g*, tandis que les mêmes mots en breton prennent la lettre forte correspondante : *mesca, sclancal* (*a ran*), *stanc. l's* dans *sclancal* est parasite. C'est le contraire dans ceux-ci : *Dispesco*, je détache ; *rete*, filet ; en breton, *dispega, roued.* Malgré ces mutations, en s'inspirant du génie de la langue bretonne et des données fournies par l'analogie des autres langues, on arrive à une orthographe aussi fixe qu'aucune autre, et qui diffère assez peu de celle du P. MAUNOIR et des écrivains bretons antérieurs à LE GONIDEC. Ceux qui suivent le système de celui-ci, écrivent souvent le même mot de quatre ou cinq manières différentes ; par exemple, *komzou, komsiou, comsiou, compsou, compsiou,* (*comchou*)... Il serait si simple de s'arrêter à la première manière, *komzou* ! Ce défaut de fixité vient de ce que, dans ce système, on néglige une règle élémentaire, d'après laquelle il faut distinguer dans les mots une partie invariable appelée radical, et une partie variable qui est la désinence. Cette règle fait ressortir la véritable forme des mots, et montre quand on doit doubler la consonne, ou préférer la lettre forte à la faible. Ainsi, le radical ne devant pas varier, l'addition de la désinence plurielle à un nom substantif, n'en doit pas changer la forme. Quelques exemples feront bien comprendre ce principe de grammaire : *Beg-ou, stag-ou, rod-ou, roud-ou, plad-ou ; ran-ed, rozenn-ou, rann-ou, ruban-ou, bann-ou, bord-ou, chapel-ou, scabell-ou, sclav-ed ; parc-ou, park-eier, renc-ou,* etc. C'est-à-dire que le mot doit s'écrire au singulier comme au pluriel, sauf la désinence plurielle, *k* et *c* sont la même lettre. Cependant les empiètements de la prononciation ont obscurci ce point de grammaire, pour quelques mots finissant par *d, t, nt*. Dans les mots finissant par *nt*, comme *sacramant, goarant, ent, pont*, etc, le *t* est devenu *ch* : *sacramanchou, goaranchou,* (titres de propriété), *enchou, ponchou*. Le *d* final est devenu *j*, qui est le *ch* adouci, comme le *d* est un *t* adouci, ou affaibli. — *Sperejou*, pour *spered-ou*. Il eut été plus rationnel, dans le principe, de ne pas suivre, pour la langue écrite, tous ces écarts de la langue parlée ou de la prononciation, vu son caractère souvent purement local, sinon individuel. On prononce quelquefois, dans une même maison, *rodou* et *rojou*, *priedou* et *priejou*, *rouedou* et *rouejou*, *pennadou* et *pennajou*, etc. Dans ces derniers mots on pourrait donc conserver l'orthographe régulière, et écrire, *rodou, roudou, bokedou*, etc. On pourrait aussi écrire *pontou*, etc.

Ces abus proviennent de la tendance à ce que BUTET appelle mouillement, et qui consiste à faire entendre un *i* très-rapide devant une voyelle. On entend des personnes prononcer *meia* pour *mea* (*domus meia...*) ; *missioniou*, et même *missiognou*, pour *missionou*, des missions. Dans les mots finissant par *d*, *t*, *nt*, l'*i* très-rapide se sera glissé entre la lettre finale du radical et la voyelle de la terminaison : *Sacramant-i-ou*, *goarant-i-ou*, etc. Le *t* suivi d'un *i* et d'une autre voyelle prend le son de *c* ou *s*, et ce dernier son devient souvent *ch*, (*chilaouit*, pour *silaouit*, *silete*). De là, *sacramanchou*, pour *sacramantou* qu'on eut mieux fait de conserver dans le principe, pour la langue écrite, sauf à prononcer d'après l'usage de chaque endroit ; par exemple, aux environs du Faouet, *sacramentaou*, ailleurs, *sacramanteu*, *sacramantiou* (*sacramanchou*). La mobilité des voyelles explique ces variations. Les Anglais écrivent *house*, maison, et prononcent *haouse, our*, notre, et prononcent *aour*, comme ils écrivent confirmation, *pleasure*, et prononcent, *confirmachion* (*confirmacheun*) *pleajur*. Les Bretons sont les seuls qui fassent dépendre de tous les caprices la forme graphique d'une langue.

Pour en revenir à la désinence *ou*, *aou*, *eu*, qui n'est peut-être originairement que l'*o* simple, conservé dans le Tréguier ; je préfère l'écrire *ou*, conformément à l'orthographe de la Vie des Saints, écrite au fond de la Cornouaille, imprimée d'abord à Saint-Brieuc, et répandue dans tout le Léon. Au reste, cette variation de forme pour ce son remonte à 500 ans avant notre ère, qu'on écrivait *o*, *u*, *uo*, *ou*, indifféremment. (V. Étud. hist.). Elle remonte même plus haut : les grecs écrivaient, *polu*, et *poulu* (*pul puill*), beaucoup. J'écrirai donc avec de bons écrivains, *liorzou*, *labourou*, *fozou*, *falzou* ou *filzier*, *dizurzou*, *vertuzou*, (ou *vertuziou*), *guirionezou*, *mouezou*, (PROUX), *madelezou*, etc, bien qu'on prononce *liorchou*, *madelechou*, (*madeleziou*). Cependant, l'*i* qui s'est glissé dans plusieurs de ces désinences, n'est pas toujours inutile ; il sert à distinguer, par exemple, *miziou*, mois, de *mizou*, frais, comme *ruzia*, rougir, de *ruza*, serpenter, traîner à terre. Mais pourquoi n'écrirait-on pas, conformément à l'ancien usage, et à la prononciation la plus commune, *menezad*, habitant des montagnes, *arvorad*, prononcé quelquefois *arvoriad*, *voal-imored*, *bourreved*, (torturé), *greuned*, (ar c'herc'h a zo dister en e golo, *met greuned mad*. Dans ces mots, quelques-uns font le mouillement signalé plus haut ; c'est un abus de l'imposer à la langue écrite. Il a trompé LE PELLETIER sur la signification radicale de quelques mots ; par exemple, du mot *tirienn*, qui vient d'après lui, de *tir*, terre, *iën*, froide. Il n'a pas remarqué que la désinence *ien*, est pour *en* (*enn*), qui marque l'unité, et souvent le sens dérivé. *Tirienn* et *terenn*, appartiennent à la même racine. Ainsi composés, ils signifient : l'un jachère, l'autre, terre inculte. L'idée de froid n'y est pour rien ; autrement elle serait aussi dans *traðien* (pour *traonenn*), *créc'hienn*, (pour *créc'henn*); et la même idée serait toujours attachée à des mots essentiellement opposés. J'écrirai cependant, *tirienn*, n'ayant pas entendu prononcer autrement, et *crec'henn*, *traonenn*, pour la raison contraire. Le point capital ici est d'observer que le mot servant de radical doit, en bonne grammaire, avoir sa forme arrêtée, invariable. Les désinences en s'y ajoutant, ne la changent pas, mais la font voir. Ex. *Rosenn-ou*. Ce principe, tout rationnel, formulé par des écrivains antérieurs à LE GONIDEC, n'a pas échappé à M. TROUDE. Il faut observer que, grammaticalement, le radical n'est pas toujours la simple racine. *Roz*, est racine et radical de *rozenn; rosenn* est radical de *rozennou*.

L'adjectif n'a pas, comme tel, de désinence plurielle, qui en fasse voir la forme réelle ; mais les désinences verbales, dont il est presque toujours susceptible, la font ressortir. Ex. *caled-i*, *glaz-a*, *coz-a*, *scanc-a*, *treud-a*, *crenn-a*, *guenn-a*, etc. Il est vrai qu'on écrit aussi *treutaat*, *cossaat*, etc. et alors le radical est *treuta*, *cossa*, (la lettre forte)... Mais ces verbes ne sont plus au positif, ni synonymes des autres : ils signifient maigrir, ou vieillir de plus en plus.

Remarquons ici que le comparatif breton se forme en fortifiant ou en doublant la consonne finale, à moins qu'elle ne soit précédée d'une autre consonne comme dans *crenn*. Ex. *Braz*, *brasoc'h*, (ou *brassoc'h*; l'analogie des autres langues permet un ou deux *s*); *criz*, *crissoc'h*, *bian*, *biannoc'h*, *izel*, *izelloc'h*, *dister*, *disterroc'h*, etc. (En Anglais, *fit*, propre, fait aussi au comparatif *fitter*). Il en est de même pour le superlatif : *Forestou uhella*. (anc. écrits).

Il y a des adjectifs qui, au positif, ne reçoivent guère les désinences verbales, mais ils ont des dérivés qui en font voir la forme réelle. Ex. *c'hoanteg-ez*, (envie). *Eüruzic en em gavan brema*, je me trouve passablement heureux en ce moment. Ainsi on peut établir én règle générale, que les adjectifs ont pour finale la lettre faible plutôt que la forte correspondante s'il y en à une, et l'on arrive à écrire avec des écrivains autorisés : *euruz*, *carantezuz*, *c'hoeg*, *c'hoanteg*, etc. il est vrai qu'on écrirait *eurusaat*, *carantezusaat*, etc. où la lettre forte se trouve : C'est que ces verbes ont un sens comparatif, comme *cossaat*, *brassaat*, et *pinvidicaat*, dont le positif est *penvidig*, d'où *penvidigez*.

Ainsi la consonne finale d'un adjectif, précédée d'une voyelle, est plutôt la lettre faible que la forte correspondante, plutôt *z* que *s*, *d* que *t*, plutôt *g* que *c*. Mais c'est le contraire quand la consonne finale est précédée d'une autre consonne qui ne soit ni *r* ni *l* : *Stanc*, *drant*, *ront*. On prononce *rontou*, (*bouronou*), boutons de fleurs ; le radical est donc *ront*. Il en est de même pour les substantifs : *gront*, bruit, sourd, d'où *grontal*...

Si l'on étend la même règle aux participes, qui sont aussi des adjectifs, on arrive à écrire *cared*, aimé, de la même manière que DAVIES, l'auteur de *Levr bugale Mari*, et plusieurs autres. Le GONIDEC lui-même admet cette terminaison du participe ; c'est-à-dire qu'il donne quelquefois la lettre faible, et non la forte, pour finale aux participes ainsi qu'aux adjectifs : — *cared*, *madelezuz* ; ce qui parait rationnel. On dit *daonedou*, du singulier *daoned ;* ou *daonidi, daoniji,* (*edi, idi, iji*), d'une méchanceté infernale. — Il est vrai que le latin, dont nous avons déjà invoqué l'analogie, écrit *amatus*, et non *amaduz,* (*t, s,* et non *d, z*). Mais dès l'antiquité on voit une tendance à remplacer la lettre forte par la faible, par adoucissement ou relâchement de prononciation. Cette modification s'est faite naturellement dans les langues, (*espagn.* *vida,* pour *vita*). Le caprice individuel n'a donc rien à y voir. En écrivant le participe comme DAVIES, *cared*, on se trouve aussi d'accord avec la règle donnée plus haut, pour la formation du comparatif et du superlatif : *caretoc'h* , plus aimé ; *ar c'hareta* , le plus aimé. Cette orthographe sert encore à distinguer le participe de l'infinitif ; et comme on l'a déjà fait observer, il est plus rationnel de distinguer les nuances significatives d'un même mot que de différencier des mots qui n'ont de commun qu'une ressemblance accidentelle, quoiqu'ici cette distinction ne soit pas si essentielle que lorsqu'il s'agit de deux pronoms personnels. Par la même raison, parmi les désinences identiques, *or, er, our, eur*, je préfère la dernière, que le français a dû emprunter à la vieille langue des gaules, qui est la notre. Cette désinence donne, pour le féminin, *eurez, c'hoenneur, c'hoenneurez ;* s'arcleur, sarcleuse. La désinence *er*, ferait au féminin, *erez : c'hoennerez*, qui signifie sarclage. Cependant la désinence *or, our,* (*vir* ; *gour*), n'aurait pas l'inconvénient de confondre ainsi les diverses significations : Ex. *Divinourez*, devineresse, *divinerez*, pratiques divinatoires. Au reste, toutes ces désinences sont fondées d'analogie avec les anciennes langues. Il en est de même de ces deux-ci : *der, det*, qui marquent l'abstrait : *brasder, bradet, uhelder, uheldet , c'hoervdet, c'hoervder.* (Héb. *Méror*).

Si ces simples données ne fixent pas tous les points douteux de l'orthographe bretonne, on n'en peut rien conclure de désavantageux pour la langue, sans faire preuve de peu d'expérience en cette matière. Après des années d'étude de l'orthographe française, on y rencontre souvent des difficultés : on en trouverait peut-être moins souvent dans l'orthographe bretonne après quelques heures d'étude de ses véritables principes. Des règles basées sur l'observation et la vérité s'apprennent plus facilement que celles qui ne sont que de convention. (Voir plus haut : uniformité de l'orthogr. p. 46).

XVI.

INFLUENCE FACHEUSE DES ÉCRIVAINS FRANÇAIS.

L'appel fait ici à l'analogie des langues a l'inconvénient de heurter un système sanctionné par l'assentiment d'hommes instruits, dont plusieurs étrangers au breton. Il est arrivé pour l'orthographe bretonne ce qui a eu lieu pour quelques noms historiques. On sait qu'Aug. THIERRY a donné aux noms de CLOVIS, de CLOTAIRE, etc ; une orthographe inconnue de leur temps. M. DE JUBAINVILLE, de l'école des Chartes, a prouvé que celle en usage (CLOVIS) se rapproche plus de la vérité que l'orthographe barbare des disciples de THIERRY. (KHLOVIGH, KHLOTHAIRE). Depuis longtemps on l'avait dit. Un goût analogue a rendu nuisible le nouveau système breton qui a été encore plus nuisible à d'autres points de vue. Sous la domination de ce système, on est porté à contester à cette langue la propriété de plusieurs mots communs aux dialectes celtiques, uniquement par ce qu'ils sont devenus français, comme : *bord, goarant, roud, lourd,* etc. Sous ce rapport, la puérile répugnance des étymologistes pour les origines bretonnes a exercé une funeste influence, et appauvri notre idiome. Pour nos savants il faudra que *bord,* par exemple, vienne de *ora,* (grand Dictionn. nation.). Contrairement à toutes les règles de l'étymologie, des trois lettres constitutives du mot, on ne tiendra compte que d'une, et qui n'est pas la première. Le mot *garant,* doit venir de l'Allemand ou de l'Anglais, *woarant,* et non du breton *goarant,* (*voarant*), quoique sa signification soit si étendue dans cette langue qu'il n'y peut être étranger. Il n'a guère pu nous venir du français qui nous était inconnu ; autrement il en eût gardé la forme (*garant*), qui est plus simple. Ceux qui lui voient une physionomie étrangère au breton, sont trompés par les dernières lettres du mot, *ant,* lesquelles, en effet, donneraient une désinence presque étrangère ; mais ici *ant,* n'est qu'une partie du radical, et non une désinence. Le mot *lourd,* a également une signification très-étendue, différente de celle du français. Il signifie, le plus souvent, âpre, rude. Ex. *Lourd e comzit* : vos paroles sont dures à entendre. *Lourd eo an ent,* le chemin est rude, raboteux. *Lourd eo e zorn,* il n'a pas le toucher délicat. Ces divers sens sont donnés à ce mot dans des lieux très-isolés et sans communication entr'eux. Or, cette coïncidence serait impossible, si le mot était d'importation étrangère. Il en est de même pour le mot *roud.* Sa signification primaire n'est pas facile à déterminer ; mais les sens dérivés sont nombreux : *ober roud,* grandir, progresser. *Var roudou e dad,* sur les traces de son père. *Roud,* empreinte, marque, trace. Avec le préfice *ar* (*a ra*) *arroud,* endroit précis Avec le suffixe *enn* : *roudenn,* ligne : *mont gant ar roudenn vad, eün :* cheminer droit. *Mont dreist ar roudenn,* passer les bornes, *roudenna,* tracer des barres, etc. Un mot, dont la famille est si nombreuse, ne peut être qu'ancien dans une langue. Celui-ci, au reste, est un de ceux qu'on trouve dans les antiques dialectes du Nord et de l'Occident. Point du tout : d'après nos étymologistes, il doit venir de *via rupta,* voie travaillée avec le pic !! ainsi que le mot *ruse,* tromperie ! il serait trop simple de le faire venir du breton, *ruza,* ramper comme un serpent. On se demande seulement où est le rapport entre l'idée de rupture et celle de route ou de finesse. *Parc,* autre mot de tous les dialectes celtiques, vient de *parco,* j'épargne, parce que dans le *parc* on garde le bétail. Admirez l'analogie !! *Calm* autre mot celtique doit être écarté, attendu qu'il est devenu français. Mais voici l'extravagance : le mot *taille,* viendrait de ce que pour terminer la série des articles imposables on mettait : *et talia,* et choses semblables. Ce qui était omis servait a dénommer ce qui était désigné ! Il eut été trop simple de rapprocher ce mot du latin *talea,* et du breton *tailha,* ou du gothique *dailha.* Ce *talea,* désignait un morceau de bois fendu, où l'on marquait par des entaillures ce que l'on devait, par exemple, chez son boulanger. Il pouvait servir à mesurer. Le mot breton signifie, en effet, mesure, ration, impôt, conformation, attitude, etc. Il va grand'erre, vite. Le mot *err,* est breton, mais pour éviter de le rappeler on forgera le mot *itura,* au mépris des règles, comme à l'égard du mot *bord.* Voici le plus beau : d'après CHATEAUBRIAND, foyer, ne viendrait ni du breton *fô,* ardeur, feu, ni du latin *focus, focarius,* ni même d'aucune des vingt à trente langues où ce mot est radicalement le même ; mais, du mot foi ! Puis, là-dessus, une phrase magnifique !

On pourrait allonger indéfiniment la liste des mots où nos écrivains montrent leur singulière répugnance pour les origines bretonnes ; ils me rappellent ce petit bourgeois de Quimper qui, entendant un jour de foire aux chevaux, un homme crier, plase! place! répéta dédaigneusement : — Il veut qu'on sache qu'il sait un mot français, (*platea*). Cette ignorance de nos savants est préjudiciable à notre langue, qu'on prive des mots auxquels elle a droit. Ce droit, elle devrait même l'avoir à l'égard des mots dont on ne peut retrouver la pure forme celtique, parce qu'ils ne sont venus jusqu'à nous qu'à travers la basse latinité ; par exemple, *ravaj,* (*rapagium*). Le *j* n'est pas breton, mais ici il faut le subir. Il en serait autrement pour certains mots, qui, dans les plus vieux livres ont pris la physionomie bretonne ; comme, *soulas,* (soulagement), qu'on écrit maintenant *soulaj* (*solatium*).

L'étude des langues, au point de vue de leur unité primordiale, conduit à de véritables trésors. Mais il ne faut pas tenir compte des ressemblances purement fortuites et matérielles. On a effacé d'un livre breton le terme *eb apell* (sans délai, *pell-ere*) à cause de la ressemblance avec le français appeler. Pour la même raison on effacerait *lavaret,* dire, qui ressemble à *lavare,* laver. Il faut noter qu'il y a des mots qui ont subi une altération si complète que leur identité originaire ne parait pas à première vue, bien qu'elle soit certaine. Ainsi, le français, *jour,* est originairement le même que *dies, deiz.* Ceux qui ont entendu certaines manières de prononcer *diurno, diorno, jorno,* etc, n'en douteront pas. En breton aussi le *d* fait souvent place au *j* (*Plajou*). Le français *eau,* est originairement le même que le latin *aqua,* l'espagnol *agua,* l'islandais *aga,* l'arménien *ag,* le celte *aguenn, avenn,* le mogol *ab,* dont quelques peuples font *av, va,* etc. Ces transformations ont pu dérouter les étymologistes, dont les erreurs ont été plus remarquées que toutes les vérités qu'ils ont pu découvrir. On a rappelé en particulier, dans un récent travail sur la langue bretonne, les tours de force de LE PELLETIER, qui, réellement, en a fait de ridicules, et s'est trompé souvent, ne connaissant qu'imparfaitement la langue. Quelques exemples :

Il voudrait faire venir le mot *bara,* pain, d'un adjectif signifiant supérieur, parceque c'est le meilleur de la nourriture ; au lieu de faire remarquer simplement que ce mot, dans la première langue connue signifie nourriture (par excellence).

Le mot *buez*, qu'il écrit *buhez*, *buhedd*, vie, serait composé de *bew*, vivant, et de *hed*, durée ! C'est tout simplement le mot *buez ;* en grec *bios*, vie, existence. L'orthographe rouillée du nord a souvent trompé ce savant. D'après lui, le mot *buoc'h*, vache (*vioc'h*) aurait le même radical que *buez*, la vache étant nécessaire à la vie ! — Ce mot a les mêmes lettres constitutives en breton et en latin ; l'idée de vie n'y est pour rien. LEPELTIER rapproche le mot *clao*, *clav*, du mot *claustre*, gageure. Or, *clao* signifie arme, instrument de fer à couper, à frapper ou à travailler. — *Petra rai Frans brema, eat tout d'ar Pruss, tud ac claoiou ?* — Il eût été tout simple de le rapprocher du latin *clava*, qui a à peu près le même sens. *Calvez*, charpentier, serait ainsi appelé parce qu'il rend le bois dur !! *Carbont*, pont assez large pour une charrette (*car*), serait composé de *gar*, jambe et de *pont* ! *Griz*, gris, viendrait de *creiz* (!) parce que le gris tient le milieu entre le blanc et le noir ! *Gris* a dans le hongrois, le sens qu'il a en breton et en français ; c'est un mot de la vieille langue de l'Occident. — Le mot *gvell*, qu'il écrit *gwell*, serait le même que le grec *callion*. C'est tenir compte dans l'étymologie d'une lettre étrangère au radical (*g*) ; la lettre radicale ici, c'est le *v* ou l'*m* : *melior :. vell*. LE PELLETIER veut souvent donner la raison étymologique des lettres purement parasites, qui n'ont aucune portée, comme l'*s* au commencement de quelques mots : *spega*, *spura*, *sclear*, pour *pega*, (*pecare*), *sclancal*, (*clangôl*), faire du bruit. Dans *fringal*, folâtrer, le breton ne met pas cet *s* initial, et le grec le met : (*sfringaô*). Il ne distingue pas le radical de la désinence qui en modifie le sens, et se trompe ordinairement dans la décomposition des mots. Le mot *gov*, par exemple, forgeron, prononcé *gô* dès le temps de LE PELLETIER, signifie avec la désinence, *el*, boutique de forgeron : *govel*, qu'il décompose ainsi : *gaou*, *avel*, le vent de la forge n'étant pas, dit-il, naturel (!) Ce seul exemple dispenserait d'en citer d'autres. Les explications les plus simples lui échappent. Le mot *goulc'her*, couvercle, (*goloer*), viendrait de la ressemblance de cet objet avec un battoir ! etc. etc. Il est surtout curieux de voir la manière dont il torture le mot *silaouit*, écouter, toujours trompé par une orthographe vicieuse : *chezlaouit...* (*Silete*). Voici un dernier exemple : *Maenargarz*, de *maen*, pierre, *ar*, la, *garz*, haie. C'est que les pierres, dit-il, pour monter par l'ouverture de la haie dans un parc, sont foulées aux pieds, et on souhaite par colère qu'un homme soit de même foulé aux pieds. (*Stupete !*) Voici tout simplement la chose : C'était un usage, devenu rare, de ne jamais prononcer un nom haï, le nom du démon, par exemple, sans y ajouter, *m'en argarz*, je le déteste, maudit soit-il. A un nom auguste, au contraire, on ajoutait, *meuled ra vezo*, ou, *benniged*. *An Aotrou S. Iann venniged.* Aussi, *me en argarz*, signifie, non pas, pierres de la haie, mais : je le déteste ! — *An diaoul, m'en argarz !...*

S'ensuit-il de ces écarts inconcevables qu'il faille, avec l'auteur de l'écrit précité, s'en rapporter absolument à ce que dit M. LITTRÉ contre le recours aux étymologies celtiques ? Telle ou telle phrase que je pourrais citer de cet académicien prouvent que, même en fait de langage, il peut se tromper, aussi bien que tant d'autres que l'on cite égalementment en faveur des théories nouvelles, comme : les deux THIERRY, REMUSAT, AMPÈRE, etc. On aurait moins de confiance dans ces oracles, si on les connaissait mieux. (Voir GORINI, L. AUBINEAU, etc.)

Cet ascendant des hommes de lettres est aussi funeste à notre idiome qu'à nos plus précieuses traditions. Un de ceux qui m'ont pris à partie dans la question bretonne a produit pour dernier argument, un article de M. ABOUT, ou le futur académicien parle avec le dernier mépris des bretons et de leur langue dont il fait un patois. Ses expressions sont trop grossières pour être transcrites ; mais voici le raisonnement qu'à dû faire celui qui les cite avec tant de confiance : M. ABOUT est celui qui, d'après LA ROUSSE, a au plus haut degré le respect de sa langue ; il avait la place d'honneur dans le journal, *Le Peuple Breton*, qui a paru à Brest ; enfin, il est à la porte de l'Académie. Puisqu'un tel homme dit que le breton est un patois, cela ne peut être que vrai.

Pour toute réponse, voici un échantillon de son respect de sa langue : « La mendicité est et doit être florissante à Rome, dans la capitale du monde chrétien. On ne peut ni l'interdire, ni la limiter, puisqu'elle est une perpétuelle provocation à l'exercice d'une des trois vertus cardinales. Tous les appels à la charité y sont permis... » (Feuill. du Monit. Universel. Mai-Juillet 1858). — Il y a là une confusion de mots que ne ferait pas un enfant chrétien. Voilà quelle autorité on invoque pour rabaisser notre vieille langue au niveau des patois. Il n'y a pas que les Bretons que M. ABOUT dénigre. (Voir l. c.)

XIX.

(SUITE). ORIGINE DE LA LANGUE FRANÇAISE.

M. Léon GAUTIER lui-même a payé tribut aux préjugés anti-bretons. Dans les éléments constitutifs de la langue française, il compte pour rien le celtique et se moque des allégations de M. Henri MARTIN, qui peuvent se résumer, dit-il, dans cette proposition ridicule : « L'élément progressif en France est l'élément celtique. » S'agit-il du doyen de la faculté des lettres de Rennes, si connu en France et à l'étranger pour l'étendue de son savoir, auteur d'une belle apologie de la doctrine chrétienne sur la vie future ; ou plutôt de l'auteur de cette histoire de France que signale une Revue publiée à Saint-Pétersbourg, comme donnant trop d'importance à l'élément celtique, et dont la Revue étrangère recommande la réfutation, apparamment au profit de l'élément teutonique. Quoi qu'il en soit, les vues de M. L. GAUTIER ne s'accordent pas avec ce que j'ai lu sur les origines de la langue française. M. CHEVALLET, qui devrait faire autorité, et surtout M. MORIN, professeur à la faculté des lettres de Rennes et juge compétent, font une bien plus belle part aux origines celtiques dans la formation du français. (V. les Britanni et Suprà, pp. 3, 6, 10, 37-39.)

D'après Léon Gautier, la vieille langue des Gaulois n'aurait laissé sur celle des Français que quelques traces méprisables ; les mots d'origine celtique n'exprimeraient que des êtres grossiers et des opérations triviales. Cela est-il évident?

Dans la superposition ou la fusion des éléments divers qui constituent le français, il est impossible de bien démêler chaque élément. Tous les mots usuels, dit M. Gautier, viennent du latin : pronoms, conjonctions, etc. La vérité est que ces mots sont identiques dans les langues de l'Occident; me, (moi) n'est pas moins breton que latin. La question serait de savoir si tel ou tel mot vient directement du latin ou du breton. Je n'ajoute pas : — ou du germain. — La racine étant ordinairement la même, ce ne serait que compliquer la question, déjà insoluble pour une foule de cas.

Pendant les cinq premiers siècles de notre ère, le mélange des peuples celto ou gallo-romains prépara la fusion dont devait sortir le français. Le latin était le véhicule des grandes pensées ; mais le breton y pénétra de plus en plus. Aulu-Gelle se servait du mot calare, appeler, que Cicéron n'eût pas employé : (Me ho calv...) Il est vrai que ce mot est également grec ; mais on pourrait en citer d'autres. Vers la fin de cette période, (500) le véritable latin se réfugia dans les monastères. Il y eut un autre latin, formé de radicaux Celtes ou Gaulois combinés avec des désinences latines, d'où sortit le français, mais peu-à-peu, par le secret travail de l'ordre providentiel qui mit aussi en œuvre les dialectes celto-germaniques qu'apportèrent les Francs. La basse-latinité devint la langue dite Romane, qui garda quelques restes de la désinence latine, dont l'abandon fut le caractère propre du français. (1000-1100).

Au 12e siècle, cette langue était déjà organisée. On cite même de ce siècle quelques poésies ou rimes françaises; par exemple, celles de Wace, ou Guasse. Ce français primitif, de formation spontanée ou naturelle, avait pour caractère une belle simplicité. Tous ses mots sortaient d'un même moule, qui servait à former tous les termes dont le besoin se faisait sentir. Vinrent les savants de la Renaissance classique (1500). Adieu le simple et le naturel! On jeta les mots dans un moule autre que celui où ils avaient été originairement coulés. De là, dans le français, comme deux langues inutilement superposées : ex. Surface, superficie; apreté, aspérité ; efficace, efficacité ; droit, direct, etc. Ainsi, il y a eu d'abord un français simple et naturel, auquel s'est ajouté un autre français artificiel et sonore.

Que la langue Celtique ait été étrangère à la formation de ce français académique, rien de plus certain. Mais soutenir qu'il a été également étranger à la formation du français usuel et populaire, qui fut pendant trois siècles (1300-1635) la langue nationale, c'est différent. En d'autres termes, si le français n'a commencé, comme Villemain à l'air de le dire (Introd. Dict.) qu'avec l'académie, le Celte y est étranger ; mais comme il remonte au 12e siècle au moins, on peut, en thèse générale, soutenir le contraire. De Meigret (1550) à Chapsal, le français grammatical, c'est-à-dire, la phrase correcte et régulière au sens des grammairiens, a prétendu s'établir tyranniquement ;

mais, en dépit du purisme grammatical, le français a beaucoup conservé de cette nature gauloise qui lui vaut son allure franche et dégagée. C'est que le peuple a, dans la langue, un rôle conservateur, qui fait échouer tous les systèmes d'épuration systématique. C'est ce rôle que semblent méconnaître ceux qui ne voient dans le français qu'une série continuelle d'emprunts à la langue de Cornelius-Néros et de Cicéron.

On sait que, des deux principaux dialectes romans, celui du nord de la France l'emporta sur celui du midi, et devint père de la langue française. On sait également que le caractère distinctif du dialecte du nord, où dominait l'élément celtique, fut la suppression des désinences latines et la tendance, par la contraction, à la brièveté des mots ou à la forme celtique. On a attribué cette particularité à l'énergie de l'accentuation latine, se concentrant dans la syllabe accentuée, et laissant disparaître les autres. Mais n'est-ce pas accorder trop d'influence à la prosodie d'une langue qui ne fut jamais langue usuelle et commune dans les Gaules; qui ne pouvait même pas l'être, avec ses combinaisons trop savantes et trop délicates pour des intelligences ordinaires. A Rome même elle ne fut jamais langue vulgaire. D'ailleurs, la formation des langues n'est pas l'œuvre des savants. Malherbe apprenait son français à la halle; et Toepffer disait que tous les paysans ont du style. Dans les Gaules, au reste, l'idiome champêtre n'était pas étranger à la population des villes. Rien donc de plus naturel que de croire à une influence décisive du langage populaire des Gaules sur les formes qui ont constitué le français. Ceux qui réduisent à presque rien la part du celtique dans la formation de la langue française, devraient dire sur quelle langue fondamentale autre que la celtique ou la gauloise reposait la basse-latinité mère du français (par le roman). Il a bien fallu une souche quelconque. Le français, dit-on, est né tout d'un coup; or, le fait général et simultané d'un peuple qui crée sa langue, est impossible. Dans le monde moral comme dans le monde physique, tout se produit par agrégation ou fécondation. L'intelligence ne crée rien, pas même ses pensées; elle opère seulement sur des éléments reçus par voie de transmission. Ainsi fait un peuple qui forme sa langue. Ici l'élément latin ne peut être le seul, puisque l'opération d'où sort le français est la suppression même de ce qui constitue le latin dans son élément formel. Mais venons à des considérations plus simples.

Le français académique ayant été formé sur le latin, sa construction grammaticale est généralement latine. Aussi pour faire l'analyse de certaines phrases on commence par les refaire et les ramener à la construction latine. Mais la grammaire n'a pas un empire absolu sur la langue : — *aliud est latine, aliud grammatice loqui.* — De là vient que nombre de locutions de l'ancien parler ont triomphé du purisme grammatical; de là, des particularités de langage en dehors des lois générales. La plupart des gallicismes sont aussi sinon d'origine au moins de fait, autant de celticismes. En voici quelques exemples. Il y a, *bez'ez euz* (avoir pour être et réciproquement). Il a beau faire, ce n'est pas lui qui est estimé : *Caer en d-euz* (ober), *n'eo ket e eo a zo istimed.* C'est au ciel qu'est la réalité de la vie. *En nev eo ema ar vuez guirion.* Avec ses grandes phrases, le socialisme ne fait rien pour les malheureux que nourrir leur haine, leur dérober le doux rayon d'une vie éternellement heureuse, leur unique joie sur la terre. *Gant o frazennou braz, ar socialistet ne reont netra evit ar re a zo e poan, nemet maga enno cassoni; distrei divarno ar sclerizennic dous a oa o para var o spered, evel ur skillenn eus ar vuez euruz fin ebed dezi.* Ces niaiseries, (ces lectures qui ne portent pas à la piété) ne devraient pas vous tenir tant au cœur qu'elles font (RACINE à son fils). — Ceux qui ont une idée de l'analyse grammaticale voient que ces phrases sont grammaticalement plus bretonnes que françaises, par ce qu'en français le verbe faire n'est pas un verbe auxiliaire, tandis qu'en breton il l'est. (*Maga a reont*, ils entretiennent). LA BRUYÈRE, BOSSUET et les autres écrivains de leur temps, ont une foule de ces tours de phrase que les grammairiens n'ont pu supprimer, et où le français et le breton se rencontrent.

Au lieu de multiplier les citations qui prouvent l'influence de notre vieille langue sur le français, arrêtons-nous au verbe, le mot par excellence qui donne la vie aux autres mots. Il y a dans le verbe français des temps simples et des temps composés, des temps ou il n'entre qu'un verbe et des temps où il entre plus d'un verbe : il en est de même en breton; et qui plus est, ce sont les mêmes. Seulement le breton remplace le subjonctif par le futur et le conditionnel; comme le latin remplace le conditionnel par le subjonctif. Le français n'a pas, à proprement parler, de conjugaisons passives; ses verbes passifs ne sont que le verbe être auquel on ajoute le participe d'un verbe actif. Il en est de même pour le breton. Les savants préfèreraient sans doute chercher la cause de ces coïncidences et de tant d'autres, dans le tudesque, ou même dans le hasard, que de renoncer à leurs préjugés anti-bretons; mais ils doivent avouer que ce sont des faits difficilement conciliables avec leurs théories. Ils auront beau s'abriter derrière leurs grands mots, parler du *logos* ou de la spontanéité du verbe, pour dire comme CHATEAUBRIAND, (Etud.); ou bien citer, avec M. AMPÈRE les dialectes PAXAI et PALI, et la grammaire THIROKI, qui lui donnent apparemment plus de lumières sur les origines gauloises que CÉSAR, STRABON et SILIUS-ITALICUS sur lesquels il plaisante (Littér. fr. av. le 12e s.), les faits énumérés et ceux qu'on y pourrait ajouter, ne justifient pas les contempteurs de notre idiome que CHATEAUBRIAND se figure mourant de cabane en cabane, à mesure que meurent les chevriers qui le parlent. Au reste, l'histoire, à remonter jusqu'à VARRON, dépose contre les théories que je combats.

XX.

CARACTÈRE PLUTÔT LOGIQUE QUE TRIVIAL ET GROSSIER DE LA LANGUE BRETONNE.

Un autre point ou le français semble s'éloigner du latin pour se rapprocher du breton, est le fréquent emploi du verbe à l'impersonnel, le sujet réel étant exprimé : ce qui est la règle en breton. Il arriva des ambassadeurs. (*Superveniunt legati*). Notons en passant que le latin et le français mettent le présent en parlant du passé, d'après certaines règles ; ce que certains écrivains bretons, même sans tenir compte de ces règles, veulent imiter. Ceux qui parlent notre idiome dans toute sa pureté, ne le font jamais, s'il n'est question d'une chose habituelle ; ils mettent seulement l'infinitif pour donner au récit plus de rapidité (V. Dict. de M. TROUDE, au mot vers.). En cela le breton est assez logique. Il l'est également dant l'emploi du verbe à l'impersonnel. Autrement, en effet, il y a double emploi ; par exemple, dans : *nous aimons,* (nous aim-nous) le sujet *nous,* est exprimé, d'abord en dehors du verbe, et ensuite dans la désinence personnelle : *ons (nos)* (V. analog. des langues). Ici le breton est donc plus logique, ainsi que le latin. Par l'emploi de la forme absolue, c'est-à-dire, de la troisième personne où le rapport de personnalité ne parait pas , le breton évite même une sorte d'anomalie dont sont entachées certaines phrases en français, analogues à celle-ci : Vous dites, oui ; je dis non : vous ou mois nous nous trompons. Cela revient un peu à ce propos d'un gazettier. Les uns disent MAZZINI mort ; les autres, vivant : moi je ne crois ni les uns ni les autres. — L'anomalie ne peut avoir lieu en breton : *C'hui pe me a fazi.* Le breton n'exprime donc pas deux fois dans la même proposition le rapport de personnalité : le français le fait au moins dans la langue écrite ; car le plus souvent dans la langue parlée il ne le fait pas. La désinence de l'imparfait, par exemple, *ais,* (é? è?) hors à la 1re et à la 2e personne du pluriel, reste telle pour la prononciation, alors même que ce son, *è,* se trouve représenté par six lettres : *jug-eaient* ! Que malgré la consonnance la langue celtique n'y soit pour rien, soit ! au moins est-il permis de constater cette consonnance.

C'est surtout dans l'emploi rationnel des verbes réfléchis que l'on peut voir combien le breton est opposé aux singularités, aux bizarreries que doit admirer M. ABOUT, d'après le certificat de M. LA ROUSSE. En breton, le verbe réfléchi ou pronominal exprime toujours ou une action réelle du sujet sur lui-même, ou bien , une idée de réciprocité. *En em gompren; en em zonjal,* réfléchir, méditer ; *en em gaozeal,* se parler mutuellement. Si donc le sujet est plutôt passif qu'actif, on ne le donne pas pour complément au verbe. On dit en français, se guérir, pour : revenir à la santé. En breton, on dira simplement *parea* à moins qu'on n'attribue au malade lui-même sa guérison , auquel cas on dira *en em barea* (*Difurmi,* se défigurer, etc). Dans un livre, d'ailleurs bien écrit, on lit : M ACSENS *a goezas var e benn en ur ster, ac eno en em veuzas.* Il fallait : *e veuzas,* ou, *e oe beuzed,* alors même qu'il se fut jeté volontairement, le sujet étant arrivé à un terme où il est plutôt passif qu'actif. Si, au contraire, on disait tout simplement : il s'est noyé (volon-tairement), il faudrait : *en em veuzed eo (aneza e-unan).* Un vieillard disait l'autre jour : *mar teu ar bed da zressa,...* Si le monde retrouve sont équilibre... On pourrait proba-blement dire aussi, *en em zressa* ; car ce serait le monde agissant sur-lui même ; mais un bon bretonnant ne dira jamais, *en em inoui* , *en em devel*, s'ennuyer, se taire : on n'y voit aucune action dont le sujet soit le terme. Cette expression : il se disait , signifiant, il disait à lui-même, en lui-même, ne peut se traduire : *en em lavaret a rea* — mais, — *lavaret a rea enna e-unan, outa e-unan.* Ici le verbe appelle un complément direct autre que le sujet. Si l'on trouve ces manières de dire dans des livres à l'usage des écoles primaires, c'est qu'on y calque le français : Ex. (se taire ; *en em devel* !!)

Les hommes de lettres se donnent le mot pour décrier la langue bretonne : ils ignorent la valeur de cette monnaie courante du bon sens populaire. J'aime les paysans, disait M ONTESQUIEU, parce qu'ils ne sont pas assez savants pour avoir l'esprit de travers. — Je ne sais ; mais les nôtres parlent un langage pur d'arbitraire, empreint de vérité et de logique tant dans les mots que dans le mécanisme de la phrase. Voulons-nous une notion du droit conforme à son essence intime ? Nos savants le définissent : *quod est jussum :* ce qui est ordonné. Quel droit tortu ! la volonté de C ÉSAR ! Le mot français, droit, im-plique une idée plus juste ; mais la philosophie y parait moins profondément empreinte que dans le breton, *gvir*, (sans l'aspir. *vir, virionez*), droit, justice ; *gaou*, tort, injustice, mensonge, etc. Nos pères pouvaient-ils mieux exprimer leur sentiment profond de l'union intime qui existe entre la justice et la vérité, l'injustice et le mensonge ? Le plus ancien code des lois russes est aussi intitulé : la vérité russe. On trouverait dans l'écriture des rapprochements encore plus frappants.

Il faut, dans notre langue, plutôt considérer la valeur expressive des mots que l'étendue du vocabulaire. Or, cette valeur expressive résulte des rapports qui existent entre les diverses idées et des rapprochements lumineux que nécessite le nombre relativement limité des mots. Le breton n'a que faire de ce luxe de synonymes, dont l'utilité n'est pas toujours évidente. Il faut beaucoup subtiliser pour démontrer qu'ils ne font pas double emploi. Quelle différence y a-t-il entre : prudence et sagesse, ébriété et ivresse, superficie et surface ?... Logiquement il ne doit y avoir aucune différence là où, la racine restant la même , l'élément formel n'introduit aucune modification significative. Ce sont ces synonymies batardes qui ont formé, dans la langue française, comme deux couches, l'une primaire, (1000-1500) l'autre secondaire, œuvre artificielle des savants.

La perception claire des analogies augmente donc la valeur expressive des mots , et par là même en diminue le nombre. N'est-ce pas le sentiment vif et profond de la vérité qui fait qu'en breton (comme en hébreu, ps. 6. 30. etc.) le même mot désigne la haine, la colère, le mal et la douleur : (*droug a zo enna*); le vice et l'erreur : (*difazi*, sans défaut, infaillible); la paix et le silence, *peoc'h*, (Is. 32); la joie et l'amour. (*Joa am euz outo*). En effet, on est heureux, à proportion qu'on aime véritablement. Mais il faudrait ici toute une dissertation. On peut voir la philosophie scolastique ou la théologie sur les rapports intimes qui existent, par exemple, entre la joie et l'amour, que quelques-uns sont allés jusqu'à identifier. (V. 22. q. 28. Suan, etc). On trouve le mot, *dilexi*, du ps. 114, traduit par, j'ai eu de la joie, etc...

Cette expression : *gouzout ano eus a un dra*. Avoir idée d'une chose, — trouve sa justification dans les théories si profondément philosophiques de M. De Bonald. Au mot breton, *doare*, on donne les divers sens de nature, essence, forme, apparence. Il en est de même pour le latin *forma*, le grec *morfe*. (V. la philos. S. Paul, phil. 2.). L'emploi des mots en précise le vrai sens.

Nous voici loin du trivial. Allons encore. Qu'est-ce que le beau? C'est la splendeur du vrai, et par là même, la splendeur du bon. Aussi en grec le même mot, *calos*, signifie beau et bon. De même en breton, *caer*, signifie beau, bon, excellent. — *Setu eno caerra den a anavezan*. Voilà l'homme le plus accompli que je connaisse. — *Ne ket caerroc'h eget e vreur*. Il ne vaut pas plus que son frère. A ce propos, on pourrait rapprocher ici les mots grecs, *kara*, (*khara*), *karis*, (*charitas*), et leurs dérivés, qui signifient : joie, amour, amitié, grâce, beauté, etc ; on pourrait, dis-je, les rapprocher du breton, *caër*, *caret*, etc. Autre coïncidence : dans Job, (c. 5) un mot signifiant demeure, d'après les hébraïsants, est rendu dans la Vulgate par *pulchritudo*. En breton, c'est aussi, en quelque sorte, le même mot qui signifie, beau et demeure; et en Orient, il paraît qu'on dit encore *caer*, *ker*, pour signifier demeure. Je passe d'autres analogies frappantes.

Mais le mot que je voudrais surtout opposer à ceux qui ne voient dans notre idiome que des termes grossiers, c'est le radical *grat*, *gras*, (*gratia*), qui paraît appartenir aux vieux dialectes de l'Occident. Davies même le cite ; il l'écrit, *gras* ; les écoliers de Louis Meigret l'écrivent, *graçç*. Ce mot à un emploi si étendu, nos bretonnants ont une telle compréhension des idées qu'il réveille, qu'il est impossible d'y voir un emprunt fait au français, naguère inconnu parmi nous. Quel est le sens primitif de ce mot? Dans l'ordre de la foi, le sens qui prime, c'est celui de don gratuit. Mais le sens originaire et naturel, d'après le breton, semble être celui d'agrément, de beauté, quoique ce sens direct et matériel ne soit plus que le sens secondaire, depuis que ce mot exprime les dons gratuits de Dieu dans l'ordre du salut ; dons qui mettent dans la créature la ressemblance divine, c'est-à-dire, un reflet de la beauté incréée. Il a en breton plusieurs sens dérivés ; il signifie, reconnaissance, amabilité, faveur, etc. Il exprime en général les agréments sensibles. Quelques exemples : — *A chrat-vad*, ou, *a chras-vad*, avec joie ; volontiers. *Gras eo ganta* ; *gras e cav* ; *gras eo*... (Je ne puis rendre cela en français). *Gras, m'eo choumed beo* : heureux qu'il n'ait pas perdu la vie. *N'en deus gras ebet evit ar vad great deza.* Il n'a nulle reconnaissance pour le bien qu'on lui a fait...(b. l.) *Ur breur dichras am euz.* J'ai un frère peu aimable. *Ne respont ac'hanon nemet dichras.* Il ne me fait que des réponses désagréables. Ce mot, *dichras*, ne se prend guère qu'au moral ; tandis que le mot *divalo*, (*divrao*), se prend au physique et au moral. J'ai cependant entendu , il y a bien des années : *dichras eo evel ur roched nevez.* De cette variété de sens il résulte que ce mot est très-ancien chez nous, au lieu que le français ne l'est pas.

Cependant le composé, *ingrat*, n'est pas tout-à-fait breton dans sa forme, la particule privative étant, non pas *in*, comme en latin, mais *a* ou *an*, comme en grec (*ananios*) ou *am*. Ex. *Un anfin a dud ;* Une infinité de personnes. *Anjust* ou *amjust*, injuste, dont on doit se défier. *Amjustis*, injustice *Amzere*, (plus usité que *dizere*), inconvenant, déplaisant. *Amlavar*, qui parle difficilement. *Anzesc*, ou *amzesc*, qui apprend difficilement. *En amc'houlou*, dans les ténèbres. *Angredig* ou *amgredig*, incrédule, défiant. *Ampar*, sans pareil, adroit, habile. Les lettres *m* et *n* se remplacent souvent, ainsi que toutes les voyelles : *Impar*, pour *inpar*, *i*, *in* pour *a*, *an*, etc. Le mot *ingrat*, est un mot nécessaire en breton. On veut lui substituer *dianaoudeg*, (ignorant). Manie de calquer et de surbordonner notre langue à celle apprise à l'école. On le fait même pour le genre des mots ; *maro*, *ene*, etc. seront féminins désormais ; le français l'exige. On devrait remarquer que le français, *connaître*, n'implique l'idée de gratitude que moyennant le préfixe, *re*. Pour donner au breton , *anaout*, le même sens , il a fallu forcer l'analogie. Mieux valait conserver le mot *ingrat*, qui est l'opposé de bienfaisant, et n'a pas d'équivalent breton. Ce n'est pas à dire que tout mot composé d'éléments celtiques soit breton. Le mot *entamer*, par exemple, a un radical breton, *tam*, mais le verbe avec le préfixe, *en*, n'aurait pas de sens dans notre langue ; il en aurait plutôt avec le préfixe, *di*. Ainsi, le composé *entami*, dans le sens du breton, *boulc'ha*, serait un barbarisme ; *ingrat*, au contraire, sauf la voyelle, *i* pour *a*, est formellement breton. — *Forma dat esse. Forma est optimum cujuscumque rei.* Les privatifs *in*, *an*, *am*, (*amlavar*), *a*, sont originairement la même particule.

XXI.

ESSENCE ORGANIQUE DE LA LANGUE BRETONNE.

Les mots, matériellement pris, sont les éléments nécessaires d'une langue, mais c'est la structure grammaticale des mots et des phrases surtout, c'est la syntaxe qui donne la forme ; et sous ce rapport la nôtre a peu dévié de la rigueur de ses véritables principes, après tant d'efforts pour l'y forcer. Les brochures bretonnes, récemment publiées, le prouvent. C'est que son organisme vital n'est pas le résultat de combinaisons artificielles et mécaniques ; c'est quelque chose de naturel. Pour pénétrer dans cette organisme, il faudrait en surprendre les secrets dans le parler naïf que l'on entend encore dans quelques campagnes isolées. Sans entrer dans le détail minutieux des particularités qui caractérisent ce parler traditionnel, signalons-en quelques unes, à l'aide de phrases empruntées au langage vivant.

Notons d'abord que la phrase est comme le rayonnement d'une idée, la forme extérieure d'une pensée, dont les éléments essentiels sont, le sujet, sa manière d'être ou qualité, et le lien des deux termes ou verbe. Il est du génie de la langue bretonne de réduire chaque phrase à ces éléments essentiels ; les termes accessoires viennent les compléter, à peu près comme les syllabes complètent les mots ; et ainsi l'unité et la simplicité de la pensée se réflètent naturellement dans la phrase. Si notre langue ne fond pas ensemble comme le grec, *elle juxtà-pose,* elle joint plusieurs mots comme n'en faisant qu'un. Noms, pronoms, adjectifs, participes, etc., se grouppent autour du verbe principal complétant le sujet et l'attribut. Ex. *Un den calz a zanvez etre e zaouarn..., a zo enz deza ober vad. — Ar vistri, o dever kelenn ha discuez scuer vad, a vez aliez ar re falla. — Un tad nevez maro e bried, eat daou eus e vugale d'an arme, colled ganta an anter eus e loened, a deuas da voela ouzin,* (se présenta à moi en pleurs). — *Un den iaouanc bléo melenn... — Ur paotr 15 vloaz...* etc. Le français, lui aussi, tombe souvent dans ce naturel. Ex. « Trois jeunes gens, têtes angéliques, fronts purs, regards calmes..., vont partir. » Léon GAUTIER.

L'emploi aisé des participes et de ce que les hébraïsants appellent nominatif absolu, (désigné autrement par les grammairiens français), donne au breton beaucoup de liberté dans sa construction. Elle n'est pas cependant une simple juxta-position de mots ; mais l'esprit y établit entre les termes une solidarité si naturelle et si intime, qu'ils se raccordent par le seul fait de leur mise en place comme les pièces d'un instrument du plus simple mécanisme. On y remarque cet instinct régulateur qui est dans la nature de l'intelligence humaine, et qui prend souvent le dessus même dans les écrits de ceux qui sont un peu asservis aux idées classiques. On en citerait mille exemples. — Un voleur niait son vol devant les témoins. *Penaoz, eme ar barneur, e c'hallit-hu nac'h, ha beza aze c'huec'h test hag o deuz guelet ac'hanoc'h ? — Me a gavo oc'hpen anter cant deoc'h, eme al laer, ha n'o deus ket va guelet.* — D'après les principes de celui à qui cet exemple est emprunté, il y manquerait deux, pere? Autre Ex. Un enfant auquel on aura donné une bonne éducation, n'oubliera pas qu'il devra ce bienfait à ses parents. *Ur c'hrouadur, roed descadurez vad deza,* (*bet deza descadurez vad — a vezo bet roed scol vad deza*) — *n ancounac'hat ket en devezo bet ar vad-se digant e dud.* Ce cœur où (dans lequel) il y a plus d'amour que dans tous les cœurs. *Ar galon-se, muioc'h a garantez enni eget en oll galonou...* Des préjugés de grammairiens empêchent de voir le jeu naturel de cet organisme.

Ce qui distingue particulièrement le latin et le français du breton, est ce qu'on appelle proposition incidente, bien que souvent essentielle, — ayant pour sujet *qui*, *quæ*, (qui, que). Cette particule, d'un caractère indéfinissable, servant de sujet à la soi-disant proposition incidente, fait de cette proposition l'équivalent d'un acjectif ou participe qualifiant, déterminant ou complétant le sujet de la proposition (principale ou totale). Ex. Chaque jour qui s'écoule, chaque heure qui sonne est un pas vers la patrie. *Kement deiz a id a biou, kement eur a zon, a zo ken aliez a gammed varzu om bro.* — Il est evident que dans cette phrase le mot appelé pronom relatif n'est réellement qu'une particule conjonctive, ou l'équivalent d'une conjonction et d'un pronom. Un ancien maître de grammaire, subjugué par les principes qu'il a autrefois enseignés, prétend que le breton doit se perfectionner, et employer comme pronom relatif l'interrogatif *peini*, pour ne pas rester privé d'un élément essentiel au langage ; et en preuve il cite les principes d'analyse logique de Chapsal ! Ceux qui les connaissent en riront. Les maîtres, tels que Dumarsais, Beauzée, De Tracy et surtout Sylvestre De Sacy (princip. de Gram. géuér.), ont bien éclairci ce point. Le vrai langage breton, considéré dans son essence organique, aussi bien que la raison, confirme leurs principes et les faits qu'ils allèguent. Le pronom relatif, dit la petite grammaire, s'appelle ainsi, parce quil a rapport à un nom qui précède. Mais il se rapporte également au terme qui suit ; aussi sa valeur conjonctive apparait clairement dans le latin, où l'on dit : *animal quem vocamus leonem.*

Aussi bien que le mot appelé pronom relatif, la particule *que*, en français, se prend en mille manières. Tantôt c'est une simple conjonction, tantôt elle équivaut à une préposition ou à une conjonction et un pronom, et signifie : dans lequel, par lequel, avec lequel, etc. De même le mot — où, — équivaut parfois à : le lieu dans lequel, celui auquel. Quelquefois, *que*, et, *où*, se disent indifféremment. Ex : Le jour que je vins, où je vins, (auquel). Souvent le breton, *ma*, correspond à cette particule, que, et signifie aussi : par lequel, dans lequel, etc. Ici on pourrait encore rapprocher le breton du vieux français où les grammairiens n'ont pas mis leur cachet. Ex. « Voilà la rémission des péchés expliquée en toutes les formes qu'une grâce peut-être annoncée. Bossuet. » *Que*, pour : dans lesquelles, par lesquelles... En breton, *ma* signifie également, dans lequel... Ex. *An ti ma emaoun o chom, an ti ma z-aan brema da choum... Er stad m'emd. E kichen m'edon*, etc. Ainsi, dans les deux langues, une simple particule équivaut à une préposition jointe à un pronom. Seulement, en français on sent l'influence des grammairiens qui permettent de dire : le jour auquel, au lieu de : le jour que, le jour où ; tandis qu'en bon breton on dira toujours : *an deiz ma....* ; jamais, *an deiz e peini. ar stad e peini.* Bossuet dit : où j'ai mis ma complaisance. Un autre : dans lequel. Un autre : en qui. Le Br. varie moins. Ce caractère de fixité, propre à notre vieille langue, vient de ce que la fantaisie des grammatistes n'y a rien à voir.

Notre ancien maître de grammaire se trompe sur l'essence du langage, en prétendant que le breton ne peut exister sans faire un vrai pronom relatif de l'interrogatif, *peini.* En parlant de la formation du langage, comme nos grammairiens en général, il se rapproche beaucoup de ceux qui en font le produit de l'expansion spontanée des facultés humaines ; il accorde trop à l'onomatopée, comme si la plupart des mots avaient une origine identique à celle du frou-frou de la chauve-souris. De là ses idées sur le perfectionnement successif du langage ; idée inadmissible à l'égard d'une langue primitive, en possession dès l'origine de toutes ses parties essentielles. Le langage est un véritable organisme ; vouloir lui donner par voie de développement mécanique ce qui n'en fait pas naturellement partie, c'est vouloir donner une aile de plus à un oiseau. Il est étonnant à quel oubli de la philosophie on est arrivé dans la question bretonne, en prétendant éliminer de la langue tous les éléments étrangers, et en méprisant ce qui en constitue l'individualité. Il est évident que les barbarismes de construction y sont le plus contraires. Mais la routine classique a tant d'empire ! Ceux qui n'ont pour guide que cet instinct régulateur naturel à l'intelligence humaine, ont mille manières d'éviter ces barbarismes, où le rôle des mots est interverti ; ils ne donnent jamais à un pronom interrogatif le rôle d'une conjonction. La conjonction même, ils l'omettent souvent, la liaison étant dans l'esprit. Ex. Des roses qui n'ont pas de parfum : *Roz ha n'o d-euz ket a c'hoes-vad ;* ou : *Roz n'o d-euz ket a c'hoes-vad.* Son frère qui était patient et avait beaucoup d'enfants à élever, se contenait, gardait le silence, et n'y perdait pas. *E vreur, ac a oa gouzavuz ac calz a vugale deza,* — *(ac en d-oa calz bugale)* — *a zalc'he ganta, a roe peoc'h, ha ne golle ket.* Ici le sujet étant un peu éloigné de son verbe, (du verbe principal) par des propositions incidentes, la conjonction, *ac*, en marquant et resserrant le lien qui l'unit aux propositions incidentes et complétives, le rapproche en quelque sorte de ce verbe. En l'interposant entre le sujet principal et le premier verbe qui le suit, elle fait mieux voir que le verbe de la proposition (principale), est plus loin. *Un darzod, (arzod), ac a voar tevel, ouz un den fur a zo evel.* Si l'incidente a son sujet propre, la conjonction s'omet plus facilement. Ex. Les pauvres que vous méprisez, seront.... *Ar beorien, a rit fae varno a vezo...* Ainsi, la conjonction est souvent utile, surtout quand les propositions dites incidentes sont purement explicatives. Mais le plus souvent le sujet se complète par un adjectif, un participe ou par la simple apposition des termes complétifs du sujet. Ex. *E vreur (den) patiant, calz a vugale deza da zichorren...* (SUPRA). Voilà le breton que l'art n'a pas dénaturé. Par cette sorte d'apposition il évite souvent la proposition dite incidente. LE GONIDEC traduit cette phrase-ci : C'est un homme insociable : *Un den eo gant pehini ne heller ket beva.* Un peu après, cette autre phrase : C'est une île inabordable, — est ainsi traduite : *Un enezen eo ha ne heller ket tostaat outhi.* La première phrase est un barbarisme ; la seconde le prouve. Un breton bretonnant eût dit : *Un den eo (ha) n'euz den evit beva ganta ; un den diez beva ganta ; un den n'euz buez ebed ganta ; un den buez vad ebed ganta (en e serr).* Pour éviter l'embarras des propositions incidentes, notre langue place immédiatement après les sujets les termes qui s'y rapportent directement. Elle admet cependant ces propositions, comme on l'a vu ; mais, plutôt que de leur donner pour sujet le pronom interrogatif, *pehini,* elle se servirait du pronom composé *an ini.* Ex. Dieu, qui a tout créé, n'oublie aucune de ses créatures. *Doue, an ini en d-euz croued peb tra, ne zizonj nicun eus e grouadurien.* En français, pour bien exprimer le rapport de deux termes, on met aussi, *lequel*, au lieu de *qui*. En un mot, ce qu'on appelle pronom relatif, est un mot qui sert de conjonction, de liaison entre deux idées qui se complètent mutuellement. En breton, souvent, la liaison n'est exprimée que par la place assignée à chaque terme. La répugnance pour cette manière naturelle d'exprimer sa pensée vient des fausses notions (que) l'on a; (*from the false notions men have*). On voit que ce langage naturel a laissé des traces dans l'Anglais usuel. Seulement il met le verbe après les termes qu'il unit : (les fausses notions les hommes ont); le breton, plus naturel, le met entre les deux, et immédiatement après l'antécédent ou sujet : (*Ar fals credennou o d-euz an dud*). Ceux qui comprennent le rôle du verbe dans le langage, verront que c'est logique. Dans un livre édité à Morlaix, — (*Deveriou ar c'hristen*) on a prétendu corriger M. Le Bais, qui traduit : O mon Sauveur, vous qui avez dit... *O va Zalver, oc'h eus lavared...*; on a prétendu le corriger, en mettant, *c'hui oc'h euz...* Plusieurs même diraient : *C'hui peini oc'h euz,* et mettraient trois pronoms de suite en voulant calquer le français, qui cependant n'y mettraient que deux : vous qui. (Le second même n'a ici que le nom de pronom). Le véritable breton n'y en met qu'un, nécessaire pour le verbe qui est le véritable relatif, le véritable lien entre les termes de la phrase.

Quand le sujet principal est un pronom, le *qui* est un embarras, dominé que l'on est par la routine classique. Ex. Vous qui souffrez... Nous qui ne sommes pas dans les emplois... Ceux qui obéissent à l'instinct régulateur dont il a été parlé, ont plusieurs manières d'éviter le barbarisme de construction déjà signalé. Ex. *C'hui kement oc'h euz poan... C'hui tud a boan... Etrezoc'h tud poanied... Ni (ha) n'emaômp ket er c'hargou...* etc. Quand le *qui* est suivi d'un pronom, surtout à la fin d'une phrase, c'est encore une difficulté, la routine inclinant à calquer, au lieu que le breton préférerait la répétition du nom pour avoir un sens mieux détaché. Ex. On ne peut assez dire combien Dieu est ignoré dans le monde qui lui appartient. *N'euz den evit lavaret pegen dianavezed eo Doue er bed-ma, ac e deza;* — (*ac*) *a zo deza;* — *ac ar bed-ma deza.* Mieux : (*Dianavezed*) *en e dra.* — Souvent, les idées, et les mots intermédiaires se sous-entendent. Ex. *Me em euz gvelet un amzer (ha) ne vize gvelet den iaouanc ebed en ostaleriou. Me em euz gveled (un amzer ac) oa brao ober an trafic-ma, nebeud a dud o-h en ober...* Ceux qui sont tout-à-fait maîtres de la langue, comme Lan An D.; emploient la particule conjonctive, *ma*, dans certaines phrases. Ex. N... qui trouvait difficile. *N... diez ma cave...*

Quand un membre de phrase demande à s'unir à un autre, le mot qui lie, c'est-à-dire, le verbe, se place avant cet autre. Autrement ce serait deux phrases séparées. Ex. J'y ai manqué deux fois, étant malade. *Diou veich oun manked, oan clanv. Clanv oan.* Quand on répète, pour être entendu, on met, comme toujours, l'idée principale en premier lieu, parce que ce n'est plus une phrase qui s'unit à une autre, mais bien une phrase à part. — Je n'ai pu abandonner ma sœur (qui était) malade. *N'em euz ket gal-*

led mont diouz va c'hoar (divar dro va c'hoar), oa clanv — a oa clanv. La dernière manière, qui est la plus usitée, est cependant une autre nuance. Dans une phrase à part, on dirait : *Clanv oa.*

Pour rendre clair ce point, on eût voulu pouvoir donner ici en exemple l'interprétation du *Magnificat,* tel que l'entendent les anciens hébraïsants, et que nos traductions françaises ont l'air de donner pour un composé, ou une juxta-position de différents passages des psaumes et du cantique d'Anne, où l'humilité même semble s'exalter, tandis qu'elle ne fait que se perdre en Dieu, dont elle décrit la grandeur, la puissance et la bonté, dans une magnifique période dont les membres sont unis et liés, non pas par le prétendu pronom relatif, mais par le verbe. Quelle sublime simplicité d'après cette interprétation, où l'on voit le faux de certains blasphèmes ! (V. à Castro, Mald, etc.)

XXII.

ENCORE SUR L'ESSENCE ORGANIQUE DE LA LANGUE BRETONNE.

Il y a dans les langues une foule de particules d'un caractère indéfinissable, et qui se prètent à plusieurs emplois. Le *qui, que,* en est une. Le breton, *pe, pes, (peini)* a, au contraire, son rôle bien défini (*Posos, quis, quismam*). Notre ancien maître de grammaire (qui en appelle à Chapsal !) veut que le pronom relatif qui, en réalité, n'existe pas, soit essentiel à tout langage. Il cite contre lui-même, d'après Zeuz et la grammaire hébraïque, quelques phrases analogues à celles-ci : *An ini a gomzan aneza ; — ma comzan aneza — e comzan aneza...* Il serait difficile de préciser laquelle de ces trois manières est la meilleure ; aucune d'elles n'intervertit le rôle des mots. On n'y voit pas le pronom interrogatif employé comme conjonctif. Seulement la particule *ma,* est quelquefois nécessaire. Ex. *Doue a zent en Né ouz an ini m'en deuz sented outa var an douar.* — Dieu obéit au Ciel à celui à qui il a obéi sur la terre. La particule *ma* entre le pronom *ini* et le verbe qui le suit, montre qu'il n'en est pas le sujet, lequel est, *Doue. Buez S. Joseph,* qui a eu un succès mérité, néglige parfois ces nuances. Voici encore des phrases où il y a des particules difficiles à définir et à classer. *Lezed e oe da veva evel ma carse, evel a garse. Ma ve guir a livirit ! Loened en d-euz en tu-all ma c'hell maga. Ac e lavarsont. Ac ex aas kuit ; ac e iaas... Ar re a velan. Bet (ex) oun eno.* Ces particules, *a, e, ex,* sont-elles pronominales, conjonctives, signes de liaison, purement explétives ? ou pour soutenir la prononciation, comme *a,* dans : Je l'ai entendu dire à son frère ? La réponse nous mènerait trop loin. Le *que* français, qui a souvent pour correspondant le breton *ma,* est tantôt pronom, ou adjectif conjonctif, tantôt conjonction, ou tantôt simplement explétif, etc. Malgré son caractère indéfinissable, nos traducteurs bretons se croient obligés de le rendre par *peini, penaoz,* ou un autre mot

Ces mots, par exemple : *Lavaret a reer (penaoz ez) eo pareed.* — Signifie : On dit de quelle manière il s'est guéri; et non : — On dit qu'il s'est guéri. C'est un point où l'on se trompe souvent.

Ici la particule *ez*, sur la nature de laquelle le P. Maunoir s'est également trompé, est explétive ou simple signe de liaison. On peut la supprimer. Il n'est pas étonnant que le breton, essentiellement simple et naturel, permette de supprimer ce qui n'est que signe de liaison quand la liaison n'en dépend pas. Le latin aussi exprime rarement le *que* entre deux verbes. (*Gnarus quod.* Just. 25). Il est facile de voir que la suppression de ce *que* est logique, puisqu'il sépare un verbe de son complément immédiat. Aussi l'anglais usuel et naturel le supprime également, d'après ce que j'ai entendu dire à un professeur. — *It knows, it Will be opposed.* M. à m. Il sait, il sera opposé... (qu') on lui résistera.

L'ami de Chapsal fait du même mot breton un pronom interrogatif et un adjectif ou pronom conjonctif; ce qui ne parait avoir lieu dans aucune langue ancienne. En latin même on les distingue, et le français, comme on l'a fait observer, a plutôt des phrases interrogatives que des pronoms interrogatifs. Le breton n'a pas besoin de confondre les mots pour être en possession de toutes les parties du discours. Il a des particules conjonctives qui remplacent bien ce que les grammairiens appellent pronom relatif, lequel est plutôt conjonctif, comme on l'a vu. Ici encore on peut invoquer l'analogie des langues primitives. Dans le sanscrit le pronom conjonctif est *ya.* Si l'*y* n'est que pour figurer ce que Butet appelle mouillement, l'*i* simple serait plus logique. Un *a* seul serait une ressemblance de plus avec le breton. Au reste, l'*a* se met quelquefois avec ou sans *y* : *Wala, Walya* (*vall, gal-lout*), fort. Ce qu'il faut surtout remarquer ici, c'est qu'on ne confond jamais le pronom conjonctif, *a, ya,* avec l'interrogatif, *kas* (*quas?* *quis?*) Remarquons encore la coïncidence du latin, du grec, du sanscrit et du breton. Mais, dira-t-on, où est le rapport entre le sanscrit, *kas,* et le breton *pes?* (*Pes calon ne ranno?* Quel cœur ne sera brisé?) *Quæ sunt eadem uni tertio sunt eadem inter se.* L'interrogatif breton, *pes,* et le grec, *pos-os,* sont identiques. Egalement, le sanscrit, *kas* (*kos*) et le grec, *kos, pos-os,* sont identiques. On sait qu'en grec, *kosos* et *posos* sont le même mot modifié. La substitution réciproque du *p* et du *k* a lieu aussi dans les dialectes celtiques; en gaëlique on dit *kenn,* pour *penn.* Elle a aussi lieu du grec en latin : *ippos, equus.* Ce qu'il faut surtout remarquer, c'est que ces vieilles langues ne confondent jamais le pronom interrogatif avec le conjonctif.

Le mot latin *qui,* est souvent réellement pronom. — Qui ait; il dit. (ou plutôt : et il dit). Il sert aussi de conjonction : *Dignus qui imperet* (*ut*). Il ressemble à l'interrogatif, (*quis*). De la confusion de mots dans le breton, quand il calque le français qui a pris ce mot au latin, sans distinguer le pronom conjonctif de l'interrogatif. Notre grammairien cite Davies, qui emploie la particule *pa,* pour *pe,* comme pronom relatif. Mais Davies écrivait en latin. Il a calqué la langue classique; comme il a copié une certaine orthographe presque aussi barbare que celle mise à la mode par THIERRY, pour certains noms. D'après lui, *rhosyn*, par exemple, serait la vraie forme graphique de rose, *rodon* en grec ; (*ros-on* : *t*, *d*, *s*, *n*, sont des modifications de la même lettre)· *Diwis*, serait meilleur que, *divis*: (*divid-ere* ; *divis-ere*), choisir, usité à *Corn-lez-Vran* de temps immémorial. Ainsi, en 1632 on connaissait mieux la vraie forme des mots anciens qu'on ne la connaissait il y a deux ou trois mille ans ! Si cela est, je croirai aussi que la manière des savants de construire notre langue est la véritable.

Cependant, la particule *pa* étant conjonctive, elle peut servir à traduire le mot conjonctif qui : — Mon frère qui est pauvre, n'est pas tenu à l'aumône. *Va breur pa eo 'paour, neket rancout deza ober aluzenn.* Mais, le *peini*, du breton, répond au latin, *quisnam*, et au grec *posos*. En breton, comme en grec, *p* caractérise l'interrogation. Le breton, *peini*, n'a donc pas le caractère indéfini du, qui, français, lequel donne lieu a tant d'anomalies apparentes. Les grands écrivains, MOLIÈRE, RACINE, etc. ont des phrases analogues à celle-ci : Il n'y a que nous qui sachent. Les parisiennes socialistes disaient en 48 : C'est nous qui sont les princesses. Ces phrases sont plus logiques que l'enfilade de *qui* et de *que*, disparates, qu'on a dernièrement relevée dans un journal dont le principal rédacteur est payé 80 milles francs par an, dit-on, pour écrire le français.

Cependant, c'est au moyen de ces particules bien combinées que le latin et le français construisent ces périodes harmonieuses qui nous charment. Elles ne sont donc pas inutiles. Mais, sans avoir besoin de ces liaisons, le breton a aussi une harmonie qui lui est propre et naturelle. — Je m'attendais à un langage barbare, et j'ai entendu une véritable harmonie — disait un homme instruit, qui venait d'entendre L. AN D : lequel parle comme les vieux musiciens exécutent, sans jamais fausser une note. — Ceux qui veulent plier le breton à des règles de convention, lui imposer les combinaisons artificielles et savantes des langues classiques, oublient ce que coûtent ces langues. Qu'ils lisent quelques pièces émanées des Mairies de la Commune de Paris, et ils verront ce que deviendrait le français lui-même sans les millions qu'on lui sacrifie. Et puis, refaire une langue primitive, organe de si chères traditions, quelle idée !! C'est remettre à la fonte une médaille antique et curieuse, sans même en vérifier les marques !....

La structure des mots est moins essentielle que celle des phrases ; souvent même on est obligé d'en admettre qui ont une forme étrangère, comme les termes de science, de religion : — *Consolasion*, *contrision*, *relijion*, *donezon*, *comprenezon*, *rezon*, *dispans*, etc. L'admission de ces termes nécessaires, et qui ont prescrit, n'atteint pas la langue dans sa constitution intime. Cependant la forme des mots n'est pas pour rien dans son organisme : une fausse désinence peut rendre une phrase inintelligible. Le français a emprunté au latin, entr'autres, la désinence *io*, *sio*, *tion* qui, dans cette dernière langue, exprime l'idée d'action, que le français confond souvent avec ce qui en est le résultat; c'est-à-dire qu'il donne le même nom à l'état et à l'action, à la cause et à l'effet. *Illustratio*, par exemple, signifie, action de rendre clair, remarquable ; le mot en français ignifie aussi : qui est remarquable, etc. En breton, c'est l'infinitif, ou simplement le radical, qui désigne l'action. L'infinitif, en effet, est le mode substantif, le nominatif du verbe, *(nomen verbi)* et le breton n'aime pas les doubles emplois. (*Va dizonj en pedennou a ra poan d'in*). — *An eosti mad eo a ra*... Mot à mot, cela dépend du bien récolter.

Dans le dictionnaire déja cité, on rend, *imputation*, par, *tamallation*. Que l'on donne une forme bretonne à un radical français, rien en celà d'illogique. Les anciens bretonnants le faisaient, en supprimant la désinence étrangère au breton : *Domani (domination) comport, douet, soulaz ;* mais ce dictionnaire fait l'inverse, en dépit du principe de philosophie : *forma dat esse.* LE GONIDEC met *tamalledigez*, qui signifierait, s'il était breton, l'état d'une personne inculpée. Cette longue désinence, en effet, désigne l'état et non l'action. Ex. *Tristidigez, mantredigez.* — Consternation. — Dans une ancienne vie de S. GOULVEN, on lit plus d'une fois, *instru*, pour *instruction (Eb instru)*. D'après les vrais principes, ce mot serait plus breton que *tamalledigez, donedigez.* C'est aussi à tort que l'on substitue *permission*, à l'ancien mot, *conjez*, dont la désinence est bretonne, et l'origine inconnue, son étymologie s'étant égarée en route.

Le breton n'a donc pas de nom abstrait d'action autre que l'infinitif, ou le participe. La première fois que j'entendis annoncer la fête de l'Invention de la Croix, on la désigna ainsi : *Gouel ar groaz caved. Cavedigez ar groaz* n'est pas breton. En hébreu, le même mot signifie aussi, habiter et habitation.

Quelques exemples, empruntés à l'auteur déjà cité, feront voir où aboutit l'oubli de ces principes. *Abaoe ho tilec'herez eo en em garget eus a heuillerez al levr. An dinezidigez, an tostidigez anezha a zo diez. N'euz ket a c'hoezidigez er pez u lavaran. Ar vividigez a zo diez...* Comprenne qui pourra. Et l'on aurait tort contre un tel système ! Pour rendre ces phrases intelligibles et bretonnes, il n'y avait qu'à se rappeler que le breton, resté à l'état naturel et primitif, donne à l'action son véritable nom, qui est l'infinitif. En latin même et en français on le fait quelquefois. Ex. *Nostrum istud vivere triste est.* Notre manière de vivre est triste. *Ar beva ganeomp a zo trist. Docto et erudito homini vivere est cogitare.* CIC. La méditation (méditer) est la vie de l'homme instruit. *Midita, (en em zonjal) eo buez an den desked mad. Ar midita eo buez an den...* Souvent même on se sert de l'infinitif pour désigner une action continue. — *Var an eskennat ez aï, emeza.* Il prendra, dit-il, le métier de scieur (*Eskennerez*). Il est occupé de défrichements. *Var an terri douar ema. Ar bian pedi eo a goll ac'hanomp.* M. à m. C'est le peu prier qui nous perd.

Dans les phrases citées plus haut, on met *dilec'herez*, pour signifier départ, oubliant que la désinence *erez*, implique l'idée d'une série d'actes, et non celle d'un acte isolé ou transitoire. Ex. *Deissul ema ar voti.* C'est dimanche l'élection. *Ar voterez-ma a denn da fall.* Ces élections (répétées) ont un mauvais résultat. *Eno ez euz calz malerez.* On y moud beaucoup. Ce moulin est bien achalandé. Tout cela revient à dire que nos faiseurs de systèmes n'observent pas assez que c'est l'élément formel qui constitue le langage. —

« Au reste, je compte sur l'équitation des juges, disait un jeune avocat démonté. — »
Fussent-ils à cheval sur la loi, il devait dire, *équité*.

XXIII.

AUTRES PARTICULARITÉS CARACTÉRISTIQUES DE LA LANGUE BRETONNE.

Au moyen de certaines désinences, les bons bretonnants savent, sans aller contre le
génie de leur langue, composer tous les mots dont ils ont besoin. Par la désinence *eur*,
par exemple, ajoutée au radical d'un verbe, ils désigneront l'agent ou l'instrument. *An
troeur*, celui qui tourne, *ar c'hoëzeur*, le souflet (de cuisine). L'idée d'instrument cependant
s'exprime plus souvent par la désinence féminine : *c'hoezeurez, dorneurez...* Cette désinence
signifie encore marchand de... fabricant de... La faculté de composer ainsi des mots
n'est limité que par le naturel.

La terminaison, *ad*, exprime diverses nuances. Ajoutée au nom du contenant elle
désigne le contenu, sans changer de genre : *un tiad, ur vezennad (avalou). Ur verennad
(zour).* Elle exprime l'idée d'accès, de période, de non continuité : *p'en devezo ar c'hlenved great e varead ;* quand la maladie aura parcouru sa période. — *Pennad (tachad)*;
portion de durée, d'étendue. Les exemples seuls peuvent donner une idée de la valeur expressive de cette désinence. En voici encore quelques uns : *Ur bordad eus
e zae*, une partie du bord de sa robe. *Ur bordad eus ar barrez*, une partie de la paroisse, ou des paroissiens situés sur la lisière, aux extrémités. *Un taread*, une partie à
part, d'une terre, d'un quartier, d'un champ, etc (section). *Ar re a zo en ur c'helc'had
en dro d'ar vourc'h*, ceux situés sur la circonférence du bourg.

On voit que cette terminaison fait aussi passer le mot du propre au figuré. Autres
Ex. *Un aradennad menezou*, une chaîne de montagnes. *Aradenn*, au propre, signifierait
trace de la charrue, sillon. *Renkennad, roudennad, chadennad* reviendrait au même. L'idée
de comparaison se trouve également dans une foule d'autres mots composés de la même
manière : *Guiscad louzou. Ur pallennad kerc'h, deuet el leac'h m'oa bet falla doareed.* Il
y a une idée de soudaineté, de percussion, dans les mots suivants : *Stocad, stourmad,
tolad, bazad, javedad.* Souvent on ajoute à cette désinence, cette autre, toujours feminine :
enn : Stocadenn, stourmadenn. On dit encore : *Ricladenn, ruadenn*, etc. Le français a
aussi glissade.

Si le radical est le nom d'un lieu, le dérivé signifiera habitant de ce lieu. *Montrou-
lezad, menezad, arvorad.* Au pluriel, *ad* se change en *is*. Si c'est le nom d'un membre,
il signifiera, plaie à ce membre. *Gant un troadad, ur c'harrad, ur bizad ema.* Il a un
pied, une jambe, un doigt malade.

8

La terminaison *enn*, outre l'idée d'unité, exprime souvent aussi celle de comparaison ; etc. *Ur c'hlizenn c'hrassou a zo deuet varnomp.* Une rosée de grâces est venue sur nous. *Brec'henn*, bras d'instrument. Ramification de route. *Un encrezenn.* Une certaine, une vague appréhension. Elle exprime encore l'idée de rareté. *Ar guinizennou divoaned.* Les quelques (rares) graines de froment qui ont poussé. *Ar blevennou choumed var e benn.* Les rares cheveux qu'il a conservés.

La désinence *isme*, devenu si fréquente en français, exprime des nuances souvent difficiles à distinguer. La désinence *as, az*, devenu *ach*, est celle qui y correspond le mieux en breton. Christianisme, Protestantisme. *Christenach, Ugunodach*, Satanisme. *Satanach.* Cette désinence, *ach*, exprime encore l'idée de variété. *An asdivoanachou, al louzaouachou a ra gaou ouz an ed.* Les différentes herbes qui ont poussé et repoussé parmi le blé y nuisent. La terminaison, *erez*, qui se prend souvent en mauvaise part, pourrait servir à exprimer la même idée. Elle implique, comme on l'a vu, l'idée de série d'actes, et sert aussi à désigner le lieu où ils s'accomplissent.

Le breton à peu de noms abstraits, et représente très-souvent les idées générales par des noms concrets. En hébreu on dit, le juste, pour la justice ; les vieux, les vierges, pour, la vieillesse, la virginité ; les vents, les vaines choses, *avelim (avelou)* pour, vanité. De même en breton on dira : *Mont gant an eün*, observer la justice ; *rei an eün*, donner une direction. *Calz vad a zo deuet enna*, il y a beaucoup d'amélioration en lui. *Ar mobiled a zo deuet calz a fall enno, evit beza bet un tachad e Paris*, les mobiles se sont beaucoup gâtés pour avoir été quelque temps à Paris. *Ar bian eo a glemer enna*, c'est la petite taille qu'on lui reproche. *Neat a bliz d'an oll*, la propreté plait à tous. *N'euz nemet ur banne dour etre neat ha loudour*, un peu d'eau sépare la propreté de la saleté. *Abars an teval e vimp eno*, nous y serons avant l'obscurité. Liberté, égalité, fraternité, *an dud libr, ingal, breudeur. An difoul a bliz deza*, il aime la solitude. *Ar stanc eo a laca an ed-se da veleni*, c'est le trop dru qui fait jaunir ce blé. Cependant le breton ne repousse pas absolument les noms abstraits qui expriment l'état, la qualité, non l'action : *Stancder, biander, madelez*, etc. Les abstractions font la beauté des langues ; mais on peut en abuser, et cet abus est un signe de décadence. On trouve dans JUSTIN, *impossibilitas*, on ne le trouverait guère dans CICÉRON. En français on dit maintenant, individualité, personnalité, nationalité, etc. pour, individu, personnage, etc. Ceux qui ont quelque notion d'ontologie n'ont pas de peine à voir que ces termes ont dévié de leur signification vraie. Le breton, essentiellement naturel et vrai, ne peut imiter ce genre. N'y-a-t-il pas contradiction dans ces mots : Fixer sa mobilité ?...

Il a beaucoup moins d'adjectifs proprement dits que le français. C'est que tout mot servant à modifier, à déterminer ou à compléter un autre mot devient pour lui adjectif, sans avoir besoin de désinence particulière, surtout quand il désigne plutôt la nature que la qualité d'une chose. Ex. *An traou spered* (ex. héb). Les choses spirituelles,

Sepreduz a un autre sens. On a beau définir l'adjectif, un mot qui qualifie, très-souvent il détermine ou complète simplement le nom ; et dans ces cas le breton se sert d'un nom substantif pour adjectif. (*Nomen appositum*). Dans cette phrase, par exemple : Le caractère national français est généreux ; — Il est évident que les deux premiers adjectifs ne font que compléter le sujet. Aussi le breton n'y mettrait qu'un seul adjectif proprement dit, c'est-à-dire classé comme tel. *Spered tud Frans — caracter rouantelexis Frans a zo jeneruz.* Dans le style d'ancien soldat, on dirait plutôt : *caracter ar Francizien* ; comme on dit *ar Frans*, comme on dit *istor ar Vreïz, an Duc a Vourdel.* D'après le breton, l'ancienne définition de l'adjectif, — *nomen appositum* — est la vraie. Ex. *Labourou noz*, travaux nocturne. *Penn avel*, tête évaporée. *Kig forn*, viande cuite au four. *Leur goad (coad)*, aire (lieu uni) où l'on dépose le bois. *Labour goanv*, travail d'hiver *Amzer goanv*, temps rigoureux comme un temps d'hiver. On dit souvent : *Labour c'hoanv, amzer c'hoanv.* *Forn raz*, four à chaux (*calcaria*). *Diou gador iliz*, deux chaises d'église. *Marvaillou grac'h-coz*, contes de bonne femme (*aniles*). *Calvez kirri (carreur)*, charron. *Lein car (nevez)*, diner à l'occasion de la confection d'une charrette neuve. *Ascol toulla*, chardon piquant. *Lizerenn coumans*, lettre initiale. *Ar penn coumans*, le bout par où l'on commence. *Bara tiegez*, du pain de ménage. *Bara prena*, du pain de boulangerie. Si l'on achetait du pain dans un ménage, ce serait, *bara prened.* *Louzou cousket*, remède soporifique. Il faut se rappeler que l'infinitif est réellement un nom, *nomen verbi*, qui devient ici, *nomen appositum, adjectivum.* En français, quand le mot apposé ou complétif n'est pas de ceux classés comme adjectifs, il ne s'unit ordinairement au nom complété ou modifié qu'au moyen d'une particule conjonctive. Il n'en est pas ainsi en breton. Ex. Travaux de nuit. Le grand dictionnaire breton regardé comme régulateur suprême, traduit : *labourou a noz* ; comme il traduit, repas à bon marché, par : *pred a varc'had mad.* Ce n'est pas breton ; on dit : *Labourou noz. Pred marc'had mad.*

Cet emploi du *nomen appositum*, ou *adjectivum*, qui parait si logique quand on se fait une idée exacte de l'essence métaphysique des noms tant substantifs que qualificatifs, est très-étendu et d'une immense ressource en breton. On s'asservit trop à des préjugés d'écolier de quatrième, et l'on ne veut pas voir que le cachet du naturel et du vrai est bien empreint dans les façons de dire, ci-dessus, ainsi que dans celles-ci : *pe liou eo? ar memez liou eo gant egile, ac ar memez ment eo ive ; ar memez uheldet int o daou. Pe ano oc'h ? Me a zo Anton. Pe oad? Pevar ugent vloaz e vezin ar miz a zeu.* On commence à dire : *pevar ugent ho pezo.* (Vous posséderez ! Où ?) Ici encore le breton n'est pas sans analogie avec ces locutions françaises et autres : — C'est un jeune homme d'avenir, trente ans environ, qui paraît à peine vingt ans, taille élevée, etc.

Néanmoins le breton ne manque pas d'adjectifs proprement dits ou qualificatifs. Il en compose librement, sans néologisme barbare, si la pensée le demande, en ajoutant au radical une de ces trois désinences : *uz (us), eg, ed.* Les bretonnants ne se trompent guère sur les nuances de signification de ces trois terminaisons. La première donne ordinaire- ment au radical, qui peut être lui-même un adjectif, un sens actif : *Lent*, timide. *Lentuz*, propre à intimider. — *Prezeg dirag calz a zo lentuz, trubuilluz.* — *Tamalluz*, qui expose à des reproches. *Labour scuizuz*, travail qui fatigue. *Ent caillaruz mont dreiza ;* chemin où l'on se salit. *Uzuz, freuzuz d'an dillad ;* qui use et déchire les habits, etc. *Gouzavuz*, qui supporte, patient ; (et non, pas supportable). Le Gonidec met : *c'hoantuz, iouluz ;* pour désirable. Ils signifient, au contraire, qui convoite, cupide, ambitieux, avare. *Micher arc'hantuz.* Métier où l'on manie, qui procure de l'argent ; lucratif. *Arc'hanteg*, dirait *se* aussi. La désinence, *eg*, implime ordinairement une idée de possesion et de qualité inhérente : — *Guinizeg ;* fertile en froment. *Douar guiniz*, a un autre sens.

Dans la terminaison, *ed*, il y a comme rappel d'une cause quelconque outre la dis- position naturelle ; le mot qu'elle modifie tient de l'adjectif et du participe, et se complète ordinairement par un autre mot au moins. Ceci ne peut se comprendre que par des exemples. *Caloned mad*, doué d'un bon cœur. *Spereded caer*, d'une belle intelligence. *Speredeg, spereduz*, signifierait la même chose, sauf la nuance indiquée, et dont on ne tient pas toujours compte. La même chose s'applique à ce qui suit. — *Stread bouillenneg, bouillenned*, chemin rempli de boue. *Ascorneg, ascorned rust*, osseux. *Goall-gorned*, qui à des cornes terribles. *Bleveg, bleved mad*, bien garni de cheveux. *Barveg*, barbu, *barved*, qui porte barbe. *Mantelled, bestenned, maneged ;* qui porte manteau, veste, gants. — *Un tiegez foenned mad, keuneuded mad.* Une ferme bien pourvue de foin, de bois.

Le privatif, *di*, peut s'ajouter à tout radical et le faire adjectif, ou lui donner un sens inverse s'il l'était déjà. Ex. *Dibrad*, élancé. *Diuz*, qui n'use pas. (*d'an dillad*). *Diro- lontez*, mal disposé. *Divinnig*, non béni, profane. *Diskiant*, insensé. *Diskianted*, devenu, ou rendu insensé. *Didruez*, cruel, etc. La désinence, *ic*, qui peut s'ajouter à tous les noms, outre le sens diminutif, exprime quelquefois un sentiment d'affection, de piété et même de mépris. Parfois aussi elle a un sens intensif : *Tostic deza*, tout près de lui. *Brazic e cavan aneza*, je le trouve un peu trop grand.

Il y a encore d'autres manières de former des adjectifs en breton. La désinence latine, *bilis*, y fait défaut. Aimable, honorable, louable, se rendrait par : *da veza cared, enored, meuled.* Honorable, vénérable, serait mieux exprimé par : *enored*, tout simplement que par : *enoruz*, lequel signifierait, qui fait honneur. Valable s'exprime par : *goaranted.* Quelquefois on fait des adjectifs de ce genre, au moyen du préfixe, *e*, (en, Gr. *eu*, *Eupistos, persuasibilis*). Ex. *Edro*, variable, *egoll*, perdable, *egresc*, qui grandit vite. *E- verz*, vendable, facile à vendre, etc.

Comme on forme librement des adjectifs, qui sont en même temps des adverbes, on forme aussi des verbes au besoin en ajoutant au radical la désinence verbale : *pizenn pizenna, glizenn, glizenna, pizenned ar c'hoez varna.* Mais il faut borner ici ces remarques déjà trop étendues.

XXIV.

ÉTUDE COMPARÉE DU FRANÇAIS ET DU BRETON.

Quelle est la cause des préjugés qui font du breton une langue pauvre? Il ne faut la chercher que dans l'ignorance des faits déjà présentés, et dont l'énumération ne peut être que très-incomplète. Est-il étonnant, par exemple, que les langues littéraires ait tant de mots appelés adjectifs, quand on voit l'emploi qu'elles en font, bien entendu pour embellir le langage. Qui ne se rappelle ce frémissement argenté (d'Homère), ces timides supplications, ce silence recueilli, cette grâce attendrie... Souvent, pour exprimer deux idées, les langues artificielles feront de l'une un substantif et un adjectif de l'autre : — Son intelligente activité, — pour : — Son intelligence et son activité. Elles désignent par un nom substantif ce qui n'est qu'accidentel et par un adjectif ou modatif ce qui subsiste réellement : — L'outrecuidance parisienne, la sortie parisienne, le renversement social..... — Ces alliances de mots illégitimes en breton, le seraient également ailleurs d'après les lois rigoureuses de l'ontologie. En breton on dit bien aussi : *ar mod iliz-se, ar mod ilizou-ze, an uheldet tiez-se, a gavan brao. Al liou kezeg-se a glasker*, etc. Dans ces phrases, l'idée du mode prime ; mais le nom qui désigne l'objet réel ne prend pas la forme d'adjectif. L'abus de l'adjectif peut même aller jusqu'à compromettre la vraie doctrine. Où est celui qui, sachant bien le catéchisme, parlerait, avec l'auteur de l'histoire du Consulat, d'Eglise française?.. Si le breton n'a pas certaines beautés réelles ou de convention que les épithètes et l'abondance des adjectifs donnent aux langues cultivées, il ne connait pas non plus ces nuages gris que la réthorique interpose entre l'intelligence et la vérité. Il est de son génie de bien détacher chaque pensée, et n'aime guère à renfermer dans un mot toute une proposition. Un exemple : Nos saints patrons reçoivent ici bas un honneur particulier de leur patrie reconnaissante. Il est évident que ce dernier adjectif n'est nullement partie essentielle de l'idée principale ; c'en est plutôt une autre, dont le breton ferait une proposition distincte. De cette façon, chaque proposition ne peut dépasser la portée ordinaire de l'esprit, comme le chant naturel, antérieur à l'art musical, ne dépassait jamais l'étendue de l'accord parfait simple, (*ut, mi, sol*), et n'avait qu'une phrase naturelle proportionnée à la portée de toutes les voix.

Eu fin de compte, le breton a-t-il beaucoup moins de mots que le français usuel? Dans le dictionnaire de l'Académie de 1762 on comptait : 18,716 substantifs ; 4,803 adjectifs ; 4,557 verbes ; 1,634 adverbes ; en tout : 29,710 m. Si l'on appliquait au breton ses vrais principes, le nombre de ses termes devrait dépasser ce chiffre. Il en a cependant perdu une infinité, dont plusieurs se retrouvent dans les noms propres de lieux et de familles, comme, *gô, gov*, forgeron, resté dans *Kergô* ; *aven*, eau, rivière, dans *Pondaven*,

Kerfaven, pont sur eau, habitation sur eau ; *run*, colline, dans, *Runaven*, bien prononcé par certains vieillards, et que l'on prononce plus communément, désormais, *Runaoen*, colline près de la rivière. D'autres mots sont menacés d'une injuste désuétude, comme, *gun*, (héb. *pré?*) marais, autrefois plus usité qu'aujourd'hui, ainsi que le prouvent les *Keruscun, Kélergun, (Ker-ar-gun,)* que l'on trouve près des montagnes d'Arées aussi bien que sur les bords de la Manche. En quoi diffère-t-il de *prad*, de *guern?* Il y a en effet plusieurs mots dont la distinction n'est plus très-claire, parce que les indications fournies par les autres langues ne sont pas assez précises. Ex. — *Menez, are, (Ara), orn, (oron), roz,* (hébr.) *tarroz, bre, brenn, torgenn, run,* etc. La multiplicité de noms pour désigner des objets matériels, où la confusion n'est pas à craindre, n'a pas les inconvénients des synonymies abstraites des langues cultivées, qui déroutent les plus habiles. Elles contribuent à l'harmonie du langage plus qu'elles ne l'enrichissent réellement. Autrement le plus méchant écrivain de nos jours aurait une langue bien plus riche que celle de FÉNÉLON, où manquaient les 100,000 mots du supplément du Dictionnaire de l'Académie sans compter les additions au Dictionnaire lui-même. On a beau multiplier les mots, CHATEAUBRIAND rie de ceux qui croient au progrès du français. Selon eux, dit-il, le français et la raison on fait un pas depuis BOSSUET et RACINE. Quel pas? (Mél. littér.) On dit : développer, expliquer, élucider, éclaircir, éclairer une question. La dernière expression se trouve plus d'une fois dans un discours du chef du pouvoir. Que gagne la raison à ce luxe de mots signifiant la même chose. S'il nous faut tant de mots, serait-ce par ce que la correspondance des deux mondes, spirituel et matériel, le symbolisme qui fait la vraie richesse et la dignité du langage, échappe désormais à des esprits engloutis dans la matière?

C'est moins en effet le nombre que la valeur expressive des mots qu'il faut regarder. Les langues anciennes, même le grec, avaient peu de racines (500?) indiquant les idées fondamentales d'où sont venus les autres mots par voie de composition et de comparaison. Les neuf dixièmes des mots sont métaphoriques. Chaque mot à d'abord un sens physique, matériel. Ce sens radical, direct, d'abord simple et limité, s'étend peu à peu, en raison des analogies que l'esprit découvre entre les divers objets à mesure qu'il les connait mieux. La vive intelligence des choses supplée alors à l'abondance des mots, sans submerger la pensée. Ainsi, par exemple, le mot breton *corz*, désigne primitivement, directement, une plante aquatique, à la tige droite et creuse, qu'il ne faut pas confondre, comme on le fait en français, avec les glayeuls, appelées en bretons *raoz*, en bas latin *rauseum*, en allemand, *raus*. Par analogie, le nom de *corz, corzenn*, désigne tous les tuyaux, le tube vocal et même la voix. — *corzenn en d-euz.* Il a de la voix. — Il désigne également les faux cierges. On donne aussi ce nom à toutes les tiges en général, quoique non creuses. — *Ur boked corzenned brao.* Une fleur à la tige élégante. — On dit, en parlant du blé : *corzenna a ra an ed.* La paille se forme. (*Calamus, colo, canna.*) Le mot *calamus* signifie aussi flèche, lequel mot désigne, par comparaison, la partie d'un clocher terminée en pointe. Nos bretons intelligents, naturellement poétes, imagiers, l'appellent, suivant la même analogie, *corzenn*. Ceux qui connaissent le *corz*, savent si cette image n'est pas encore plus vive. — *Brava tour, pa vezo savet ar gorzenn!* (84 vl.). Malheureusement il faut compter plus encore avec les tracasseries des hommes à préjugés qu'avec les susceptibilités des savants. — Pourquoi, dit-on, ne pas dire, *beg*, tout simplement? — Pourquoi aussi, en breton, serait-il défendu d'obéir à cet instinct poétique qui fait la beauté du langage, et nous fait cotoyer les deux mondes visible et invisible. En français on pourra dire, flèche, par analogie, et en breton, quoique l'analogie soit plus frappante, on ne pourra pas dire, *corzenn*!! Au reste, *beg*, signifierait seulement, la pointe. Donc cette critique, avec son prosaïsme mesquin, porte même à faux, aussi bien que celle-ci : — *Bali an Né*. Avenue du ciel. — Pourquoi encore ne pas dire simplement : *Ent an Ee?* — *Bali*, signifiant chemin tout uni, et celui du ciel, d'après l'écriture, n'est rien moins ! — A part la question littéraire, il y a là erreur philosophique : on y confond l'essence d'une chose avec sa qualité ordinaire. L'un des auditeurs de cette critique le sentait bien, lui qui, peu de jours auparavant, faillit tomber dans une carrière creusée dans l'avenue d'un vieux manoir, et cachée par une guirlande de ronces. L'essence d'une avenue est d'être une allée aboutissant à une demeure. Que les ronces y poussent ou non, ce sera toujours une avenue. Aussi, en français, on ne se permettrait pas cette critique qui ne semble même pas d'accord avec ce qu'on nous enseigne sur l'état de l'âme dans la vie chrétienne par rapport à l'état de gloire. Enfin, *bali*, et *ent*, ne sont nullement synonymes : on ne dira pas, *bali an ifern. Eus va gvele e eünan anezo, e lavaran dezo pese labour da ober...* — Disait un vieillard grabataire : Je les dirige de mon lit, je leur indique le travail à faire. *Eüna* et diriger ne sont pas la même chose, — dirait encore le routinier, en dépit de l'évidence. Voilà comment une critique aveuglément tracassière peut faire paraître le breton beaucoup plus pauvre que le français. On conçoit qu'en réduisant la valeur significative de chaque mot on appauvrisse la langue. J'ai lu dans un Dictionnaire : *coaza*. Diminuer. Or, *coaza*, en latin *coquere, coxi*, en grec *caiô, causô*, en hébreu, *koe*, signifie, radicalement, bien cuire, et se dit spécialement des fluides. Par extension, ou dérivation, il signifie aussi, digérer, et plus souvent encore, diminuer, surtout en parlant des rivières, parce qu'alors le rapport avec le sens originaire est plus sensible. Enfin, on l'étend à toute espèce de réduction. Ex. *Ul leue bian daou viz dizoned, a zo gret e goaz* (*e goaza*) *ganta.* Un veau sevré depuis deux mois, (m. à m.) *a fait son diminuer de volume.* Cela ne peut-être compris que des éleveurs. — *Ar c'heuneüd a zo goall-goazed en dro d'e diegez, keh keuneuded pa grogas enna*, le bois à brûler qui entourait sa ferme quand il en prit possession, est bien diminué. *Prenn*, (en grec *premn*) bois, à fait *prenna*, verrouiller, fermer, etc. etc.

Ces exemples donnent à peine une idée des ressources de notre idiome. On a vu que les mots prennent souvent la désinence *enn*, pour passer au sens dérivés : — *calon, ca-*

onenn, etc. Les bretons n'aiment pas le néologisme, mais ils savent, au besoin, donner aux mots usités un sens dérivé. Un jour je fus surpris par la pluie sur le bord de la mer. — *Perac neket deud ho tisglavenn ganeoc'h ?* — Me dit une personne dont tout le langage avait le cachet des temps primitifs. Nos aristarques diraient que, *disglavenn*, veut dire abri naturel, et non parapluie. Ils ne veulent pas que le breton s'enrichisse par les mêmes procédés que les autres langues, ni qu'il jouisse même de ce qu'il possède. Cette personne ne se servit pas du mot *disglaveur*, parce qu'il y a un mot tout fait. Les parapluies étaient alors très-rares.

XXV.

SUITE DE CET APERÇU COMPARATIF.

Ce qui a le plus contribué au discrédit de la langue bretonne, ce sont les fausses idées des traducteurs qui ont voulu appliquer mécaniquement à notre idiome la grammaire apprise à l'école, à leurs yeux règle suprême du langage régulier. Pour eux, calquer et traduire c'est tout un. Voulant faire coïncider sur tous les points la langue interprète et la langue interprétée, ils ont fait des emprunts illégitimes, et, pour s'excuser ils ont imputé à la langue bretonne leur propre indigence. On n'a pas assez remarqué qu'un tel système trouverait pauvres toutes les langues ; car elles ne se rencontrent guère ni dans les tournures ni dans la valeur correspondante des mots. Cette raideur grammaticale, ce goût trop mathémique qui a, dit-on, fait perdre au français les facilités de style de l'ancien langage, a surtout été funeste au breton. Il l'a livré à l'invasion des locutions barbares, qui en seraient venus à bout sans sa force de *résistance* vitale.

Les anciens traducteurs bretons avaient soin, dans leur préface française, de justifier leur système en accusant la pauvreté de notre vieille langue. En 1710, alors que les vénérables organes de la pure tradition bretonne étaient si nombreux, M. LE BRIS, après avoir cité le témoignage des maîtres sur les difficultés de toute bonne traduction, ajoute : « Cela est bien vrai surtout en langue bretonne, qui est extrêmement ingrate et stérile. »

Il parait que le français ne l'est pas moins. Pour ne citer que l'imitation, que de traductions françaises de ce livre ! Avant 1842 on en comptait 60. On ne peut plus les compter, et chaque traducteur, à une nouvelle édition, refait entièrement son travail. Où sont donc les ressources d'une langue qui ne peut venir à bout de bien traduire un livre en apparence si simple? Il faut avouer que le breton est pauvre, disait un homme bien instruit, mais habitué, comme les autres savants, à ne regarder cette langue qu'à travers le français. A l'appui de son affirmation il proposa une phrase à traduire. — Rendez-la d'abord en bon latin, répliqua l'interlocuteur, et l'on verra laquelle des langues pourra serrer votre texte de plus près. Cette simple réplique lui en apprit sur la question plus que n'aurait fait une discussion à perte de vue. C'est qu'on ne remarque pas assez que traduire et calquer sont deux. CHATEAUBRIAND, dans sa traduction de MILTON, s'est imaginé que pour rendre son modèle il lui fallait sous le mot anglais mettre le mot français correspondant et ayant la même origine. D'après les connaisseurs, il a fait une œuvre bizarre. La passion du textuel frise toujours le bizarre, fausse le sens des phrases, et aboutit à un langage aussi grotesque que celui de ce Sieur C. ancien soldat de, l'Empire qui disait souvent avoir vu les quatre cornes du monde. (*Pevar c'horn ar bed*. Les quatre bouts). C'est comme si l'on traduisait cette phrase : *Darius in lœvo cornu erat : Darius* était dans la corne gauche (menait l'aile gauche).

Il y a des préjugés d'écolier qui ne permettent de voir aucune langue qu'à travers le français. Sous l'empire de ces préjugés il parut, il y a environ 50 ans, des traductions de quelques livres de S. LIGUORI, dont une surtout fut très-vantée. Elle calquait exactement le français. — *An ouvrach a behini e roer an draduction...* Voilà déjà deux mots à contre sens : *a*, faisant du mot suivant un génitif ; ce que le breton ne connaît pas ; *behini*, mot interrogatif, pour relatif ; deux mots étrangers, *ouvrach*, *traduction*... Dans une autre préface on lit : *A zo bet composet e gallec (!) gant S. LIGUORI*... Voilà où en était ce préjugé, que le français est la seule langue type !! Madame DE SÉVIGNÉ disait aussi que les bretons savaient pour tous mots français, *Pater, noster!* L'ignorance et le français ne sont pas inséparables. Faut-il donc s'étonner de la vogue de ce breton académique ou de cérémonie, qui tend à supplanter le véritable ! LE GONIDEC avait à compter avec ces préjugés absurdes, et il les a trop subis. Il a forgé certains mots, changé le sens de quelques autres : *Eur garantez vreureg ; eur skiant holleg ho deuz ; erbeduz int.* Ce qui est censé signifier : Ils ont une amitié fraternelle ; une science universelle ; ils sont recommandables. Ces termes sont évidemment forgés pour cadrer avec la phrase classique, adjectif pour adjectif, etc.

Ce n'est pas là ce respect de chaque langue, que CICÉRON donne pour règle suprême d'une bonne traduction. D'après les maîtres, mieux vaut périphraser que de manquer à cette règle, qui n'est ainsi violée que par les traducteurs bretons. Voyez les traductions modèles, de l'édition PANCKOUCKE : on y sacrifierait plutôt une proposition que le génie de la langue française, pourtant si mobile.

Le système de calque, contraire aux lois constitutives des langues, l'est aussi à l'essence de toute vraie traduction, qui est d'être fidèle de sens, d'allure et de couleur. Les bons traducteurs rendent, autant qu'ils le peuvent, les idiotismes par des équivalents, les images par des images analogues, si les images identiques répugnent à la langue interprète ; et pour n'en pas blesser les susceptibilités, ils se contentent quelquefois de rendre la pensée. Par ex. Le sang ruisselait, — ne serait pas mal rendu par : *Ar [goad a boullade;* bien que — *Ar goad a rede,* — soit aussi breton ; plus littéral. *Ar goad a ruille,* — serait peut-être la vraie traduction bretonne.

9

Traduire , c'est substituer le mécanisme d'une langue à celui d'une autre langue. Traduire en breton, par exemple, s'est rendre en cette langue les pensées d'un auteur comme les eût rendues un breton bretonnant s'il les avait conçues lui-même : ce qui ne s'appelle pas calquer. Dans une traduction, une extrême fidélité est une extrême infidélité. (DELILLE). Aussi le P. BRESCIANI lui - même regrettait que ses traducteurs s'attachassent trop au mot à mot au lieu de rendre par des équivalents le génie de chaque langue. Vouloir copier un auteur trait pour trait, c'est le défigurer, et calquer une langue sur une autre est une absurdité.

La difficulté de bien traduire vient de la différence du mécanisme de chaque langue. Le latin, par exemple, aime les périodes longues et harmonieuses. Le français veut présenter un sens moins suspendu ; ménage des repos qui aide l'esprit à suivre la pensée ; et s'il conserve aux périodes l'unité qui en fait la vie, cette unité est plus dans l'esprit que dans les mots. Les particules conjonctives ou pronominales, les liaisons qui contribuent tant à l'harmonie de la phrase latine, se suppriment en français quand le sens n'en est pas modifié. Ceux qui ont traité la matière *ex professo*, font observer que les traductions françaises qui ont le plus renoncé à conserver les pronoms relatifs sentent moins la traduction. Si les savants connaissaient la vieille langue des Gaules, ils verraient ici une autre preuve de son influence sur le français. Point d'effet sans cause. Un traducteur partisan de la rigoureuse littéralité, jusqu'à être quelquefois plus qu'inintelligible, (GLAIRE) avoue lui-même que son système admet quelques substitutions de mots, dont la plus ordinaire est la substitution du nom au pronom. On met aussi le singulier pour le pluriel. CICÉRON, dans ses lettres, parle de lui-même au pluriel, et des traducteurs estimés y substituent le singulier. En breton, d'après le génie de la langue, il faudrait faire de même pour être bien compris ; par exemple, dans la traduction d'un mandement, à moins que la force des idées convenues et obligées ne s'y oppose trop.

XXVI,

QUELQUES EXEMPLES.

Quelques exemples pris au hasard éclairciront ce qui précède. Suppression du pronom relatif ; substitution du nom au pronom, au verbe, — du verbe ou nom, etc. — *Si volet usus, quem penes arbitrium est et jus et norma loquendi.* Si l'usage le veut, l'usage seul maître, règle et arbitre du langage. — *Quarta extat causa, quæ maxime angere atque sollicitam habere nostram ætatem videtur, appropinquatio mortis, quæ certe a senectute non potest longe abesse.* Voici le quatrième grief et l'endroit sensible des vieillards : la mort est proche, et en effet il faut bien que la vieillesse en soit voisine. — *Ar pevare abeg er gosni, ac a laca diez ar re en om oad-ni, co ma tosta ar maro ; ac en-deûn, neket erit beza pell diouz ar re goz.* Cic. *Cur mortem horreamus, quæ assidua sui memoria nos ut meliores simus admonet.* Pourquoi appréhenderions-nous tant la mort, puisque le souvenir continuel de la mort nous avertit de mieux vivre. *Perac om befe kement-se a aoun rag ar maro, p'eo ar zonj eus ar maro kemennadurez deomp da zont gvelloc'h.* — *Hic ver assiduum...* C'est en Italie qu'il y a un printemps éternel. *E bro'n Itali eo ema atao an nevez-amzer... Verum hæc...* Mais la ville de Rome, etc.

On rend souvent l'abstrait par le concret. *Quanta maris pulchritudo!* Que la mer est belle! *Ac ez eo caer ar mor?*

Les expressions figurées, qui ne sont que de courtes comparaisons, sont les plus difficiles à traduire, parce que les langues ne se sont pas éloignées dans la même mesure du sens naturel des mots. Le breton s'en est le moins éloigné, parce qu'il a été moins cultivé. Aussi pour rendre les expressions figurées, il exprime brièvement l'idée de comparaison, par ces mots ou autres : *evel, evel pa lavarfen...* Souvent le français ne peut faire autrement : — *Irrigandum est ingenium.* L'esprit est comme une terre qu'il faut arroser, *ar spered a c'hoarv ganta tro an douar, a ranc beza doured.* Saint Augustin se sert de la même expression, en parlant de la méditation. *In cervicibus bellum est,* la guerre nous menace. Rien n'empêche de conserver la figure en breton : *Ar vrezel a zo aziouz om penn;* aussi bien que dans cette phrase : *Sola Virtus expers sépulcri,* la vertu seule ne meurt pas. *N'euz nemet ar vertuz ha ne d-a ket d'ar bez* (*d'an douar — d'ar vered*).

Tous ces exemples sont empruntés à des auteurs déjà anciens. Que serait-ce donc si nous ouvrions au hasard un volume des traductions modèles mentionnées plus haut! Nous y verrions ce pronom relatif, prétendu essentiel, continuellement supprimé; le participe remplaçant un autre mode du verbe, le présent rendu par l'imparfait, le plus-que-parfait, etc, etc. On voit, en un mot, que les traducteurs qui passent pour avoir eu une connaissance réfléchie de chaque langue, n'ont pas visé à cette littéralité grammaticalement rigoureuse, qui parait être l'idéal de la plupart des traducteurs bretons. Quel soin, dans les auteurs français de la propriété des termes! Quel respect de leur langue! Qu'il y a loin de cette susceptibilité délicate au sans façon des nôtres! Voici une invitation à dîner : — *Ille promisit.* — *Canius promit.* Mieux, d'après les maitres : *Canius accepta.* — Encore le nom à la place du pronom. Et puis, où est le rapport d'identité entre promettre et accepter? C'est qu'il faut remarquer de quoi il s'agit, et consulter le génie de la langue. — *Ab ovo ad mala.* Depuis le premier service jusqu'au dessert. Quelles sont, dans la phrase latine, les mots signifiant, premier — service — dessert? Quelquefois même les mots mis en regard se contredisent : *Medici experimenta per mortes agunt,* dit Pline. Les médecins font des expériences aux dépens de nos vies. *Ar vidisined a zezc skiant divar goust buez an dud.* *Favete linguis :* Faite silence. *Favete,* faites?

On le voit, si l'on tenait compte de la latitude qu'on est obligé de prendre pour bien rendre le latin en français, malgré l'étroite parenté des deux langues, et surtout de l'âpre et vigoureux travail qu'exige toute bonne traduction, on trouverait faible l'excuse des traducteurs bretons qui n'accusent que la pauvreté de leur langue. Leurs traductions n'ont évidemment rien coûté ; Or , en voici une en français à laquelle on a travaillé pendant 30 ans, et que l'on juge imparfaite (VAUGELAS). Si l'on pouvait secouer le joug de certains préjugés, et triompher de certaines habitudes d'oreilles et de pensées , ou de cette routine de collége qui fait l'opinion , on verrait que les ressources de notre vieille langue, telles qu'elles se conservent encore dans la vraie tradition , sont plus grandes que ne le pensent certains esprits ou prévenus ou mal instruits de leur légitime étendue. On reconnaîtrait que la traduction en breton des écrits les plus sérieux ne seraient pas impossible, attendu qu'une version minutieusement littérale , prêtant à un bon écrivain un mauvais langage , n'est pas une vraie traduction ; mais une trahison (pour rappeler un jeu de mots italien). On ne trouve le breton si pauvre que parce qu'on veut l'impossible. — « J'ai dit, et ne saurais m'en dédire, par une trop personnelle expérience, la traduction la plus exacte, la plus heureuse, ne saurait approcher de l'original. On doit se contenter de le rappeler de loin et comme par un reflet... » Henri DE RIANCEY en parlant ainsi ne s'en prend pas à la pauvreté de sa langue.

Finissons par quelques phrases des plus difficiles. Que celui qui en trouvera la traduction bretonne très-défectueuse en essaie une en bon latin. Cette langue au moins n'est pas pauvre.

Dieu est notre fin dernière. Le création n'est pas un terrain assez solide pour s'y fixer définitivement. Il faut la traverser pour aller jusqu'au but. Là, en Dieu, est notre patrie, partout ailleurs nous sommes étrangers. Là est le foyer où le bon accueil nous est assuré, si nous accomplissons les conditions que notre Père céleste a mises à notre bonheur. Ce sera alors le beau soir où l'homme se reposera pour jamais de ses fatigues, le soir plein de parfums et de fraîcheur, où la création dorée des rayons du soleil couchant, se revêt de sa beauté finale.

Au ciel, Dieu se communiquera à nous, et se reflétera dans nos âmes béatifiées ; il semblera en quelque sorte se multiplier en autant de divinités qu'il y aura d'âmes béatifiées. (P. Less.) C'est ainsi que, par une belle matinée d'été, chaque petite goutte de rosée sur le vert gazon devient comme autant de petits soleils reflétant le grand soleil du firmament.

Telle est notre nature, que nous avons besoin, pour reposer notre esprit sur la pensée du ciel, de voir dans ces images un reflet des beautés du Paradis. Par la même raison, nous avons besoinde nous familiariser avec le symbolisme du culte catholique, cet enseignement permanent si nécessaire aujourd'hui, que la génération échappe à tout autre enseignement religieux... Il est difficile d'exagérer la valeur de ces choses, dont on fait si peu de cas; comme il est difficile d'exagérer le malheur de vivre hors de la vraie église, qui est la seule arche de salut...

E Doue ema ar penn diveza, ar penn finissa deomp. Ar bed croued neket stard avoalc'h dindan an treid da ziazeza da-vad enna (en aviz choum). E dreuzi a ranker evit mont da benn. Eno, e Doue, ema om gvir vro. E peb leac'h all tout ômp divroidi. Eno, e penn uhella an ti, sur om bezo loj ha digemer mad, mar sevenomp kement en d-euz divized om tad en Ee evit rei deomp an eürusdet. Neuze eo e vezo deuet ar pardaez caer, d'an dud da repozi, da ziscuiza evit biken, ar pardaez ac an oll æzennou c'hoez-vad ha freskizenn ; ac ar bed croued-ma evel alaouered edoare da guzeol, ac o visca e vrava liou d'en em ziscuez en difin en e gaerra.

En Ee, Doue en em lacaï unan ganeomp, ac a vezo evel o para en on eneou pa vint en o eürussa. En em lacaat a rai coulz lavaret evel pa ve ken aliez a Zoue ac a ene en o eüruz (P. Less). Evel en ur mintinvez caer, en anv, ar beradigou gliz var ul letonenn c'hlaz a deu edoare eoligou bian, eol braz an naob o para enno.

Evel ma z-omp, eo natur deomp caout izom, evit delc'her om spered var ar zonj eus an Ee, da zellet ouz ar skeudennou-ze evel pa ve enno ar scleur eus doareou caer ar Baradoz. Setu perac ive on d-euz izom da voaza lacaat evez ouz ar sinou a reer, evel scuer dirag an daoulagad er mod enori Doue en iliz catolic, ac a zo ur scol a gendalc'h atao, ac a zo kement a izom anezi en amzer vrema, ma tec'h ar rum dud a zo var an douar diouz peb scol all var ar relijion.

Diez eo lavaret re var ar pez a dalv an traou-ma, a reer ken nebeud a van anezo ; evel m'eo diez lavaret re var ar maleur ma eo beza o veva er meaz euz ar gvir Iliz, an ini, evel arc'h Noe, n'euz ken savete nemet enni...

Autres traductions : Da gaout Doue en difin tout eo red mad deomp biza. E Doue eo red mad deomp digouezout goude kement zo. Doue eo penn diveza an ent deomp... etc. etc.

Il y a plusieurs manières de traduire ces phrases, et toutes celles dont se compose le langage. On ne prétend pas donner ici des modèles. Terminons par une liste alphabétique de termes scrupuleusement empruntés au langage vivant et quelques phrases caractéristiques de la langue bretonne.

PETIT GLOSSAIRE

ou

SUPPLÉMENT aux DICTIONNAIRES BRETONS

A

A, exprime différents rapports. En breton il est souvent signe de liaison, et remplace ce que les grammairiens appellent pronom relatif, etc. Ex. *Tud iaouanc a vezo dibreder en em dôlo da voaf ober*, les jeunes gens qui sont oisifs s'abandonnent au mal. D'après ce que je vois, *var a velan*. Il est souvent purement euphonique. Dieu sait, *Doue a voar*. Un homme infernal, *un ifern a zen*; pour *Un den ifern*. Comme préposition, il marque, en français, rapport à un but; comme le latin et le breton, *ad, da*. Devant un mot, il fait une sorte d'adjectif ou d'adverbe. Il est convenable que tu ailles le voir, *a zere eo dit mont de velet (dereaf)*. Il vous est commode, il est à votre commodité d'y aller, *a-dro eo deoc'h, a-dro, a-roud emaoc'h da vont*. *A-dro*, signifie aussi, oblique, obliquement; circulairement; comme, *a-rond, var rond*. *A-du*, qui peut s'adapter à, disposé à. Quelques-uns commencent à y ajouter le sens de, partisan de; ce que les anciens bretonnants expriment mieux par, *en un tu gant*; du même côté que. En effet, une chose peut s'accorder avec une autre, s'y adapter sans être du même côté. — *A-gam*, en courbe. *A-boez emaïnt*, ils sont en équilibre. Se dit aussi au figuré. *A vouez emaint*, leurs voix s'accordent. *A-vent, a oad, a zanvez, e peb ent e erruont mad*, pour la taille, l'âge, la fortune, sous tous les rapports ils vont bien ensemble. *A-vel*, visible, visiblement. *A guz*, secrètement. *A ruz, a drein, a ruzou*, traînant; ou, en se traînant à terre. *A zoug*, est l'opposé. *A-gass*, impétueusement. Ces exemples font voir comment le breton forme au besoin, et sans néologisme, des espèces d'adjectifs ou d'adverbes. On en pourrait étendre indéfiniment la liste : *A scuill, a ver, a zil*, goutte à goutte. *A zee gvetch eo paed*, il est payé, indemnisé au décuple. — On commence à l'employer comme équivalent à la préposition latine, *ex*, qui n'est pas synonyme de *ab, à*, comme on a l'air de le croire. Le latin *ex*, et le breton, *eus, ex*, sont le même mot modifié (Esc). Un *a* euphonique s'étant introduit, en breton, a fini par supplanter la véritable préposition, surtout dans le style précieux. Je reviens de Paris : *Eus Paris e teuan. Eus a Baris; a Baris*. Il y a plusieurs locutions françaises où l'*a* entre; mais elles sont le plus souvent sans analogie avec le breton. Ex. Un homme à cheveux blancs, *un den bleo gvenn (deza)*. Une charrette à deux chevaux, *ur char daou loen*. De ces exemples il est facile de déduire des principes et de les appliquer aux analogues.

Abaissement. Dépression, enfoncement sur la surface d'un terrain. *Izelenn*. Les subtilités des lexicographes pour établir, au moral, une différence entre : abaissement, bassesse, abjection, etc. sont difficiles à concilier avec le français de Bossuet: et il en est de même d'une foule de synonymies.

Il faut, ordinairement, pour exprimer les noms abstraits, recourir à un nom concret, verbe ou autre. — Que S. Pierre était pénétré des grandeurs et des abaissements de son Maître ! (Bossuet met, bassesses). *Pegen doun e lekee S. Per en e spered e Vestr, ac en ken braz, lakeed ken dister !*

Abaisser. *Izelaat, direz, discar*. — Rabaisser, humilier, avilir, ravaler. Même remarque que devant, applicables à toutes les subtilités synonymiques, auxquelles répugne la franche nature du breton, qui se contente de marquer les différences réelles et saisissables. Ex. Les imperfections abaissent, et les crimes avilissent, *ar mancouigou a zistera an den ac an torfedou a berzisçar, (a berzizenor, a sclabez aneza)*. On voit que, s'il n'était question que de multiplier les mots pour varier le langage, le breton s'y prêterait; mais ce vieil idiome n'a jamais été ni un jeu de l'esprit, ni une distraction de l'intelligence, mais seulement l'explosion simple et naturelle de la vérité.

Abandon. Mot entré dans le langage breton malgré sa forme allongée, quasi étrangère par conséquent. Au reste, il y entre un élément breton, *bann*, d'où le latin *bannum*, proclamation, appel sous les drapeaux. Action de jeter, de livrer à tous. *Banned eus e di, banned en ear; E dreid er vann*. Lancé de chez lui, jeté en l'air. Les pieds en l'air.

Abandonner. (s') au désordre. *En em dôler d'an dizurz*. A la volonté de Dieu, *lezel botontez Doue da ren*.

Abattement. Voyant son abattement, son affaissement, *o velet aneza en em lezed oll; falgaloned tout*.

Abattre. Le vent s'est abattu, *an ovel a zo siouleed, taved, amened*. Une volée de pigeons s'est abattue sur le blé, *ur vandenn dubeed a zo plaved var an ed*.

Abcès, et ses suites. *Gorad*.

Abhorrer. *Caout éuz; éug, eughi*.

Abject. *Divalo mez*.

Abnégation. *Bezâ dizamant, enebi outa e-unan; sevel eneb deza e-unan, buz e volontez e-unan*.

Abois. Il est aux... *Echu eo. Eat eo bet'r mouch. Betec ar zachadenn diveza*.

Abolissement. Abolition, abrogation, etc. Plus cela change, plus c'est toujours la même chose, pourrait-on dire. Il est question de l'abolition de cette loi. Un auteur connu traduit : *Komz a reeur eus a dorridigez al lezenn-ze*. *Torridigez* se dit d'exercices durs et fatigants. La vraie traduction serait : *Ano a zo, meneg a zo, count a zo da derri al lezenn-se*.

Abominablement. *Gant argarzedigez*, — dit le même. Il faut dire : *Euzuz*. L'adjectif sert d'adverbe.

Abomination. C'est une... *Edz eo. Udur eo.*

Abondamment. L'eau coule... *An dour a red teo* (h. l.) Il pleut... *Glao a ra puill.* (Gr. *polus*).

Abondant. *Founnuz. Cre eo an dour,* l'eau abonde.

Abonnement. Mon... va finir, *va bloaz cazetenn a zo var an echu ;* — *a finisso dizale.*

Aboutir. *Tenna da.*

Abréger. Pour... *Evit diverra ; crenna caoz; troc'ha berr.*

Abreuvoir. *Poull-doura.*

Abri. *Goudor* (signifie aussi, qui abrite). *Goudorenn. Goasked.* Se mettre à l'abri. *Goudori,* (signifie aussi, abriter). Dans de certains lieux, long-temps inaccessibles au français, on appelle *bri, vri,* les rochers élevés qui abritent les pêcheurs de goëmons qui attendent la marée. Serait-ce l'origine du mot ?

Absorber. *Eva.* La terre a promptement absorbé l'eau, *an dour a zo bet punsed buan gant an douar.*

Abstrait, remplacé en breton par le concret. Voir plus haut. Autre Ex. *An diréüz, diretiza deu deza,* il ne sera pas toujours si délicat.

Abyme. *Isfound.*

Abîmé dans la mer. *Coezed en doun-vor.* Cette maison mérite d'être... *An ti-ze a dlefe beza pomped, lumped.*

Accablant. *Beachiuz, torruz,* Un long voyage à cheval est... *Choum pell da ober ent var varc'h a zo mantruz.*

Accablé. Il est... *Dindan ar beac'h — e goasc emae.*

Accapareur. *Mohomeur* (comme Mauomet?) *Rasteller, alloubeur, sacheur d'e du.*

Accent. Je le connais à son... *Diouz e c'her en anavezan.* Avec l'accent de la douleur, *gant ur vouez ankenied.*

Accentué. Avec un sentiment de crainte accentué de mauvaise humeur, *aoun deza, ac aned oa droug enna.*

Accepter. *Caout mad, assanti, rei e assant.*

Accès, de douleur. *Caouad, caouadou poan ; Goasoad, goascadou ; goascadenn, goascadennou; frapad, frapadou poan.* Qui vient par... *A vareadou, mareaduz ; barraduz, a daoladou.*

Accident. *Goall-dro. Darvoud.* (*Droug-lam*).

Accidenté, de bois, de montagnes... *Disevel dre ma seller, coadou, menezou...*

Accidentel. *A zo da zigouezout a-veichou. Diouz ma tigouez. Diouz ma vez. Diouz ma teu. Er meaz a gount. A deu dre chans. Ar pez n'emd ket a-benn en un dra. Da eil. Da eûl.*

Accessoires. *Ar reizou. Ar prestou-all.*

Acclimater. (Naturaliser). *Goenna. N-ômp evit goenna ini ebed ; tout e varvomp,* nous n'en pouvons acclimater aucun...

Accommoder. Je ne puis m'... à son humeur. *N'oun ket evit (en em) aela ganta.*

Accomplir. Il est négligent dans l'accomplisse-

ment de sa promesse. *Fall eo — lezireg eo — da zeveni — da zevenout — e c'her ; — e bromessa.*

Accord. Vieux mot, d'une origine douteuse. Le breton n'a pas d'autre mot pour signifier traité, convention ; si ce n'est, peut-être *diviz.* Comme plusieurs mots bretons, il est adjectif et nom. *Accord int.* Ils sont d'accord, *Accordi, en em accordi a raint,* ils s'arrangeront. On dit, *cordi, cordi,* pour, sympathiser.

Achalander. *Ober ostizien. Ostiza.*

Achever, de ruiner, *perrivina, pergass* ; de démolir, *perziscar, perzispenn.* Toute idée d'achèvement peut s'exprimer ainsi, moyennant le préfixe, *per,* qui est commun à plusieurs langues anciennes.

Acquérir. Jusqu'ici il était acquis qu'on doit... *Bete vrema e lakeat eo dleed...*

Achever, finir, terminer. On achève ce qui est commencé en le continuant ; on finit ce qui est avancé ; on termine ce qui ne doit pas durer en le faisant discontinuer. Voilà comment, en français, on essaie de distinguer le sens de chacun de ces mots. Une dernière fois pour toutes : il n'est pas du génie breton de tant subtiliser. *Achui, finissa,* ont prescrit. Le dernier peut être d'origine bretonne. (V. l'hist.)

Acte, action, œuvre. *Ober. Taol.* L'action se désigne par l'infinitif qui l'exprime : *Ar medi,* la coupe des blés. J'en ai fait l'examen, *ur c'homprena am euz great deza ; (ur c'hompren).* Souvent en effet, l'action s'exprime par le simple radical, sans la terminaison de l'infinitif : *Lez da gri, da freuz, da fouill, da gemeso, da solabez d'ar foenn-se...* Cesse tes cris, tes bouleversements, etc. Cesse l'éparpillement de ce foin. *Eno ez euz bet dreb, sach, deo...* Ces exemples servent à donner une idée du génie de la langue. La morale en action, *ar c'hentellou fur ac an oberou.* C'est une douce satisfaction et une jouissance de voir partout la religion en action, disait un marin sage. *Ur joa eo ac ul laouenedigez gvelet e peb leac'h al lezenn gristen c'hren en dro, eme an den a vor, ac é fur.* — *En e zro,* signifierait, s'en allant.

Activer. *Lacaat err, cass, en un dra. E lacaat da vont en dro. Lacaat tis.*

Actuel. Le temps... *An amzer vrema.* Ni l'usage, ni l'essence de l'adjectif n'y veulent un *a* euphonique.

Adapter. *Lacaat a du gant... d'en em gaout par gant... da aela... da droada gant...* (Express. figur.) Ce couvercle s'adapte bien, *cloz e tiazez ar golo var ar pod.*

Adjectif. Voir ce qui en a été dit. Autres Ex. Un champ tout fleuri. *Ur parc bokedou dreiza tout. (Ur vioc'h penn gvenn, kerniel hir. Listri brezell. Milin-vor. Milin avel. Lard evel ur pennoc'h milin. Danjer eo fiziout enna. Neket enor beza nez deza...* Voir, à la lettre A, les locutions adjectives.

Adjuger à... *Stoca. Steki ouz.*

Adjurer. *Lacaat var e le.*

Administration. *Gouarn. Domani.* Mots adaptés au breton par la suppression de la désinence étrangère à la langue. Il a l'administration (la gestion) de tout, *ne reer netra nemet dre e zorn. Ganta ema an domani.*

Admirer. *Ober mars var.* (h. et b. Léon.) *Caout caer. Estlami,* est plus qu'admirer.

Adorable. *Adored, meuled ra vezo; Azeuli*, signifie supplier, importuner à force de supplie.

Adoucir, la rigueur de la loi, *souplaat al lezenn*. Le temps s'est... *An amzer a zo torred, soupleed, boukeed*. La neige va adoucir le... *An erc'h a dorro an amzer, a zouplai...*

Adresse. *Ampartis, ijin*. Recourir à l'... *Ijina*, adroit. *Ampar, Dourdis, (Dorn-tis ?)*

Adverbe. L'... s'exprime par l'adjectif simplement. La préposition, *var*, avec un nom ou un adjectif, forme aussi des adverbes : *Var e lent*, timidement. (m. à m. sur son timide). *Var e zouch*, à la sourdine. *Var e groum, var e dort*, en se courbant (V. A.)

Adversité. Tribul. Mot latin, sauf la forme; comme *domani, soulaz, etc.* Il éprouve continuellement quelque adversité, *ur stourm bennac en deveuz dalc'h-mad* (B. L.)

Affaiblir. Sa maladie s'est... *Torred eo e glenved. Torred eo ar boan varna*, sa douleur a diminué.

Affaire. Il est difficile d'avoir affaire à lui. *Diez eo caout da ober ganta; outa. Diez eo caout ober vad ebed diouta* (b. L.) Comment va l'... *Penaoz ez d an dro?* Il a beaucoup à faire pour égaler son père, *ur goall-ober en d-euz evit mont keit ac e dad, e roudou e dad.*

Affaissement. Tomber dans l'... *Puca, puga, plada, en em laosker, en em lezer.* (En héb. *poug, pug,* défaillir), par l'âge. *Crouma,* (allem. *crum,* lat. *curv.*)

Affermir. J'ai peine à croire que le monde puisse encore s'... *Beac'h em euz o credi e ve ar bed dress avoalc'h; stard avoalc'h, ferm avoalc'h, ken...* Le radical, *ferm, firm*, appartient à la famille des langues occidentales. Autrement il n'eût pas été si usité dans des lieux tout-à-fait isolés, où naguère la langue celtique était seule connue. Il en est de même d'une foule de mots, généralement monosyllabiques, regardés à tort comme étrangers au breton.

Affliction. *Calonad.*

Affluance. *Tolb braz a dud ; foul (Turba).* On prononce souvent, *tor. Ingroz.*

Affranchi. *Distrob...* (v. dégagé).

Affront. *Affronteri,* m. importé. *Mezadenn, viloni* (b. l.) *viltans, vileni.* (M. Le Br.)

Agitation. *Cas. Fourgass.*

Agiter, (une potion par ex.) *Stravilla. — Hoja.*

Agréable. *Plizaduruz, festuz.* (S. P.)

Agresseur. *A grog da genta, kenta croged.*

Aider. *Sicour.* Mot nécessaire. *Scor,* signifie appui.

Aigre. *Trenc.* Parler avec aigreur, *caozeal trenc.* Devenir... *Trenca.* De plus en plus... *Trencaat.* (gr. *trehó.*)

Aimable. *Carantezuz.* Qui signifie plutôt, aimant. — *Da veza cared.* La désinence, *able,* n'a pas d'équival. en br.

Aimant. Qui attire le fer. *Mean-touch.*

Aimer. *Caret. Caout joa ouz... ;* héb. *kara:* gr. *kairó,* avoir de la joie; l. *carus.* — Identité de la joie spirituelle et de la charité. 2-2. q. 28. — *Caout joa ouz...,* pour signifier, aimer, est une expression profondément philosophique, prise toujours en bonne part. Comme toutes les expressions qui ne se prêtent pas à une traduction littérale, elle était exclue de tous les livres bretons antérieurs au Traité des Indulgences de M. A., qui, le premier, a osé employer le véritable breton. On ne dit, en bon breton, ni *caret,* ni *caout joa,* en parlant des aliments. *Caret ar iod,* serait ridicule, si la manie de calquer le français ne nous avait habitué à ce langage nouveau, qui me répugna la première fois que je l'entendis (à B.) Auparavant on disait : *caout mad.*

Air. On y respire l'... *Eno e erru an amzer, ear an amzer, (an ear ?)* On y manque d'air, *eno eo bac'h.*

Aisselle. Conduire en appuyant l'... *Cazela (cazeilla).*

Ajourner. *Apell. (Aspell, pellaat, pellere).*

Alerte. *Iscuit. Frinkig.*

Aller. S'en... *Trei e zeuliou.* Allez-vous-en, *it er bale, baleit ; it en ho tro. (Valeas).* Il s'en va (peu-à-peu), *o-h en em denn ema.*

Allonge. *Stagadenn.* (h. L.)

Altéré. Qui a soif; ne vient pas du latin ; pas plus que le breton, *alter, altered.* Il ressemble à, *erder, arder ;* qui a pour synonyme, *fô* (ardeur). *Altered, itiked,* sont très-usités partout. Au moral : passionné pour les jeux : *altered da vont d'ar c'hoariou. — Alteri,* délirer. Synonyme : *Ambren.* Qui altère, altérant : *Sec'heduz.* Sujet à l'être : *Sec'hedig.*

Alterner. *(Cana,)* bep-eil ; *eila ouz un all.*

Amarre. *Amar, emer.*

Amarrer. *Amarred a zle, a fallagriez...* Cousu de... *Emerren. Amarra.* (h. et b. L.)

Amasser. Ils s'... dans les cabarets, *a-vern ez eont en tavarniou.*

Ambition. *Ioul. Egar sevel ;* qui a de l'... *Iouleg,* qui signifie aussi, avare.

Ambulant. *Red.*

Ame. *Ene,* masculin en breton. Au point qu'il en rendait l'âme, *ken na venne ar vuez mont a-neza.*

Améliorer. *Digass vad en un dra.* Il s'est... *Vad a zo deued enna.*

Ameublir la terre. *Rouessaat, bloda an douar.*

Amortir. *Terri.* L'ardeur de la fièvre, *diflamma, distuna, terri an dersien.* Le coup (le menu plomb) s'amortit dans la neige comme dans l'eau, *abafi a ra an tenn, (an draje) en erc'h, evel en dour.*

Ample. Vous demandez un peu trop, *amplic a c'houlennit ; ampl.* (Remonter aux origines communes, *ombrienn. etrusq. celtiq.*) Opposé à *prim, berr ;* ou *scord,* mot ancien, encore usité, et qui répond au lat. *curtus,* à l'angl. *short,* à l'all. *kurz.*

Analogie. *Enevel.*

Analogue. *A denn da... var...* En d-euz un *tu evel...*

Angle. A l'... du mur, *e pleg ar vur, ar voger. Moger* se dit en parlant d'un édifice.

Angélisé. Les corps engelisés des saints, *corfou ar zent eat (evel) da elez.*

9

Animer. *Lacaat buez, tis, finv.* Le vent animait le feu, *an avel a lakea an tan da folla.* Il est animé contre moi, *malissed eo ouzin.*

Animosité. *Goalissi.*

Anneau. *Lagadenn, maill, rillenn (ruillenn?)* Express. prov. *Ouz ur rillenn fall em euz staget va merv'h,* je me suis engagé où je n'aurais pas dû... Il s'agissait d'une discussion. On dit à peu près dans le même sens : *En ur vodenn fall oun eat da graona.*

Année. Laissez-moi abattre autant d'arbre que je pourrai en une... *Va lizt da ober ur bloavezad discar grez. Bloavezad (bloavëziad),* signifie encore ce que produit une année. Toute la levée, *tout ar bloavezad.*

Annoncer. *Kemenn da. Rei keal, rei kelou...* vieux lat. *calare.* (Varr.)

Annuler, infirmer, casser. *Terri, nulli.* (v. au m. ample.)

Apaiser. *Calmi, ameni.* Alors il se calma, *neuze e calmas, e amenas, e aflas deza.* Le radical, *calm,* appartient à la famille des langues européennes, sans être, paraît-il, tout-à-fait étranger aux langues sémitiques (héb. *schalm*). *Calmit! calmez-vous!* Quand un verbe est réellement ce qu'on appelle intransitif, la véritable langue bretonne ne lui donne guère de régime, comme fait souvent le français, en faisant des verbes pronominaux. On dira, il est vrai, quelquefois, *en em ameni;* mais cela signifie alors, non pas simplement s'apaiser, mais faire effort sur soi pour s'apaiser. *Ameni* ressemble au français, amener, que les marins emploient dans un sens qui se rapproche du breton, surtout quand ils disent, amener, caler la voile, pour signifier, s'adoucir, se modérer. Le mot, *améni,* est usité dans ce sens, depuis les montagnes d'Arées jusqu'à la Manche, et dans des lieux très-isolés, long-temps inaccessibles au français. C'est un très-vieux mot. Il peut être breton, quoique son radical ait deux syllabes. *En em ameni a raan ; clask a raan terri va droug,* je me retiens, je tâche d'apaiser ma colère. *Pa amen un dra, ur boan, e teu un all,* quand une chose fait moins souffrir, il survient une douleur nouvelle. *Afli a reas aneza ; e ament, ô caozeal brao deza,* il l'apaisa par de belles paroles.

Aplanir, Aplanissement. *Plena, compeza.* Au figuré ou au moral, on dit : *Spered an dud clanv a rano beza dalc'hed plean,* pour dire qu'il faut lui épargner les émotions fortes.

A-plomb. Il a perdu son... *Colled en d-euz e plomezon.* D'a-plomb, *plom, a-blom, pic, a-bic, sounn, a-zounn.*

Apostolique. L'homme . . . *An den abostol.* (Marigo). On dit plus souvent *apololic,* qui signifie petit apôtre. La routine empêche de voir que ce que l'on appelle adjectif n'est souvent qu'un mot complétant un autre mot, comme on le voit dans le véritable breton, encore parlé par plusieurs.

Apparaître. *En em lacaat a-vel, dirag... En em rei da velet.* — *Difoucha;* en parlant d'une chose cachée (h. l. et b. l.)

Apparat. *Digor, digorou ; dirogadur.*

Apparence. *Doare, tress, gvel.* Elle paie moins d'apparence (de mine), *nebeutoc'h a vel e d-euz ;*

nebeutoc'h a zoare. Si je voyais quelque apparence d'y pouvoir vivre... *Ma veen a-vel da gaout va bara eno...* Il y a probabilité (pour lui) que... *A-vel ema da...* (h. l.)

Apparition. Une... *Ur gvel.*

Appartenance. *Ar pez a gleo ouz...*

Appeler. *Crial ouz...* (héb.) On vous... *Unan bennac a zo o crial ouzoc'h.* — Appeler se prend aussi, en français, pour nommer ; mais le breton, *gelver,* ne se prend pour *envel,* que dans les livres calqués sur le français. L'idée fondamentale d'*appellare,* est, *peli;* celle de, *envel,* est, *ano,* (*onoma*). On l'appelle Yves, *Eon e anver aneza* — *a rear aneza. Ul louzaouenn a zo er prad, a rear anezi huanad ; dimezit az ho pezo i, nemet furnez a ve leiz an ti.* (*Furnez ar Geiz.*)

Appétit. Manger avec... *dibri c'hoeg, sasun ; dibismig.*

Appétissant. *Da rei naoun, c'hoeg,* etc.

Appliquer (s') *Pleustri var... Starda var... Lacaat ar spered var... Pour apprendre il faut s'...Evit deski eo red aketi. Pleustri,* signifie aussi s'exercer d'avance. *Ar vugale scol a zo o pleustri (var ar c'han) da-benn Nedelec,* les élèves s'exercent pour Noël. *Pleustri var,* prend encore le sens de méditer, examiner. *An dud ne bleustront ket var'ar pez ma tlefent ober ; ac eno ema an dalc'h; ar glavenn,* on ne fait pas les réflexions qu'on devrait, et voilà le mal. *Ne bleustront ket var o goassa pec'hejou,* ils n'examinent pas leurs plus grands péchés (h. L.)

Apposition. Terme de gram. Ex. Chose qu'on ne voit pas à Paris. Ceux qui ne distinguent pas le génie des deux langues traduisent : *Tra peini ne velet ket e Paris.* Il faut dire : *Un dra ha ne veler ket...* Ou : *ha n'er gveler ket.*

Apprenti. *Descad.*

Appuyer. *Rei scoaz da...*

Apre. *Lourd e parlant,* son langage est apre ; dur à entendre. Mot certainement breton, signifiant partout, qui a des aspérités ; massif ; difficile à plier, raide, rude, etc. (*Lurdus*).

Arbitrairement. Il agit... *Diouz e zonj, diouz ma sonj e ra.*

Ardent. *Teer, err enna; erder, fo, tan enna;* ou : *ganta. Altered,* (*ardered?*)

Armé. *Fuzil — baz — ganta.*

Armes. *Ciao. Eat tout ganto, claoiou ha tud,* ils ont tout emporté, hommes et armes. (h. L. et b. L.) Il a donné des... pour le battre, *roed en d-euz baz d'e ganna ; tomed dour d'e scota.* (Triv.)

Armorique. *Arvor (ar, area,* terre, plage, sol, mor).*

Arrêter. On l'a... *Lakead ez euz arz deza.* Rien ne peut l'... *N'euz arz ebed deza. Arzit aze, arrêtez-le là. Quand sa sueur se sera arrêtée, *pa vezo torred ar c'hoezenn varna.* Arrêter le sang qui coule, *stanca ar goad* (Trope). Pour arrêter les hérésies, *da derri an herexiou (ez euz contil, u levereur).* La fontaine s'est arrêtée, *ar funten a zo choumed a za ; soc'hed eo (stetit).* Le jour des noces est... *Deixied eo an eured ; assinet eo han.* Quoiqu'il en soit de sa forme actuelle, *arreti* peut être breton d'origine. Les endroits où l'histoire des Saints place leur séjour, leur station ou repos, s'ap-

pellent en breton, *urret; arest,* (*arestare*) *urret.*
Rest est un nom de lieu très-commun. Le mot est donc très-ancien, quelle qu'en soit l'origine. Empêcher de mal faire, *drasta, drastenn.*

Arrogance. Parler av... *Parlant rog.*

Article. La question de l'art. est une des plus embrouillée dans la grammaire. Primitivement, le français l'employait plus rarement. Il a fini par s'ajouter même aux noms propres. La France... Ici le breton a subi l'influence du français : *Ar Frans, istor ar Vreiz.* Dans les autres sens, on se sert en breton des mots : *poent; crav, mell,* et même du mot article.

Artifices. *Ardou, ijinou;* et en mauvaise part, *troiou cam, troiou cuz.*

Artiste. *Dorn fin, dorn caer, dreist.*

Ascendant. *Levezon* (h. et b. L. 80).

Asile. *Repu.* Les bois donnent... aux loups, *ar c'hoajou a ro goudurez d'ar bleizi.*

Assaillir. *Sailla var...* (*Saltre*).

Assaisonner. *Saouri, blaza, rei blaz.*

Assaut (un). *Un tolad.*

Assemblé. *Boded, dastumed.*

Assembler (s'). *Boda.*

Assiéger. *Sija,* (*seiziza*).

Assigner. Le jour du mariage est... *Deized,* (*deiziet*) *deizaded eo an eured.* On prononce souvent, *z* comme *j. Assina,* a passé dans la langue.

Assister, un malade, *beza var dro un den clanv, entent ouz...*

Associer (s'). à... *Mont lodenneur gant...*

Assoupi. *Dindan cor; dre cor; mored.* Je me suis un peu... *Ur moric am euz great.*

Assourdir. *Bouzara.*

Assujetti. *Sujed,* assujettissement, *sujedigez.* Mots devenus nécessaires.

Assurer. *Assuri;* autre mot nécessaire, et non contraire au caractère de la langue, comme certains mots forgés par système.

Attaquer. *Staga gant... Lammet gant...* Il m'attaqua. *Lammet a reas d'in; dont a reas d'in. Attaki; clasc tag.* Origine inconnue.

Atteindre. Je n'y puis... *N'oun evit tizout eno; n'euz ket avoalc'h a pint ganein da lammet eno.*

Attendrir. *Teneraat.* La mission nous a... *Boukead tout omp gant ar mission.* Notre insensibilité morale et spirituelle a diminué. (h. L.)

Attention, déférence. *Aviz-vad;* qui a encore d'autres significations. Il n'a d'... pour personne, *ne ra van ouz den.*

Attraper. Vous voilà attrapé, *emaoc'h gluded.* (br. *trap.*) *Goaned.*

Augmentation. *Cresc.* Ceux qui ne connaissent pas assez à fond le français pour le distinguer du breton, disent *augmentation.* Ils ne peuvent comprendre qu'ici les deux éléments, formel et matériel, sont étrangers au breton.

Autoriser, les désordres, *rei tro, lans, ol, d'an dizurzou.*

Autorité. *Mestroni, levezon.* Il est sans... *N'eo mest ebed; mest var netra;* signifie aussi, ne possède rien.

Avaler. *Treiza; plaovi, plaoïa.*

Avancer, progresser, *ober roud, mont var vell, var araog. Var vell eo,* c'est de l'avancement. — *Avans.*

Avantage. Vous avez cet... sur moi, *eno oc'h euz al levezon varnon. Levezon* veut dire aussi, ascendant.

Avantageux. *Emzao.* Plus... *Emzavoc'h.*

Avarie. C'est moins exposé aux... *Diavalioc'h eo.* (k. 70).

Aventure. *Tro.* D'aventure, *ditar an avantur.*

Aventurer. *Broca, risca, avanturi.*

Aventurier. *Claskeur chans.*

Avertir. Quand on vous écrira, vous m'en avertirez, *pa vezo scrived deoc'h, c'hui a zigemenno d'in-me; a gemenno deom-me. Di* a souvent le sens intensif. On nous avertissait; quand il y avait messe dans quelque grange, *kemenned e veze deomp (kemenned e vezemp) pa veze offerenn en ur c'hranj bennac* (pendant la grande Révolution).

Aveu. Homme sans... *Lakipot, loupard, landrusenn, ajez, lampon,* (All.)

Avoir. Il n'a aucune forme, *n'euz doare ebed, tress ebed deza.* Ayons confiance, *bezomp fizians* (h. L.) Après avoir, *goude beza.* Quand il y en a, *pa vez.* Quand on a deux bons bras, *pa vez diou vreac'h vad.* J'ai 80 ans, 80 *vloaz oun.* Avoir et être se confondent souvent en breton. Ce qui peut donner lieu aux réflexions les plus philosophiques, que l'on omet pour abréger.

Autrement. Vous rirez... *C'hui a zic'hoarzo.*

Avis. Qui repousse les bons avis ne veut pas secouer la poussière de son habit, *an ini ne fell ket deza beza kelenned, ne fell ket deza beza diboultrenned.*

B

Babioles, puérilités. *Disterach.*

Badinage. *Badinerez;* vieux mot. Y appliquer le principe.

Bagage. *Pacad, pacadenn* (héb. *puh, pack, pag.* v. P. *Barrad*).

Bailler. *Disflavi ien (eus an eil g'mou en eben).*

Baisser. Le prix a baissé, *raval,* (*rabat a zo*).

Balcon. *Dalez diaveaz.* Balustrade, *balustradenn.*

Bande, (de terre), *bom douar.*

Barboter. *Bourboulla* (v. l.)

Bariolé. *Ricamaned* (héb.) *Barrenned gwen, ruz, glaz* (b. L.)

Barr. *Barrenn.* De bois, *cierenn.* Le latin *vara,* n'a qu'un r. Barrer le chemin, *sparla an ent.*

Barque. *Barc. Ambarki* n'est donc pas étranger au breton dans tous ses éléments.

Bas. *Izel.* C'est un abus d'écrire, *ijel.* Le mot

bas, est breton lui-même, et signifie sans profondeur. L'eau est basse, *baz*, (*izel*) *eo an dour*. Ce terrain est, par endroits, sans profondeur (de terre végétale), *bazidi a zo en douar-ma*. (b. l. *bassus*). *Bara tom ha keuneud glaz a gass an ozach d'ar baz*, le pain mangé chaud (frais) et le bois brûlé vert ruine, abat le chef de ménage (gr. *bathus*).

Bâtir. *Sevel ti.*

Batelier. *Bagaer.* —Battant, de porte, *stalafenn.*

Batterie, de cuisine. *Reizou kegin. Reizou*, signifie aussi, appareil, système (*ratio*), réunion de choses ou d'instruments nécessaires pour un travail, un usage, une opération quelconque : *Reizou arat ; reizou oferenna ; reizou noui ; ou, reizou an nouen.* D'où l'expression : *Bet en d-euz e reizou*, il a reçu ses derniers sacrements. — *Epad ar Revolution, ar reizou oferenna a oa em zi-me, cuzed dindan ar vassin vraz.* (E penn ar M. e K.)

Beau. Qu'il est beau ! *Ac é zo brao ! Ac é zo coant (deza !)*

Beaucoup. Vous demandez... *Goall-c'houlenn a rit.* Il gourmande b... *Goall-c'hourdrouz a ra*, etc.

Beauté (élégante). *Coantiz. Neket ar gouanteri eo a laca ar pod da vervi*, ce n'est pas la beauté qui fait bouillir la marmite, (*na ken nebeud ar viloni eo a ra an druzoni*). *Ar brao eo a glasc*, c'est la beauté qu'il cherche.

Bénéfice. *Vad.*

Bénéficier. *Vataat.* (h. L.)

Besoin. On en sent le b... *Diouer a zo aneza.*

Bêtise. *Brizérez.*

Biais. En biais. *Biziez, a-viziez.*

Bienséance. *Dereadurez. K.*

Bizarrerie. *Stultenn.*

Blamable. *Da veza tamalled, blamed,* (M. Rouss)

Blaser (se). *Fasta.* Dont on se blase vite, *fastuz.*

Blesser. Ici rien ne me blesse, *ama ne stoc netra ouzin ; ne stoc netra ouz va spered. Blunsa ? Blessa ?* Origine inconnue.

Bloquer. *Coulma, kelc'ha, killa.*

Bord. Il est près du... *Var ar bordic ema*, signifie aussi, sur le point de... *Var ar bord emâ dâ veza paour* (80).

Bordure. *Bordeür*, du radical breton, *bord.*

Borgner. *Borna,* ou, *bornia ; borgnia*, dit le Dict. Rien de fixe dès qu'on est esclave de la prononciation.

Borne. Il passe les... *Dreist ar roudenn, dreist ar bord, dreist an treuzou, in tu all da oll ez â.* Esprit borné, *berr-spereded.*

Bosquet. *Brouscoad.* —Boue, menue, *frigass.*

Bouleversement. *Freuz, freuzou. Dispac'h, dispac'hou ; Pil.*

Bourdonnement. *Boud, boudinel.*

Bourdonner. *Boudinella.*

Boutoir. Coup de... *Bleucad* (80).

Bouton, de fleurs. *Bouron, ront.*

Braver. *Diffiout.* Un de ces v. m. empruntés à la vieille langue des Gaules (b. lat. *Difidare*).

Briller. Les étoiles brillent, *lugeru a zo gant ar stered.*

Brisées. Aller sur les brisées de quelqu'un, *tenna an dour divar brad un all ; mont var e zeuliou*, n'est pas loin d'avoir la même signification usuelle.

Briser. *Brevi, terri.* Ur *breo* (brev) a zo goassoc'h eget un tor, une brisure est plus grave qu'une simple rupture, disait une remetteuse de membres démis. *Brejed oun gant an oad ac al labour* (*brezed ?*), *torbiled*, je suis brisé par l'âge et la fatigue (h. L. 80). Briser, peut donc venir du Celte.

Brocard. *Flemad, flemadenn.*

Broncher. *Assoupi.* Il... *Assoup a zo enna.*

Brouiller. *Brouilla, druilla, roesti* ; prononcé, *resti* : participe, *roested.*

Brouillerie. *Brouilleiz.* Qui l'occasionne : *Brouilluz, droulassuz.* Qui le fait moins : *Divrouilloc'h.*

Bruit sourd et confus. *From, boud* ; d'où : *fromal, (fremere), boudal* (comme une batteuse). Bruit avec rupture, *strac, stracadenn.*

Brûlant. *Tom-scot.*

Brume. *Brumenn, moren-c'hlao, amzer vad da c'hounid gviniz*, temps favorable pour semer le froment (mor. héb.)

Brun, signifie en breton une couleur entre le rouge et le noir. C'est un des mots que l'on a voulu écarter parce que le français s'en est emparé.

Brusque. Autre mot breton, que l'on prend quelquefois dans le sens de généreux, prompt à donner. Il signifie le plus souvent, prompt à se décider, *brusc. Brocuz*, a le même sens.

Buffet. *Vesselier.*

But. Il atteindra son... *Erruout a raï e penn.* C'est un autre mot de la vieille langue, qui a fait la basse latinité, *butum.* Je l'ai entendu, dans un lieu long-temps inaccessible au français, mais pour signifier le point d'où l'on vise. Le principal b. *Arpez a vizer, a glasker, dreist tout. Ar penn bized.*

Butin. *Preiz.*

C

Cabale. *Cabal, cabalat*, se dit en breton pour mêler (*cabaler ?*)

Cabane. *Lojenn, cabanenn ?* Cabane vient d'une racine celtique.

Cacher. *Cuza* (Gr. *keuzô*). Le français peut venir du Celte, *caïch*, mystère, lieu isolé et comme inaccessible.

Cachette (en). *E cuz, a-guz. Var e zouch, dez soucha*, cacher en couvrant.

Cachette. *Cuz, toull-cuz.*

Cadrer. Cela ne cadre pas avec son costume, *an dra-ze a zo amzere diouz e zillad all ; n'en em gaf ket par gant...*

Cajoler. *Lidourat, ober flouric da...*

Caler, pour dire, céder par peur, n'est pas français, mais breton : *cala*. (K. 70).

Calamité. *Goalennad*. (b. L.)

Calmer (v. APAISER). Il s'est... *Torred eo varna ; amened eo* (deza).

Calomnier. *Dispenn ; labeza ; dua, dre c'heier*.

Calviniste. *Ugunodach*. (Ainsi trouvé).

Campagne. A la... *Var ar meaz, var ar mezou*.

Canal. *Can, canal*. v. m.

Capable. *Den* (gr. *deinos*). *Ounnez a zo den, dennoc'h eget e c'hoar*, celle-là est plus capable que sa sœur. *Ar re-ze tout a zo tud den, goazed ha merc'hed*, tous ceux-là sont capables, hommes et femmes : très-capable. *Den ha den anter ; daou en un affer, tri ma re red, pevar ne lavaran ket*.

Caquetage. Cessez ce... *Lizt ho trabell*.

Caractère. C'est un heureux... *Un den spered eaz eo*.

Carnation. *Kigenn, ken. Ar boed a ra ar c'hen, ac ar c'hen a ra an den*, la bonne nourriture donne la belle carnation, et la carnation fait la beauté. Il a repris sa première... *Deued eo de gigenn kent*.

Casser. Il casse ses yeux par la lecture, *terri e zaoulagad a ra o lenn*. Rompre, *brousta*.

Cause. *Caoz*. Quelle est la c... que ? *Petra eo ma ?* (V. héb. Jo. 14).

Cercle. Ils étaient rangés en cercle autour de... *Killed oant en dro da...* (kelc'hed).

Cerner. La mer les c... *Ar mor a goulmas en dro dezo*. Ils sont cernés, *kelc'hed int ; kelc'hed eo en dro dezo*.

Certain. J'avais une certaine haine contre lui, *dem-gas am oa outa*.

Certes. Sur. *A dra zur*. M. nécess.

Cesser. Après un an, je ne pouvais cesser de trembler, au souvenir de ce que j'avais vu, *bloaz goude, ne oan ket evit digrena, o sonjal er pez am oa gveled*. *Dileva, dic'hoarzin*, cesser de pleurer, de rire, etc. Vous ne chanterez pas touj., *c'hui a ziscano*. On l'a fait cesser son radotage, *divoroded eo bet*.

Cessible. *A c'haller discregi diouta*, (aneza).

Chagrin. v. m. *Sagrin*, d'après la prononciation des anciens bretonnants. Il prend trop de... *Sagrina re a ra*. Pour lui épargner ce chagrin, *evit en disagrina*. Origine inconnue. *(As-crin ?)*

Chaire à prêcher. *Cador zarmon*.

Chaleur étouffante. *Boutac'h*.

Champ de bataille. *Tachenn vrezell*. (Mez an stourm.)

Changer. *Sench*. v. m. Prompt à changer de sentiment, *buan da drei meno*. (K. 80). Changer à profit ou à perte, *sench ouz vell pe ouz roaz*. (héb. *schane*). Changeons de conversation, *troomp caoz. Deomp e caoz all. Senchomp count, ha choumomp mignoned pa z-omp. Troomp ar gaoz*. Changer de paroisse, *dibareza*. Je trouve difficile de changer de banc, *diez e cavan divanca*.

Charge. Son grand père à sa charge, *e dad caer varna*.

Chartes, titres. *Goaranchou, goarant*, signifie aussi, tuteur, caution, etc. Vieux mot des langues occidentales, *(antiqua vox)*.

Chanceler. *Erella* (v. livr). *Goangella*, qui chancelle en marchant. *Goanghell*.

Chat. A bon chat bon rat. *Ivin ouz ivin ; crog ouz crog ; diouz a raio a gavo*.

Chef-d'Œuvre. *Pez labour difazi*.

Chemin. Plusieurs écrivent *ent, (itin-eris)*.

Cherche. On le... *Clasc a zo deza*.

Chétif. Souvent le plus chétif résiste le plus longtemps. *Grac'h climuz, grac'h paduz*.

Chicane. *Sican, sicanadenn*. Orig. inconnue. Qui aime la... *Sicanuz, sicaneur* (v. m.)

Choc. *Heurt, heurtad ; stoc, stocad, etc. (Stoc,* adjacent ; contigu à...

Choisir. *Dibaba, choaz*. v. m. qui parait bret. *An dichoaz*, le rebut.

Cicatriser. Il faut que la plaie se c... avant de guérir, *ar gouli a ranc kiga abars parea. Cleizenna*.

Ciel. Je vois, dans un écrit : *Nevou*, donc, au sing., *nev (nub-es)*.

Circonstance. *Tro, troad*. D'après les... *Diouz ma rez on dro*. Il y a des c... où l'on pourrait, *bez ez euz marcou (ac) e ve galled, trotou zo e ve galled*.

Circonven'r. *Ober an dro da*.

Civil. *Deread, grasiuz*.

Civilisation. La c... a fait des progrès, *ar bera deread a zo cresked. (Vita cultior est — profecit. Just).* Bravoc'h beva a zo etouez an dud.

Civiliser un peuple. *Digriza ur vroad tud ; dic'hroza ; ober anezo tud a zoare (vrao)*.

Clair-voyant. *A vel pell ; sclear e zaoulagad*.

Cliquetis. *Stirlinc*. Faire ce bruit. *Stirlincot*.

Clinquant. *Clinc*, subst. et adj. élégant.

Cœur. Forme de... *Calonenn*. La désinence fait souvent passer les mots du sens primitif au sens dérivé...

Coin. C'est dans ce coin qu'il a fourré son argent, *eno en d-euz cogned e arc'hant*.

Colère. *Droug, courr, courrous ; v. m. br.* Quelques-uns prononcent *gourr*. Il a fait le b. l. *coruciare*. Je ne suis plus en... *Torred eo va droug* (outa).

Colporteur. *Marc'hadour-red*.

Combat. *Stourmad, combad* est plus usité actuellement. *Crogad*. (escarmouche).

Combiner. Se rend par, *coubla*.

Comble. *Barr* ; nom et adj. Se combler, *stanca, attredi, resedt*.

Commander. Il... *Ar stur a zo ganta*.

Commencer. *Coumans ; v. m.* néces. peut venir de *cohans*. — Un entretien, un travail. *Digeri class, sevel caoz, digeri caoz*.

Comme. *Evel* ; (Gr. *Omal-os, oval)*. Ceux qui écriv. ce mot différemment, suivant qu'il est adjectif ou adverbe, méconnaissent le génie de la langue bretonne.

Commission. Je ne vais en ville, que lorsque j'ai

quelque... *Ne vezan e kear nemet p'am bevez grevidi da vont.*

Commotion, forte. *Strons.*

Commun. Dans certains endroits on prononce, en br. *kemun; stanc; beza euruz ac calon vad neket ker stanc a raoz er prad.*

Comanna. *Comun-Anna.* Bourg, paroisse d'Anna, (Gr. *come*) ; *comun*, appartient, par sa racine, aux langues européennes, græco-latines, celtiques, etc.

Compagnie. *Compagnunez* ; m. néces.

Compartiment. *Combod, disparti, dispartiou, combodou.*

Compatriote. *Kenvro, camarad bro.*

Compensation. Maintenant il y a... pour lui, *digoll eo deza brema ; brema emaint kem ouz kem.* (h. l.)

Compenser (se). *En em baea, en em guiteza* (h. l.)

Complet. Tout y est au... *Par eo an traou eno.*

Complétement. Il est devenu... cornowallais, *kernevod leun eo brema.*

Compléter. *Perober. Per,* se combine avec tous les mots au besoin.

Composé de fer. *Great gant ouarn, ouarn o-h en ober.* Il se compose de fer et de bois : *ouarn ac coad a id d'e ober.*

Composition. J'ai été de bonne... dans le partage, *soubl oun bet, pa eo bet ar rann.* Je n'aurais pas meilleure... d'un autre, *n'em befe ket gvelloc'h ober gant un all.*

Concavité, de l'œil. *Poull al lagad.*

Concevoir. *Ar prevet a grou er meaz (a vez croued), ac a ra nebeud a van eus ar ienien,* les vers, conçus dehors, sont peu sensibles au froid. (80) v. ps. 102 : *Croui, crouevi,* K.

Concluons. *Clozomp eno.*

Concours. Avec son... *En e serr.*

Concurremment. *Scoaz ouz scoaz.* Avec cela, *e serr an dra-ze, e kever an dra-ze.*

Condition. Selon leur... *Diouz o c'hendere.* Ils fréquentent ceux de leur... *Ar re eus o c'hendere a entont. O c'hendere, ar re ar memez kendere ganto a entont, a entiont.* (h. et b. L.) Chacun doit se marier selon sa condition, *peb ini a dle fortunia gant e gendere, diouz e gendere, ervez e gendere, gant ar memez kendere tud,* (avec ceux de son rang). **Clause.** Je poserai mes conditions, *me a raio va divizou (abars ober marc'had).* (h. et b. L.)

Conduit d'eau. *Stivel.*

Conduite. Telle est sa... *Evelse e ren e vuez.* Je connais sa conduite, *me roar e zoare.*

Conférence, entretien. *Caozeadenn, caozeadeg.*

Confidemment. Je vous le dis... *Etre c'hui ha me.*

Configuration. Mod. *Gobari, tress.*

Conformation. *Gobari.* Bien conformé, *goubaried brao, moded.* (h. et b. L.)

Confus de tant de bontés... *Evel mantred o velet kement a vadelez.* Cependant, *mantr,* signifie aussi consternation, dont l'effet extérieur ressemble à la confusion. La liaison des idées précise le sens des mots.

Congédié. *Conjezed.*

Connaître. S'il se connaissait, il verrait qu'il n'est rien auprès de son frère, *mar en em c'houzfe (mar en em anavezfe) e velfe ne d-eo man e kichen e vreur.*

Consécutif. Deux années consécutives, *bloavez ha bloavez diouz-tu.*

Conseil, et sel se donnent à qui demande, *ali ac olenn a roer d'an ini a c'houlenn.*

Consentir aux mauvaises pensées, *rei ar galon d'ar zonjou fall.*

Conséquence. Une chose de... *Un dra a boez ; a denn da vraz.* La conséquence est... *Ac'hano e veler...*

Considérer. *Compren,* v. m.

Consoler. *Consoli,* est nécessaire, n'ayant pas d'équivalent breton. Aussi bien, qu'elle consolation avaient nos pères avant la Révélation évangélique ?

Constance, ou persévérance dans ses goûts, comme la fermeté est le courage à suivre ses desseins. Il n'a pas de... *N'euz dalc'h ebed deza ; n'en d-euz dalc'h ebed ; fermder ebed ; ne had ket e boellad. Fermder,* signifie aussi, solidité, attitude assurée. C'est le bruit constant, *brud a zo stard.*

Consternation. *Mantredigez.*

Consterné. *Mantr, mantred.* Qui consterne, *mantruz, tribuilluz.*

Constitué. Bien c... *Renked brao.*

Consubstantiel. *Memez natur gant.* Un *natur, ur substans gant.* Ce mot est néces. *Corf,* d'après l'écriture, exprimerait la même idée. (Col. 2. 9.)

Consumer. *Uza.* M. de la vieille langue d'après toutes les indic.

Conte. *Contadenn, conchenn,* v. m.

Contempler. *Para an daoulagad var ; arvest ; compren ouz ; sellet a-ban ouz.* Les bretonnants mettent une différence entre, *compren un dra,* et *compren en un dra.* (V. les hébraïsants, ps. 27, etc) Le dernier signifie, méditer, contempler ; l'autre, comprendre.

Contenir. Il contient beaucoup, *calz a id enna.* Je me suis... arrêté, *dalc'hed em euz ganein, en em ameni am euz great.*

Content. Bien que le mot *contant,* soit devenu breton, les anciens disent aussi, *aviz,* lequel mot a encore d'autres significations, différentes de, *ali,* conseil. Pour le contenter, *d'en dic'hoanta.*

Contentieux. *Sicanuz.* Parait être de la vieille langue.

Contigu. Arp. *Arp-oh-arp.*

Contingent. *Feur. Lodenn.*

Continu. *Eb distag.*

Continuel. Il a des étourdissements... *Ne ra nemet bada.*

Continuer. v. *Cuntunui, pursu,* plus usité, comme v. transit. Le blé continue à être cher, *an ed a zalc'h da veza ker.*

Contorsion. *Vedennerez.* Il fait des... *En em vedenna a ra.* De, *vedenn,* branche tordue, pour fixer les barrières, (ou *olaies*).

Contraindre. *Contraign, forsi,* v. m. *Ur forsadenn eo deza,* il l'a par contrainte. On l'a contrainte à y rester, *great ez euz dezi choum eno.*

Contraire. *Control.* m. anc. (DAV.)

Contrarier. *Ober an neg. Controlia, controliez,* v. m. Rien ne le... *Netra ne stoc ouz e spered, ne ra diez d'e...*

Contre-dit. Oui, sans... *Ia, reiz; ia, brao!*

Contre-coup. *Distól.* A contre-cœur, *eneb e veno, en eur c'hîna, en desped deza.* Le contre-coup du vent, *an avel disclaped (diouz ar voger).*

Contribuer. *Tôler da.* Les riches, les principaux habitants d'une paroisse contribue beaucoup à rendre les autres sages, *ar re benvidig, ar pennou kenta en ur barrez a dól calz da lacaat ar re-all fur.*

Convenable (il est) que tu ailles, *brao eo dit mont. Dere eo d'it.*

Convenance. La... exige que nous recommandions un service, *dere eo deomp lacaat servich.* (b. L.) A su... *Diouz e zoare.*

Convulsion. Que de... *Ac an ascrena a ra!*

Corde, longue. *Fun.* (*Corn.* lat.)

Coriace. *Correog.*

Corne. Bête à cornes, *loened corn.*

Corniche. *Rizenn-vean, rizenn-voguer.* Entablement, *rizenn, riz.*

Corps. *Corf.* C'est un des mots que les Celtes, d'après VARRON lui-même, ont prêté au latin. Il a pris du... *Deued eo da gorfa, da ober corf, corfed eo. Corfa,* signifie encore, fatiguer beaucoup, travailler. *Deued eo da veza corfed,* héb. *kereb,* gr. *corm-os, Corobel,* se dit d'une personne, ou d'une chose qui a de la rotondité. *(Kerebel?)* Mêmes éléments constitutifs du mot dans les lang. sémitiq. et les lang. indo-europ.

Corpulent. *Fourmal, fort, lourd.* (Gr. *phort-os*). *Fort,* dans ce sens, encore usité, est donc de la vieille langue européenne.

Correspondre. *En em gaout par, en em glevet.* (sens naturel).

Corriger. *Dressa, euna, difazia, divanca. An eil a zivanco egile,* si l'un se trompe, l'autre le redressera. *Ni en dresso,* nous le corrigerons. (en parlant d'un écrit, de noms mal orthographiés, de dates inexactes). Je veux garder mes enfants sous mes yeux, pour mieux les corriger, les former, *c'hoant am euz da zelc'her va bugale ganein; o eûna gwelloc'h a c'hellin.* Eûna, se dit souvent dans le sens d'une correction sévère. Laissez-le moi, je le corrigerai, *lizt-en ganen-me; me en eunô, me zigasso reiz, me lacaï reiz, me gavo reiz, me gavo ranj enna.* Pour corriger le mauvais goût de l'eau, *da derri blaz fall an dour.*

Corrompre (se). *Goassaat, trei, mont da fall, trenca. Mar teu ho credenn da drenca...*

Cote, riv. de la mer. L'hébreu, *nod, naid,* que S. Jérôme traduit par, *salum,* ressemble au breton, sauf le, *n,* initial, qui a pu disparaître comme de, *egal,* contrarier, *(negare), de, asc,* pour, *nasc, (nexus),* de, *oab, (naab, nubes)... Salum,* signifie la mer. (V. BARRAD. t. 3. p. 136).

Côté. Il a un bon... *Ur perz mad a zo enna.*

Coup, sur la figure. *Clopennad* (celt. *clop, colp*). Coup de dard, *flemad;* de langue, *teodad,* etc. Un coup de main, ou attaq. subite. *Un tôlad.*

Couper court. *Crenna e c'her.* (Cesser de parler.)

Courage (celt. *corraigh*), *courach.* v. m. br.

Courbe. *Croum,* (al. *crum*), adjec. et s. *Goar enna.*

Couvert. Il était tout... de boue, *n'oa nemet ar pri aneza, leun bri oa.*

Crédule. *Credus, credig, buan da gredi.*

Creux. *Cleuz,* (gr. *coilos*).

Crever. *Crevi,* v. m. br. *(crepere).*

Crier. *Crial.* La plus mauvaise roue crie le plus, *ar rod falla a vigour muia.*

Crise. *Maread, barrad tu pe du.*

Critiquer. *Abegui, abegout.* J'ai... *Abeguz oun bet.*

Croisée. *Starn ar prenestr.*

Cruel. Qu'il est..! *Ac e zo criz ha divarn!*

Crosse. *Gross.* Un des m. gaulois ou celto-br., arbitrairem. écartés du Diction.

Cuire, légèrem. *Rasparedi.* Ce que l'on cuit en une seule fois, *poazadenn.* On forme de ces mots à volonté : *Poezadenn,* ce qu'on pèse en une fois, etc.

Curieux. *Curiuz.* m. anc. d'où : *Curiuzenna;* faire des quest. curieuses, des recherches. *Cur,* signifie rareté. *Neket cur,* ce n'est pas merveille. *Curiou caër,* des merveilles.

D

Danger. *Risc.* Le vain motif d'éviter la ressemblance avec le français, fait écrire, *riscl.* Sans... *Dirisc.*

Dans. *E ti va breur,* et non, *ebars e ti... Ebars,* signifie, dedans. (adv.)

Date. Cette croix n'a pas de... *Ar groaz-se n'euz oad ebed dezi; ne d-euz dat ebed; neket chiffred.*

De. *Es, eus,* et non, *a. Eus Brest, es a Vrest,* et non, *a Vrest* (v. quest. *undè*). La ville de Brest, *kear Vrest,* et non, *ar gear a Vrest.* Duc Berri, *duc Berri,* et non, *duc a Verri.* Un enfant de dix ans, *ur c'hrouadur dec vloaz,* et non, *a zec vloaz.* La mode d'aujourd'hui, *ar c'hiz hirio,* et non, *a hirio,*

etc. (essence organiq. du lang.) Chantons-nous les cantiques (de) Sion, *canit deomp canticou Sion,* sur l'héb. Ces paroles de S. Bernard. Ceux qui calquent, diraient : *Ar c'homzou-ma a zant Bernard.* Ce n'est pas breton. M. LE BRIS traduit : *da zant Bern.* (Introd. préf.) La meilleure traduction serait : *lavared gant Sant B.*

Débat. Discussion, *debad.* (rad. br. *bat, bad, baz.* — b. lat. *basto,* etc.) v. DEBADI. (1757).

Débarrasser, décombrer. *Diatredi, divaneri,* en parlant d'un terrain à cultiver. *Daou vloaz divaner en d-euz (divaneri),* il a deux ans pour débarrasser les champs de la ferme qu'il exploitait.

Débiter, des mensonges. *Dibuna geier.*

Déborder. *Diborda,* au moral *(dreist al lezenn).*

Débouché, pour les marchandises. *Discrog da... Gverz.*

Débourser. Il faudra beaucoup... *Goall-discregi a vezo ranked.*

Débris. Menus... d'arbres. *Discourrachou.*

Débusquer. *Difoucha, dizoucha.*

Décadence. La langue est en... *Parlant ar vro a zo var e gostez* (C. *nad* 80). Ses affaires sont en... *E stal a zo o vont da stalic, d'an traon.*

Déchaîner. Le vent se... *Folla, diroll a ra an arel.*

Déchirer. Les nuages se... Le temps se relèvera, *discolpa a ra ar c'hoabr, sevel a raï an amzer.*

Décidé, résolu, d'un caractère déterminé. *Brusc, diouz-tu. N'ema ket da zonjal ganta.* Il était... *Sonjed mad oa ganta.* Il se décida à partir... *M'en em grennas da guitaat.*

Décision. Quand aura-t-on une... *Peur e vezo an distag, ar ger diveza, tu pe dã.* (v. ADJUGER.)

Déclarer. *Lavaret freaz.*

Décomposé. *Distronked.* En parlant de certaines matières : *disdresset (eo an toaz).*

Décompter, rabattre de l'opinion qu'on avait... *Discounta, rabati.*

Découler. *Dinaoui, divala.* (com. la farine?) *Dichala, diranvi (diravi, derivarє?)* L'eau peut s'écouler, grâce à la pente, *dichal a zo d'an dour, dinaou.*

Décourager. *Digourachi.* Se... *Falgalont.*

Décrier. *Dicrial, dispenn.*

Défacher. *Difacha.* v. act. et n. com. la plupart des v.

Défait. Tout... *Evel un distremped.*

Défaut. Si. D'un cheval forcé : *Forbu.* Qui a ce défaut : *Forbued.* L'opposé : *Diforbu,* sans défaut.

Déférence. *Aviz-vad.* Sans... *Dizaouez, diaviz.*

Défiant. *Difiziuz.*

Défier. (v. BRAVER).

Défigurer. *Difurma, disevelebi.* L'âge défigure. *Difurmi, distronca a rear, distronc e teuer gant an oad;* (muia tout pa goller an dent, surtout quand on perd ses dents).

Définir. *Discleria freaz, difazi, distag.*

Déformé. *Difurm.* (défiguré par la maladie...)

Défricher, défrichement. *Terri douar.*

Dézager. Quand je serai... de la moisson, *pa vezin dispeg diouz an eost, dieub, distrob.*

Dégarnir, une valeur actuelle, bois, etc.. *divada un tiegez, abars e guitaat.*

Dégourdir. *Dic'hourda, divorzi, dizouezi, dizaouzani;* les derniers, au moral seulement. Par une figure hardie, on dit du blé : *Coumans a ra dizaouzani,* s'élever, après avoir langui.

Dégout, dégouter. *Dic'hout, dic'houti,* v. m. *Fasta,* (fastidio).

Degré. Parvenu à ce degré, ils ne grandissent plus, *errued betec an derez-ze, ar bar-ze, ne gres-cont mui. Grad,* paraît breton.

Dégrossir. Une première retraite ne fait que... *Ar retred kenta ne ra nemet digriza, dic'hroza.*

Délicat. Difficile à contenter et facile à mécontenter. *Kizidig, guiridig, figuz, divized; lojed ha bered eaz.*

Délices. D'anciens livres lat. écriv. *delitia; t,* pour *c,* ou *s.* D'après l'analogie, on peut donc écrire, en breton, *delissou, dilissou,* mot devenu comme nécessaire.

Délivrer. *Dilivra,* est reçu, et n'a guère d'équivalent. Le radical, *libr,* paraît être de la vieille langue *(librentez). Diluia, dinec'hi, dizagrina,* approche de la même idée.

Déloger. *Diloja.*

Démener. Se... *En em zifreta, lacaat cass var e gorf.*

Démentir. Se... *Ober daou c'her eus a unan.*

Démesuré. Une soif... *Ur zec'hed, un domder dirared.*

Démonter, un meuble. *Dibezia, divarcha, dizerel.* La mort du père a (désorganisé) ce ménage, *maro an tad en d-euz goall-dizobered an tiegezse, (an ti-ze).*

Déparier, un sabot, *dibareza ur votez.*

Départ. *Diblass.*

Dépeceter. *Dibezia, kincailla* (en mauv. p.)

Dépeindre. Dépeignez-la, donnez-en une idée quelconque, *roit un doare bennac anezi.*

Dépendance. *Sujedigez.* Mot importé, utile parfois.

Dépendre. *Clevet ouz...* Ceux qui dép. de moi, *ar re dindan ra dorn.* La vente dépend de la manière d'apprêter la marchandise, *e kever ficha eo grerza.* Cela dépend du souverain Maître, *an draze a zo gant ar Mestr braz.* Cela dépend de la manière de récolter, *an eosti eo a ra.*

Dépenser, follement. *Forani, fouilleza.*

Dépérir. *Dizeria.*

Déplaisant. *Disegar. Neket disegar deoc'h, neket fall deoc'h,* vous n'êtes pas à plaindre.

Déployer. *Dispaca.* Qui se... *Calz a zigor ganta.*

Déposséder. *Dizorna,* m. qui signifie également, priver de sa ou de ses mains.

Dépôt. *Depos.*

Dépouiller. Les arbres vont se... *Ar grez a zivisco dizale.*

Députation, député. *Kemennadures, kemenned.*

Dérouter. *Dirouda.* m. br.

Désabusez-v... *Tennit an dra-ze eus ho penn.*

Désagréable. *Diez.* (gr. *di, aisis), disegar,* lourd, *dic'hrass oun da Zoue,* je suis désagréable à Dieu, je ne suis pas dans les bonnes grâces de...

Désappointé. Il a été... *Ur zouezenn en d-euz bet.*

Désastre. Ce n'est pas un... *An dra-ze neket ur reuz.*

Descente. *Postraon, diskenn.* Dans les montées et dans les descentes, *en diskennou ac er zaoiou. Sao dizo,* signifie aussi : qui monte et descend continuellement.

Désert. *Gouezeri, dezers.* m. importé.

Désirs. On vous a accordé tous vos... *Oc'h oll divizou oc'h euz bet, oc'h oll lavarou a zo great.*

Désobligeant. *Diaviz, dizaouez.*

Désoler. *Mantri, glac'hari.* Act. et n. com. la plup. des v.

Dessein. *Mennad, (mens).*

Dessiner. *Tressa. Ober an tress, linenna.*

Dessus. Il aura le... *Var c'horre e vezo.*

Destinée. *Destinadur.* M. utile.

Détacher. La terre ne se détache pas de ces racines, *ar griziou-ma ne zizouaront ket.*

Détail. En... *Diouz ar munud, diouz ar miunudou.* Un autre... *Ur pez all.*

Déterminé, résolu. *Grons, stard en tu ma tro.*

Détourner. Paroles propres à... *Comzou diarbennuz.*

Détremper. *Distrempa.* v. m. br. (v. PLIN.)

Détruire. *Distruja,* a passé, quoique le *j* soit presque étranger au breton. *Dispenn.*

Devenir. *Mont.* En mauvaise part, *dont* en b. p. *Paour eo eat.* Excepté le cas ou le complém. est lié au v. par la prép. *da. Mont da vestr,* devenir maître.

Dévier. *Trei divar e ent.*

Dévoiler sa conduite, *discuill e zoare.*

Devoir. v. C'est là que tu aurais dû aller, *di oa d'it beza eat.*

Dévorant. Faim... *Naoun bleiz, naoun du.*

Différence. Ici on ne fait aucune différence entre... *Ama, disevel ebet etre...*

Différer. Remettre à un autre temps. *Apell, (aspell, pell-ere,* éloigner).

Difficulté. Là est la... *Eno ema an dalc'h.* Faire... *Stourm, rebarbi, debadi, argila.*

Difformer. *Disfurmi.*

Dignité, *Dinitez, dindet, dinder.* Ces m. souv. utiles, se trouv. dans des livres déjà anciens, dont les auteurs n'avaient pas pour système de forger des mots à leur fantaisie. Avec une réserve pleine de... *En un daill din ha deread, doare fur ha din deza.*

Digression. *Tec'hadenn divar ar gount, divar an ero, divar an aroudenn, Un dibarca.*

Dilapider. *Fouilleza.*

Diminuer le besoin, *diminui, terri an izom braz.*

Directement. *Eün, var-eün, a-benn.*

Direction. Diriger. Sens primitif : pousser en ligne droite. Le br., *eüna,* s'emploie, comme le français, au physique et au moral; bien que l'on dise en langage de conseiller municipal, *dirija. Abaoue m'oun dall, e rancan eüna va zud eus va gvele; rei an eün dezo; lavaret dezo petra da ober,* depuis que j'ai perdu la vue, je suis obligé de diriger mes gens de mon lit, et leur indiquer les travaux à faire. Quiconque voudra réfléchir, verra que, si, *eüna,* ne pouvait s'employer dans ce sens, il en serait de même de, *dirija,* diriger; (de, *rigere,* rect. pousser droit ; *di,* préfixe privatif, qui a ici un sens intensif).

Discuter, discussion. *Breta, debad.* On discutera, *breta a vezo.*

Disert. *Teoded caër, ieod mad a zen.*

Disponible. *Goullo, vag, dieub.*

Disposer. *Renca, kempenn, dressa.* Lacaat an *traou par, var o zu, var o dress.* Se... *En em lacaat e tress, vor an tu, e tro da...* Dieu l'a ainsi... *Doue en d-euz divizet evel-se.* Bien disposé à... *E tress da, a dro vad da, a du vad, e tro, e tu da, troed da, var.* Ils sont bien... *Troed mad int, a du vad. Vad,* pour *mad.* C'est que, quand deux mots tendent à se fondre en un, la lettre initiale du mot qui s'identifie à un autre, semble fléchir, s'adoucir, s'effacer.

Disposition. *Tu.* Il n'est pas dans cette... *Neket evel-se ema an dro ganta, n'ema ket var an tuze.* Ceux qui ne savent pas suivre le rapport originel du sens physique, positif, *(ponere, dis)* au sens moral, ne comprennent pas ce langage. De là, pour eux, la pauvreté du breton, et celle du français s'ils savaient être conséquents (v. PIAIZA). Disposition naturelle. *Goenn,* (gr. *gennaô*). *Eno e tesco mar d-euz goenn enna (da zont; da zeski),* là il apprendra s'il a quelque disposition. — *Mar d-euz goenn er gountell-ma, m'e digasso* (lemm).

Dissimuler. J'ai voulu... ses torts, *clasc am euz great golo varneza.*

Dissiper. Il a dissipé son bien, *e zanvez a zo eat e scuill ac e ber, a zo eat e bevez, a ziz-a-zil, cassed en d-euz e beadra e scuill ac e ber.*

Distance. Ce n'est pas la d... qui empêche, *neket ar pell eo a vir.*

Distinct. *Anad diouz un all, da veza anavezet.*

Distinctement. Il parle plus... *Fréssead eo da barlant. Freaz, distag eo e c'har. Caozeal,* est plus breton que, *parlant.*

Distingué, Un prédicateur... *Ur prezeger nobl, prins, dreist, dibab, dispar, dis.*

Distraction, distrait. J'ai des... *Dizonj, dibarfet, dievez e vez va spered, tec'het, trei, rincla a ra divar...*

Distribuer. *Ingala, ober an ingal, an ingalou.* v. m.

Divaguer. *Dibarca, trei divar ar gaoz, (divar e dorchen.* — T. trivial).

Divers. *Disevel, a bep seurt.* Divers contes, *count ac count (a zao).* Les divers coins, *an troïdellachou, ec.*

Doctrine. *Lezenn, (doctrin).* En hébr. le même m. signifie égalem. loi et doctrine.

Domaine. *Domani.* M. bretonnisé.

Domination. *Domani.* M. utile, attendu qu'il n'en supplante pas un autre.

Dommage. *Gaou, coll, domaj, domajed,* par un seul *m,* paraît ancien, vu le rapport qui a existé entre le breton et le b. lat. *(damagium).* Dommage rend sage, *coll a ro skiant da foll.*

Dont. Un cœur dont Dieu est sorti, *ur galon eat Doue er meas anezi.* (V. p. 49, 51, etc.)

Dormir, profondément, *cousked caled.* D'un sommeil bienfaisant, *c'hoëg.*

Dos. Porter sur le... *Keinata.*

Double. *Doubl.* V. m. br. *Ar voareg zoubl,* l'arcade double.

Douceur. Avec plus de douceur, vous eussiez obtenu le même résultat, *gant souploc'h ho pize great. Dousder,* se dit aussi..

Douleur. Il a des... *Beriou en d-euz, droug-costez.* — Sourde. *Gourboan.* Le même m. hébr. est traduit par, douleur, au Ps. 30, et par colère au Ps. 6. Le même m. br. a aussi les deux sens.

Douter. *Beza var var, en entremar, (doueti).*

Drainer. *Ober vouaziou dizoura.*

Dresser. Se... *Sounna, sevel sounn. Dressa,* est breton, mais non dans le sens de, se hérisser.

Droit. *Loyal, didroidell.*

Durcir. *Caledi.* Comme du fer, *ouarna. An am-zer zeac'h en d-euz ouarned an douar, lakead un douar da ouarna,* la sécheresse a excessivement endurci la terre.

E

Eau. *Aven, (aqua)* n'est resté que dans les noms propres. *Keruzaven, Kerfaven, Pondaven.*

Ebaucher. *Dic'hroza, talfassi.* Il n'a fait qu'... *N'en d-euz great nemet un dic'hroza, un divraza, un talfassa.*

Eblouir. *Drelli a ra, drelled eo va daoulagad,* mes yeux s'éblouissent.

Echange. *Troc, eskem,* (b. lat. *scamium*).

Echasse. *Scass.* Qui marche sur des... *Scasseg.*

Echec. Tenir en... *Delc'her berr.*

Eclabousser. *Claboussat.*

Eclaboussure. *Strinc, strincad, strincadou.*

Eclaircie. *Sclérenn.*

Eclaircir, élucider, éclaircissement. Eclaircissons bien chaque point, *greomp difaziou mad, mercomp sclear an traou.* Donnez-moi des éclaircissements, et une note explicative de ce que je dois, *grit d'in un difazi, ur scrid, paper freas eus ar pez a rancan.*

Eclat, de bois, de pierre. *Scolpad,* pl. *discolpa-dou.* Détacher par... *Discolpa, distaga a ziscolp. En em ziscolpa,* se dit de certaines tiraillèries que se permettent entre elles des personnes mal élevées. Eclat de lumières, *erder, flamm, fô.* De la voix, des couleurs vives, *skiltr, sked.* J'ai entendu, *skiltr,* même de l'éclat des couleurs. (80).

Eclatant. *Skiltr, skiltruz, sclancuz, (clangor).* L's s'ajoute, comme dans *scler, (clarus),* et dans d'autres mots, sans que cet s ait aucune portée significative.

Eclater, de rire, *diroll da c'hoarzin.*

Ecluse. *Scluz.* Qui s'ouvre au trop plein, *ranvell goll.*

Ecole. Maître d'... *Scolaeur.* P. Grég. *Mestr-scol.*

Ecrasé, par le travail, *friked gant al labour, breved.*

Effaré. *Trefued, scuelf (e zaoulagad), scuelfed.*

Effet. *Taol. A deu divar.* Effets de peu de valeur, *disterachou, lugudachou, coz-trovouachou.*

Effeuiller. *Dizeilla, dizeillenna, displuenna, dizilla. Ar bleûn a goumans displuenna,* les fleurs commencent à s'effeuiller.

Efficacité. *Vertuz.* Le grec, *dunamis,* force, se traduit aussi par, efficacité, propriété. *Nerz,* semble exprimer un degré de plus.

Effort. *Frap, frapad.* Pour tirer : *sachadenn,* opposé à, *heurt.* Faire... *Lacaat beac'h, starda.*

Effroi. *Stravill, stravilla, strufuilla,* signifie

brouiller une potion, une liqueur, en l'agitant ; d'où, au figuré, troubler (h. l.)

Egarer. Voltaire avait égaré la Société, *Volter en d-oa penfolled an dud.*

Egoïste. *Un den e-unan,* tout évita *e-unan.*

Egratignure. *Cribinsadenn.*

Egrener. Mon chapelet s'est... *Dizilled eo va chapeled.*

Elan. *Err,* (héb.)

Elancé. *Sinel.* Personne... *Lansenn,* qui signifie, au sens physique, un arbre élevé, droit et menu, (*un alegenn uhel*).

Elancer. S'... *Mont a lans, sailla.*

Elastique. *A en em ro.*

Elégant. *Faro deza, fou, canfard,* dans ses paroles, *dibabed en e gomzou, cauzeeur dibabed.*

Elément. Il est dans son... *En e voed ema.*

Elle. *Hi,* ou *I ?* Le Pelt. lequel préférer ? V. p. 28-31.

Eloignés. Parents... *Pellkerent.*

Eloignement. L'... *Ar pell, an hirder.*

Embarras. *Nec'h.* Embarras, n'est pas précisément breton ; mais il a une racine celtique, *barr, barrenn.*

Embrouiller. *Roesti, (restis).*

Emeute. *Freuz, scrab.* Le dernier implique aussi l'idée de vol. *corpo.*

Emoi. *Strefu, trefu.*

Emousser. *Ourla ;* d'où, *ourlet,* repli.

Emparer. Le sommeil s'en empara, *ar c'housked a grogas enna, a varc'has varna.*

Empêchement. *Controliez,* (obstacle).

Empêcher. Je ne pouvais m'empêcher de dormir, *ne oan ket evit digousket.* Pour empêcher le chagrin, *d'en em zizagrina.*

Empiéter sur... *Gvisca var.* (com. les tuiles).

Employer. *Implija.* M. usuel, importé.

Empoigner. *Crapa, (carpere).*

Empoisonner. *Ampoezouni.* M. imp.

Emporter. *Tumpa.* L'... *Beza var c'horre, treac'h.* S'... *Egari, folla, penfolla, mont divar e dreid, er meaz aneza e-unan, daoni.*

Emporté. *Teer, barraduz, briz.*

Empreinte. *Roud.*

Empressé. *Brezidig, asted, err enna da. Pressed,* se dit aussi.

Émulation. Il y a... entre eux, *paravuia emaint.*

Encore, que, quoique... *Ha beza re deza,* encore qu'il en a trop.

Encoulure. Qui a une belle, *araoged mad, caër.*

Endroit. *Arroud, andred, tatead.* Par endroits, *a dareadou,* (quartiers).

Enduire. *Endut;* v. m.

Enfant. *Crouadur.* Enf. qui vient apporte son pain, *pa deu Iann e teu e rann. Hispani infantes creaturas vocant,* (MALDON). Les enf. d'un an, *ar rugale bloaz, ar vugale vloaz.* La première matière fait de, *bloaz,* un adj., (*nomen appos*). La seconde, *vloaz,* en fait plutôt un complément de *bugale.*

Enfilade. *Strobad, strobadenn.*

Enfiler. *Stroba, stolla.*

Enflammer. S'... *Flamma, flammed oa,* il était enflammé, animé, terme de médec. *Tana,* échauffer.

Engendrer. *Goenna, gana,* (*anjandri*).

Engourdir. *Gourda, morzi, reudi.* L'âge engourdit, *dont a rear da c'hourda, dont a rear gourd gant an oad.* Très-engourdi, *morzed evel pa ve keiel e vam goz.* (Trivial). *Ar boan a zired d'an daou-lam : da vont kuit eo morzed ac camm.*

Enjamber, sur... Couvrer en partie, *gvisca var,* (*var ar bord*).

Enjôleur. *Lidoureur, truflenneur,* au fém. *truflenn* ; d'où, le v. *truflennat.*

Enligner. *Lacaat a-linenn, penn-ouz-penn.*

Ennemi. C'est mon plus grand... *Ar goassa (an ini voassa) ouzin eo, an ini goassa eneb d'in.*

Entamer. *Boulc'ha.* Entamé, *e boulc'h.*

Entamure. *Boulc'h.*

Entente. Paroles à double... *Comzou daou du.*

Enthousiasmer. S'... *Ober mar.*

Entier. *Tout, founnuz, a-bez.* La France... *Frans a-bez.* V. COMPLET.

Entortiller. *Corvigella.*

Entouré, de montagnes, *menezou en dro deza.* (mont. in circ. ej.)

Entraver. Si rien ne vient... *Mà ne deu netra dà dreuzi, netra a dreuz.*

Entrée. Donner... *Rei digor, dor zigor.*

Entreprendre. *Lacaat en e benn, cregi en ur pez labour.*

Entreprise. *Un tôl da gass da benn.*

Entretien. *Diviz, caoz, pennad caoz, caozeadenn, pennad caozeal.* Commencer un... *Digeri, sevel caoz.*

Entrevoir. *Demvelet.*

Entr'ouvrir. *Gorzigeri.* Entr'ouvert, *gorzigor.*

Envahir. *Mahomi.*

Épanouir. S'... *Digori, dispaca (en zol).*

Épargner. *Ober kempenn ouz...* C'est bien tard d'...quand tout est dissipé, *divezad e vezer da c'houarn pa vez eat tout bet'n discouarn.* On vous a épargné une grande besogne, *ur goall-dro uzo eat divarnoc'h.*

Éparpiller. *Scuilla, fulla, fuilleza, parpatta.* (b. l.)

Épi. Le froment a de beaux... *Ar gviniz u zo penned mad.*

Épiderme. *Croc'henn, pluskenn, croc'hennic.*

Épier. Il épie le moment de... *E par ema da.* Le démon, toujours épiant, vous surprendra, *an diaoul, ataa var e api, ho tizo.* Continuellement il vous... *Dalc'h-mad ema o courzi (o courza) varnoc'h.* (h. et b. l.)

Épingle. Qui trompe aux ép., trompera aux écus, *an ini a drompl gant spillou a dromplo gant scoejou.*

Épointer. *Ourla.*

Épreuve. Donner à l'... *Rei da aprou.* M. néces. L'idée du mot, épreuve, est rendue par trois ou quatre traducteurs d'autant de manières différentes. Preuve que les traduct. franç. se donn. une latitude qu'on refuserait peut-être aux trad. bret. V. Phil. 4. 14, où le m. *tribulatio,* est rendu par épreuves, afflictions, tribulations; et toutes ces traductions sont estimées. Autres m. *stourm, stourmad, goall-stourmou, stocou, goall-riscou, stocadou.*

Éprouvé (par la maladie), *goall-gaved.*

Épuiser. *Re-gass,* qui veut dire aussi pousser à-bout, *uza, peruza, treuda, criza,* en parlant du sol ou terre cultivée. Il épuise la paroisse, *drebuz eo d'ar barrez.*

Équarrir. *Carrea.*

Équilibre. *Compez,* (*kem-poez*), dont le sens dérivé est, uni, où tout est de niveau comme les bassins d'une balance.

Équipé. *Ekip, ekiped,* m. br.

Équivalent. L'... de 6 fr. *gvir, feur, talvout, talvoudegez daou scoed, poent.*

Erreur. *Fazi, brouilliez (er gount).*

Escapade. *Tec'hadenn.*

Escarmouches. *Crogadouigou.*

Essentiel. *Ar c'henta, ar pekenta.* L'essentiel, *an ad kenta.*

Estime, estimer. *Istim, istimout.* (MARIGO et l'usage).

Estropié. *Goall-lakead, mac'haigned.*

Et. *Ac.* On peut justifier l'*h*, dans cette conjonction, devant une consonne, parce qu'il remplace le *c* quand, par euphonie et mélathèse, on met *ha,* pour *ac,* (*oa, ha,* gr. *cai,* lat. *ac*). On trouve aussi, *à.* Alors l'accent remplace le *c* ou, *h.* (1757). *Hag.* n'est pas une orthographe rationnelle.

Établi, solidement. *Posted mad.*

Établissement. *Stal.*

Étalage. *Digoradou, digorou, digoradur,* (ostentation).

Étaler, étendre. *Leda, dispaca, lacaat a led* (*latus*).

État. *Stad, stuz.* En bon... *E ratre vod.* L'état s'exprime aussi par l'article et l'adjectif, de cette manière : A l'état maigre, *en treud* ; à l'état cru, *e criz.* — État, liste, *roll.*

Éteindre. S'... Cesser de respirer. *Miga.*

Étendoir. *Rozell-pillig.*

Étincelant. (de fureur). *Souelf, scalf (e zaoulagad).*

Etinceler. *Strilla.* Jeter des étincelles, *eulvi, eulvenni.*

Etourdir. *Abafi.* Dans le sens d'importuner : *Intourdia.*

Etourdissement. J'éprouve de continuels… *Ne raan nemet bada, bouzara, badaoui.*

Etranger. *Estren, digenvez.*

Être. J'étais malade, *clanv oan, clanv e vezen.* Ceux qui connaissent bien la langue, distinguent ici, en breton, le sens fréquentatif ou habituel, du sens actuel. La seconde manière offre le sens habituel ou fréquentatif, que l'on peut également remarquer dans cette phrase-ci : *Evel ma lispign dre ma c'hounez, tzom ebet a ialc'h n'en devez* (pour : *n'en d-euz*). Sur les rapports des v. être, avoir, voir plus haut.

Evaporé. *Penn avell, scanv benn, penn scanv,* fém. *strinkell.*

Evasé. *A zo scuill ganta, (digor).*

Eventré. Il a été… en tombant sur un rateau aux dents longues et pointues, *toulgoved eo bet o coeza var ur rastel dent hir ha lemm.*

Eveillé. Tour d'… (farce). *Apertis, (dre apertis,* 90).

Eventuel, éventuellement. *Dre var.*

Evident. Il était… pour toi. *Aned oa d'it.*

Exact, exactement. *Eün, piz.* Il me l'a conté… *Counted en d-euz d'in eün, var eün.* Il connaissait exactem. le fait, *gouzout a rea an eün.* Régulier, régulièrement. *Ressis, eün. Eün e ra vijit gvener ha sadorn,* il fait exactem. abstinence les vendredi et samedi.

Eviter. Passons entre les sillons, pour éviter de les fouler, *deomp dre an anchou, eire an irvi, evit divressat an douar, evit beza divressoc'h d'an douar.* Pour éviter de nous trop fatiguer, *evit beza didorroc'h, evit ma vezo didorroc'h deomp.*

Exagérer. *Lavaret hirroc'h ac cavroc'h, lacat var c'horre.*

Examen. *Ecsamin.* M. devenu nécess. Examinez-le, *grit ur c'homprena, (ur c'hompren) deza.*

Excéder. *Mont dreist ar bord, dreist ar roudenn, dirouda.*

Excepter. *Disconta, lacaat e meas ar gont.*

Excessif, excessivement. Il diminue… *Goall ziminui a ra.* Est-il riche ? Pas excessiv., *penvidig eo ? Neket fou, neket goall (voall). Ur goall barc'* un bien grand champ ! (82).

Exciter à. *Poulsa, bunta da, heurta, brouda da, issa.*

Exclure. *Rei an diaveaz da.*

Excuser. *Escuzi.* M. nécess. d'orig. inconnue. *(cuz ?)* Il n'a pas d'… *N'en d-euz digarez (vad) ebed.*

Exercer (s'). *Pleustri.*

Exercice. Se donner de l'… *Trevelli, kemèret trevell, loc'hat.* Dans l'… de sa charge, *p'edo o-h ober e garg, dever.*

Exigeant. *Rancouduz, divized. Re stard en e zizizou, en e c'houlennou.*

Exister. Il n'existait pas, *n'oa ket anèza.*

Exorciser. *Stolia.*

Expérience. *Skiant desked, skiant prena (prened).*

Expier. *Perbaea dre boan, evit…*

Explication. *Difazi.* Que d'… il doit y avoir dans ce grand livre ? *Ac a zifaziou a dle beza en euriou braz-se ¿* (65). Voici l'… *Setu ama an difazi.*

Expliquer. *Lacaat sclear ha difazi.* — La messe, *discleria an oferenn.*

Exposer. *Risca. An ini ne risco netra, na coll na gounid ne ra,* qui ne risque rien, ne gagne rien. Il y est exposé à l'air, au vent, *eneb an amzer ao an avel ema eno.* Terres exposées aux ravages, *douarou goalluz.* Il y est moins exposé à être cassé, *didorroc'h eo deza beza eno.* Moins exposé à être perdu, *digolloc'h.*

Expression. Au-delà de toute… *Dreist kement, en tu all da gement a ve galled lavaret.*

Exténué. *Astig.*

Extermination. *Lazerez, distruj.* M. importé, en usage.

Extirper. *Digoenna, (divoenna).*

Extraction. *Goenn (goennad).* LE PELLETIER écrit, *gwenn.* Aussi se trouve-t-il dérouté sur l'origine de ce m. dont l'analogie avec le grec est voilée par cette étrange orthographe, qui n'a aucune base dans la tradition. *Lignez,* m. importé, en usage.

Extravagance. *Stultenn.* Sujet aux… *Stultennuz, (stultuz.* LE P.)

Extraordinaire. *Dizóz, dreist, iskiz.* Pourquoi prendre une mise… ? *Perac dic'hiza ?* L'espoir de voir quelque chose d'… a dû le faire venir de si loin, *en esper gvelet un dra dis bennac e rano beza deued eus keit all.*

Extrêmement. *Dreist ar bord.*

Extrémité. Il est à l'… *Betec ar mouch eo eat, (betec an alanad diveza).*

F.

Fable. *Rimadell.*

Face. Faire f… aux dépenses, *erzel ouz ar mizou.*

Facétieux. Louise la… *Louisa vourdou.*

Facher. *Facha.*

Façons. Faire des… *Ober ardou, ormidou, ismodou.*

Façonner. *Ober diou an dorn. Meza* (pétrir), se dit particulièrement des enfants.

Facultatif. *Peb ini d'e c'hiz.* L'apposition ou adjectif, de plusieurs mots, dans le genre des langues primitives. (V. les héb.)

Faible. *Blan, (blac),* gr. *blasc,* qui ressemble à *flasc,* qui signifie, en breton, sans consistance, et se dit surtout d'une couette insuffisamment remplie ou d'une toile qui n'est pas assez serrée, *stanc avoalc'h.* Nourriture f.., non fortifiante, *boed blin. Blizig*, v. d. délicat de complexion.

Fait. *Taol.*

Falloir. Il faut faire avec ce qu'on a, *diouz an dour eo mala.*

Fantasque, bizarre, capricieux, etc. *Barraduz, froudennuz, etc.*

Faquin. *Faro, fou.*

Farouche. Garder un silence... *Oursal.*

Faste. *Pompad, digoradur.*

Fatigant. *Torruz, fézuz, tenn, etc.*

Fatigué. *Feaz, (fessus).*

Fauté. *Faot*, d'où le b. lat. *falta.*

Fauteuil. *Cador vreac'h.*

Faux. Elle pose à faux, *n'ema ket dress, ne ziazez ket mad.*

Faux. *Falc'h.* Ils tombaient comme l'herbe sous la... *A streiou e coëzenz.*

Femme. *Greg, vreg, (vireg). Greg a labour en e zi ne vez calz ano anezi.*

Ferme. *Ferm.* M. br. Il m'ennuie ferme, *inoued oun ganta, ferm.*

Fermeté. *Fermder*, au moral et au physique.

Ferveur. Prier avec... *Pedi c'hoëg.*

Feuille. Les panais prennent leur troisième, leur quatrième... *Ar panez a zo o teirdeillenna, o pederdeillenna.*

Fiancé. *Pried da veza, pried mar bez.*

Fiançaille. *Accord.* Faire les... *Rei ar ger.*

Fief. *Fech.*

Fier. *Autuz, fier.* M. br. d'après toutes les indications.

Fier. *Fiziout.* v. Ne te fie pas au soleil d'hiver, *na fiz ket en eol goanv.*

Fin. Autre mot breton. *Tano, (tenuis)* s'en rapproche quelquefois pour le sens. Il a l'ouïe fine, *tano eo e couarn.* V. *BUT.*

Finesse, ruse. *Finessa.* Qualité de ce qui est délié. *Finder.*

Fixe, fixement, fixer. Il ne s'y est jamais fixé, *neket bet dlezezed eno, mont ha dont n'en deuz great ken.* Je ne puis fixer aucune bonne pensée dans mon esprit, *n'oun ket evit troada* (emmancher) *sonj-vad ebed em spered.* Où se fixera-t-il ? *Peleac'h e tôlo e vrall.* Les domestiques ne se fixent nulle part, *ar mevellen ne blossont mui, ne choumont mui a-blass, ne bozont mui e nep leac'h.* — *Pozi, pausare*, (Avc.) mot commun aux lang. europ. pour la racine, qui n'est pas le latin, *ponere.* L'Eglise doit avoir un lieu fixe sur la terre, *an ilis a ranc caout un diazez dezi var an douar.* Regarder fixem.; *pis-sellet.* Fixer un jour, *lacaat deiz, assina.* C'était hier le jour fixé pour aller, *deac'h oa mont.*

Fixité. Il n'a nulle... *N'en d'euz dalc'h ebed.*

Flagorner. *Lubanat, lidourat, tostennat.*

Flagornerie. *Lubanerez.*

Flagorneur. *Luban.*

Fléau. Coup de... *Freillad*, se dit au figuré.

Flambant. *Fliminuz.*

Flambeau. *Flamboz.* M. imp.

Flamber. *Flamma.*

Flamboyer. *Flaminenna*, (h. L.) *flimina*, (h. L. *flamina.*

Fleur. A la fl... de l'âge, *e barr e vrud, en e vella, en e varr.* On dit d'une vache, lorsqu'elle donne le plus de lait, qu'elle est, *en e barr leaz.*

Fleuri. *Fleured*, en usage. Le m. fleur, paraît breton. *Bleunv*, se dit particulièrement des petites fleurs. Quelques uns prononcent, et il faudrait peut-être écrire, *bleum*, d'après l'all., *blum*, l'angl., *bloom.*

Vitraux à couleurs. *Gver fleured, gver a liou.*

Flotter. *Floda, beza var flod, floja*, (h. L.) signifie de plus, manquer de consistance.

Fluctuation. *Cullusc.*

Fluxion. *Catar.*

Foi. Sans... *Digred, amgred, difeiz.* Posséder de bonne... *Jovissa leal.*

Fois. *Veich* (veis. Trég. vices). La dernière fois que je vis, *diveza ma velson (velis).*

Foison. A... *A c'hrugell, a vern, crugell*, signifie directement, fourmilière ; par extens. tertre, etc.

Folâtre. *Fring, frinkig.*

Fonctions. Il est chargé provisoirement des fonctions de maire, *lakeat eo da ober mear, da c'hortoz.*

Fond. m. br. Au fond, réellement, *e fond ar virionez.*

Fontaine. *Funten*, est préférable à *fenten*, que l'on trouve, *(fontan.)*

Fonte. La... des neiges a inondé, *an teuz erc'h en d-euz beuzed. Teuzerez*, signifierait, fonderie. Ces extra-sens sont fréq. dans le Diction.

Force. Le bret. *fors*, signifie grande quantité ; et *fort*, volumineux, corporé. L'all. *werth* l'angl. *worth* (vors), le lat. *virt-us*, le franç. *force*, et peut-être le breton, *nerz*, ne pourraient-ils pas être ramenés à une même racine primitive ? Quand j'ai employé la force à son égard, elle a avoué, *p'am euz great ar c'hre varni e d-euz anzaved.*

Forcené (un). *Un egared.*

Forêt. *Forest.* M. br. d'où le b. lat. *foresta. Forest*, a fait, *ferz. Forestic*, (petite forêt). *Fourestou uhella*, etc. Ce sont des noms de lieux fort communs. *Difroesta, (diforesta)*, défricher.

Forger, des mensonges. *Trei geier (arare mendac). Forja, forcha tiegez*, monter ménage (b. lat. *forgia).*

Forme. *Furm, doare*, qui s'emploie aussi pour signifier nature, essence, comme *forma* en latin. L'explication de l'apparente opposition de ces deux sens donnés au même mot, (essence, apparence) est du ressort de la philos. (V. aussi S. Paul et les comment.) Il commence à prendre une forme, *sevel a ra doare deza.* Une belle forme de chandelier, *ur goubari brao a gantolor.*

Former. Les fruits commencent à se f... *Ar frouez a zo o croui, o crouevi.*

Fort. *Cre*, (gr. creiô). Au fort de l'été, *e gor an anv, e barr an anv.* C'est là son fort, *eno ema en e gre.* Il pleut... *Goall-c'hlao a ra.* Le breton, *fort*, a le sens de corpulent, volumineux, épais. Le grec, *fortos*, se rapproche du même sens. C'est un de ces mots sans nombre, communs aux langues indo-européennes, grecque, latine, celtique, avec des nuances de significations.

Fosse. *Foz.* pl. *fozou* et *fezier.* Certains noms prouvent qu'on a dit, régulièrement, *fozou, fal-zou, parcou.*

Fossé. Le Dict., faute de fermeté sur les principes, dont un des plus simples est l'invariabilité du radical, écrit ce mot de trois manières : *cleuzou, cleuziou, cleusiou.* Quelques-uns même écrivent, *cleuchou.* Les trois dernières manières violent le principe. V. ce qui a été dit sur la prononciation.

Fou. *Foll, briz.* Devenir... de dépit, *scanbenni gant an dipit, gant an despez.* Taisez-vous, folle (q. v. êtes), *roit peoc'h, brizenn! (zo ac'hanoc'h).*

Fougueux. *Fou, foll.* Le br., fou, exprime plusieurs nuances. Il signifie trop élégant, vif, etc. *Ur marc'h fou,* un cheval fringant, fougueux.

Fouiller. *Foutlla,* (b. lat. *fodiculare*), m. br.

Foule. *Foul.* M. br. *Engroz, tolb braz.* On prononce, *torr braz. (Turba).*

Fouler. *Bressa, palissa (ar foenn).*

Fournir. *Pourchass, fournissa,* (b. lat., *furnire).* m. br.

Fourrage. *Fourrach, (foder ajium).*

Fourrer, introduire. *Fourra,* m. br.

Fragile. *Bresc, edor...* Je suis... *Me zo faziuz, siouaz!*

Fragment. *Peziad, (chal. pas), troc'had.*

Frais. Sous cet arbre on trouve le... *Dindan ar vezenn-ma eo didan beza, iac'h.*

Frais. En parlant du teint, des traits du visage.

Diroufenn. — Dépenses. A vos frais, *var ho miz.*

Frappant. *A sco er galon, a id dre ar galon.*

Frappé, ému. Il fut... *Un taol a scoas en e galon.*

Frapper. *Lopa var, torpilat var.* Il frappait la terre du pied, *steki a rea e dreid en douar.*

Frémir. A faire... *M'oa scrij e gvelet, ur scrij.*

Fréquent, fréquemment. *Stanc.*

Fréquenter. *Enti.* Dis-moi qui tu..., je te dirai qui tu es, *lavar d'in gant piou ez es, me lavaro d'it petra res.*

Fret. En breton, signifie souvent, emploi, occupation. *Mar cavan fret deza,* si je lui trouve un emploi.

Frétiller. *Fistoulat.*

Fringant. *Fring, frinkig, friantiz enna.*

Fringante. *Plac'h fou.*

Friser. *Friza.* Choux qui fr... *Caol friz.*

Frissonnement, frissonner. *Ascren, grenien, ascrena, grija, beza rijed, (rigere).*

Froid. Avoir... *Riva, caout riou, (rigere).*

Froisser. *Brevenna, goarigella, brevi.*

Frustrer. *Diranna, c'huilla.*

Fulminer, invectiver. *Crozal.*

Fumure. *Tremp.*

Fureur. Se mettre en... *Mont en egar, e counar, connari.*

Futilité. *Ranerez, rambr, rambreou, rambrerez.* Diseur de... *Raneeur, (rien).*

G.

Gabari. Modèle de vaiss., du br. *Gobari,* forme, modèle, extérieur. *Un den eo, gobaried mad da veza mear ; ar memez gobari den gant e vreur,* c'est un homme bien taillé pour la mairie ; même extérieur que son frère. (Siz.)

Gagne-pain. C'est mon... *Diouta ema va bara.*

Gagner, une maladie. *Destum, paca.*

Gangrène. (de, *grainô, crigna*).

Garantir. Propro à... *Goarantuz, dioualluz.*

Garçonnière. *Raspaotr.* Le préfixe, *ras,* est fréquent. *Rasparedi,* cuir superficiellem. ; peut-être pour, *brasparedi.* On dit, *brascounta,* compter par aperçu.

Garde. Nous en avons la... *Ni on d-euz an diouall anezo.* Pommes de... *Avalou miret.* Le mot *goard,* est de la vieille langue.

Garder. Continuellem. il faut le... *Dalc'h-mad e ranker beza var ziouall aneza, var evez aneza.*

Garrot. *Drean ar marc'h.*

Gâter. Ceux que l'on g..., en deviennent moins traitables, *ar re a reer camambre dezo a vez goassoc'h ober ganto. Ar re a vez licaoued.*

Gâté. *Tezed, troed, o vont da fall.* En parlant du blé : *O cossedi, cosseded.*

Gémir. *Keini, cunudi,* en parlant des petites bêtes. (héb. *kun*). Le vent gémissant annonce la pluie, *avel huanaduz sin glao.*

Gémissement. *Keinenn.* Le pauvre enfant fait entendre un gémissement qui fait pitié, *ur geinennic a zo var ar c'hrouadur paour, truez e glevet* (Figr).

Genre. Je sais quel genre de voix il a, *me voar pes doare moues eo.* Quel genre d'homme, *pes doare, pes seurt den?*

Génuflexion Faire... *Pendalouina.* (h. L.)

Gesticulation. *Peint.*

Gesticuler. *Peinta.* D'une manière exorbitante, *en em zifreta.*

Giboyer. *Gadona.*

Gisant. *A-stoc, a-stok e gorf, astenned.*

Gîte. *Loj, lojeiz,* du lièvre. *Jet.*

Glace. *Scorn.* La première qui se forme, *sclass.* Ici, comme dans une foule d'autres m. l's est postiche *(glacies).* Les anciens appelaient la Mer Glaciale, *Cronium.* Preuve entre mille qu'ils connaissaient la langue du nord et de l'occident de l'Europe, ou le celte.

Glacer. Je fus presque glacé d'effroi, *mennout a ris sclassi gant aoun, stena.*

Glissade. *Ricladenn,* que le Dict. confond avec *riscadenn,* essai aventureux.

Glisser. *Ricla.* Couler adroitement. *Sila.* Mieux vaut glisser du pied que de la langue, *goas ur ricladenn teod eget ur ricladenn troad.*

Gloire. *Gloar.* En remontant à l'idée fondamentale de gloire, au sens originaire et physique du mot, on arrive à l'idée de lumière. *Lux, illustratio, claritas, gloria... Lumen et gloria.* « *Lux, sive gloria.* » V. BELL. in ps. 102. VEGA. n. 1402, etc. etc. Il y a ici affinité de sens et de forme : *gloria, clara.*

Goût. Un des cinq sens. *Goût.* Saveur, *saour, blaz.* Prier sans... *Beza dizaour. er pedennou, (hypall); pedi divlaz, dizaour.* L'opposé : *c'hoüg.* A votre goût, *en ho tiviz, d'ho kiz.*

Goûter. Quand mon âme goûte la piété, *pa vez va ene e saour vad.*

Goutte, qui tombe. *Strill,* verbe : *strilla,* (stillare) *distrilla, dirilla, dizilla?*

Gouvernement. *Mar teu ar c'houarnamant var e dress,* si le gouv. se rétablit. (80).

Gouverner. *Gouarn. Pa vezer cat betec al lost ac ar scouarn e vezer divezad da c'houarn.*

Grabat. *Gvele-reaz, goudouer.*

Grabataire. *Etre e vele ac an tan, var e vele.*

Grâce. *Gras,* ou *grass.* Le radical, *grat,* est de la vieille langue de l'occident. Dans le sens positif, naturel, sensible, il est l'opposé du latin, *incommodus.* La gloire réelle est le rayonnement de la lumière et de la beauté divines, dont le reflet dans l'âme ici-bas s'appelle grâce. Dans la vraie notion, lumière et gloire, gloire et grâce, s'unissent si intimement que souvent l'écriture les identifie. La ressemblance divine en nous s'appelle, sur la terre, grâce, au ciel, gloire. Il faudrait ici des vol. — C'est grâce à sa bonne conduite et à son travail, *e furentez ac e zorn (e zaouarn) a ra evita. Grat, gras,* même m. l's et le *t,* se remplacent. Il y a telle localité, ou tous les *s* sont des *t,* (Nevez). Dans la même maison, deux personnes interrogées sur le nom d'une fleur, l'appelèrent, l'une, *bodan,* l'autre, *bodan,* ou *bodenn;* (velen). Ainsi, *t, d, s,* se remplacent aussi : *grat, gras.*

Grève. Travailler à la grève, pêcher le goëmon. *Aocha,* et mieux, comme on dit à Cléder, *aota.*

Grandement. Vous vous trompez... *Fazia braz a rit.*

Grandeurs de la terre, *brasderou an douar.* On prononce souv. *brasderiou.*

Grandir. *Dont da greac'h.*

Gras. Rendre ou devenir... *Larda.* — de plus en plus. *Lartaat.* Les Diction. br. ne font jamais cette différence, importante pourtant au point de vue de la richesse de la langue.

Gravement. *Var e boez, pozed, var e zress. Dress,* signifie aussi, sans pencher, etc.

Gravité. *Parfetis.*

Gré. *Grat, grass.* A votre... *En ho tiviz, diouz ho tiviz.* Au gré du vent, *en toul an avel, gant toul an avel, gant an avel, en toul mor ac avel.* Au gré du vent et de la marée. Difficile à servir; ne sait gré à personne, *diez da zervicha; n'en d-euz gras-vad ebet, aviz ebet, aviz-vad ebet; diaviz eo.* Le mot, *aviz,* est d'un emploi trop étendu, trop universel, pour n'être pas ancien dans le breton. Sa ressemblance avec le français peut être une coïncidence, *avis* n'ayant pas la même signification.

Grevé. Nous sommes... *Ni a zo goasked.*

Grimaces. *Ormidou, ardou, simill, simillou, simillerez,* (gr. semeion).

Gris. *Griz.* M. de tous les dialectes. En Hongrie, *greis,* signifie, vieux.

Grognement. *Soroc'h. Var dro ar moc'h e vez soroc'h,* où il y a des cochons il y a des grognons.

Grogner, gronder. *Grontal. Gront,* en breton, signifie primitivement, bruit sourd. *O clevet gront, e creiz an noz... Ur bleiz eharz an ti...* (Languerc'h 80). *Grontal, crozal,* peut se ramener par voie d'onomatopée, à l'all. *gruntzen,* au gr. *gruzô.*

Grondeur. *Crozeur, soroc'heur, soroc'huz, scandaluz, fronelluz,* (qui parle du nez).

Gros. Opposé à fin. *Groz.* De tous les dialect. Le gros des travaux d'hiver est fait, *al labourou goanv a zo divrazed. Teo e parlantes,* (lourd, garo), ton langage est grossier.

Grossir. *Ober corf,* en parlant de tubercules, etc.

Groupe. *Bodad, bagad,* connu en Léon et en Corn. (Poullaouen), signifie au mascul. groupe, au féminin, batelée. Le Dict. le met donc à contresens. D'après le Dict. imp. à la Haye, l'hébr. *bagath* a le même sens.

Guérison. *Pare.*

Guichet. *Viched.*

Guide, lanière. *Sibl, siblenn, ranjenn, lerenn.*

Guider, conduire, diriger, mener, ne diffèrent pas dans le sens usuel et dérivé.

Guirlande. *Garlantez,* d'où le b. l. *garlanda.*

H.

Habile. DAVIES, 1630, *Levr ar finvezou,* 1700, le Dict. de 1756, etc, écrivent, *abil.*

Habiter. *Beza o choum e... Choum,* simplement, signifie rester un moment.

Hagard. *Scoelf, discorbelled e zaoulagad.*

Haineux. *Cassoniuz. Cassaüz,* veut dire, insupportable.

Hallucination. A coup sûr, j'étais le jouet de quelque h... quand j'ai épousé cet homme, *assur oa lakead gleurou var va daoulagad, pa edon o timezi da ennez.*

Hardi. Le premier livre breton que j'ai vu, écrit : *ardiz,* (ar, tis? Ce préfixe, ar, est fréq. *ardraon, arbrad,* etc.)

Hasarder. *Avanturi.* Je hasardais un mot français; et mon français, vous le savez, n'est pas des plus brillants, *me riscas digass* (prononcer) *ur ger galleg; ha va galleg-me, a c'houzoc'h, neket fou.*

Hasardeusement. *A-vroc.*

Hasardeux. Essai... *Brocadenn, riscadenn.*

Hâte. On trouve, *ast*, dans des livres d'où l'esprit de système est absent, *Buez Sent Breiz, etc.*, et il y a un mot hébreu qui lui ressemble pour la forme et pour le sens, *(ast)*. *Mall braz eo ganein*, j'ai bien hâte. *Mall eo d'in*, a un autre sens. Il alla en toute hâte, *mont a reas, mall ganta ; err enna.*

Hâter. Il a... précipité sa mort, *asted en d-euz e varo.* Hâter ne fait pas toujours arriver. *Rodic a dro a ra bro, rodic a red ne ra ket ; cammed ac cammed e rear tro ar bed ; ne dalv ket mont d'ar red, gvelloc'h eo mont a-bred.*

Haut. *Uhel.* (gr. *oha*.) Plus la colline est... plus l'herbe est courte, *sul ma vez uhel ar gréchenn, sul dreutoc'h e vez ar beurenn.*

Hautain. *Autuz,* (gr. *authad-es*).

Hauteurs. Les grands coups de vent sont pour les... *Ar goall-dôliou avel a sco var an uhel.*

Herbe. Manger son blé en... ; son revenu d'avance, *dibri e eost divar e c'har.* Couper l'h... sous les pieds à... *Tenna an dour divar e brad da...*

Hérisser (se). *Sevel reud, sounn.*

Hériter. *Heritout.* rac. bret.

Hésiter. *Beza etre daou, (dub, duo).*

Heure. *Eur,* gr. *ora,* héb. *or,* lumière.

Heureux. Vous êtes heureux d'être riche, sinon... *Mad eo deoc'h m'óc'h penvidig — beza penvidig, anez...* Tu es h... d'être riche, sans cela ! *mad*

eo d'it ma out penvidig, anez! Neket diez d'it, neket fall d'it, neket disegar d'it !

Heurt. m. br. *Heurt,* angl. *hurt,* prononcé, *eurt. Heurtad.* De tous les dialectes. *Stoc, stocad, stocadenn.*

Hier soir. *Neuzur.* (h. et b. L.)

Homme. Enfin le voilà devenu un h... *Pelloc'h ez euz goaz aneza, (vas, mas?)*

Honnête. On trouve : *Onest,* m. néc. *Den a zoare.*

Honneurs et aises ne partagent guère une même chaise, *eaz ac enor ne vezont nemeur var ar memez cador.*

Honorable. Il trouvait... *Enor e cave...*

Honteux. Qui a honte, *mezog.* Qui fait... *Mezuz.* C'est honteux, *mez eo !*

Horreur, horrible. *Udur.* C'était une... *Un udur oa, ur scrij.* Voici le drame dans tout son horrible, *setu ama an abadenn en e euzussa.*

Huile à brûler. *Mor-c'houlou, (mer).*

Humain. Au point de vue h... *En tu diouz ar bed.*

Humble. On trouve : *umbl,* 1757.

Humeur. Mauvaise... *Imor,* (Dict. 1757, et l'usage). Qui est de... *Goall-imored,* (b. L.)

Humble, humilité. M. néc. *Spered humbl.*

Humidité. *Leiz, leizder, leizien, leizamzer.*

Hurler. *Iouc'hal.*

Hutte. *Lokig. Hut,* m. br. *Lojig, lojennig.*

I.

Idée. Je n'en ai nulle... *Ne ouzon ano ebed eus an dra-ze.*

Idiot. *Diod.* Faire l'... *Diodi.*

Idolâtrer. Sa mère l'idolâtre, *idoled eo gant e vamm.* (80).

Ignorant. *Dianavez, azenn. An ini a lavar e voar peb tra, a zisouez eo an azenna.*

Illusions. *Briz-uvreou.* Ils se font illusion, *evel drellet int.*

Imaginer, inventer. *Ha petra en d-euz empenned, ampresta arc'hant da gaout ur vaouez,* quelle imagination ! d'emprunter de l'argent pour trouver femme ! *Ac a draou a empenn an dud !* Que de choses les hommes imaginent !

Immobile. *A blass, a varo, scoassed, Pa z-ân ez ân a gass, ha pa chouman e chouman a blass.*

Immodeste. *Divodest,* m. néc.

Immortel, immortalité. *Eb mervel ebed.*

Immuable. *Eb sench ebet, atao ar memez, evel evel atao.*

Impatient. *Brevaled, brizidig.*

Impatienter (s'). *Egari, chala, dibassianti,* se dit souvent.

Impénétrable. Par les plus imp... desseins de la Providence, *rac m'e d-euz ar Brovidans e zonj, cuzed mad ouzom-ni. Arcano Providentiæ concilio.*

Imperfection. *Manc, mancou, mancouigou, faziouigou.* Le mot du Dict., *diglokder,* est tout-à-fait étranger à la langue.

Impétueux. *Fourraduz, cass ganta,* ou *enna.*

Impétueusement. *A gass, a err.*

Impie. Un... *Un dizacred a zen, un difeiz, un dizoue a zen.*

Impiété. L'... *An difeiz.*

Impoli. *Disman, diaviz, groz e arvez, dic'hrass, (evel ur roched nevez).*

Important. *A boez, a denn da vraz.*

Imposant. Air... *Ear doujed.*

Impôts. *Taillou.*

Impression. Un taol er galon. *Santimant,* est un m. néc.

Imprévu. *A deu, deued en un taol.*

Improvisation. *Taolad spered diouz-tu.*

Imprudent. *Diaviz, dievez.*

Inadvertance. *Dizonj.*

Inattentif. *Dievez, dizonj, dibarfet.*

Incarner (s'). *Kemeret ur c'horf den.* Express. ancienne, et conforme au génie de la langue.

Incartade. *Folladenn.*

Incertain. *Da c'houzout.* La récolte est... *An eost a zo c'hoaz var var.*

Incivil, incivilement. *Divalo, divaniel, dizoare, dic'hrass.*

Incommode. *Diez.* En parl. des personnes : *diez, egas, kivioul, kintuz.*

Incommodé, indisposé. *Diez. N'ema ket var e du, neket eaz avoalc'h. Gourglanv.*

Incompatible. *N'int ket evit en em c'houzav, en em glevet, aola an eil gant egile.*

Inconsidéré, inconsidérément. *Balc'h, diboel. A gaoze balc'h.*

Inconvenant. Il est... de se louer soi-même, *neket brao en em veuli an unan.*

Incrédulité. *Amcredurez, (un Tregaur), am gredi. An discredi.*

Indépendant. *N'ema dindan den, en e roll e-unan.* Le Dict. met : *Ne zav oc'h den,* ce qui signifie, qui ne résiste à personne; contre-sens. On a voulu calquer le français : qui ne relève de personne.

Indifférent, insensible. *Digaz, lèn. Ne ra van ouz den, van eus netra, na droug na foug enna.* (Impassible). *N'en d-euz na poan na diboan, pa ne voar ket.*

Indigestion. Il a eu une... *Saved ar boed var e galon, d'e galon.*

Indirect, indirectement. *A dro.*

Indisciplinable. *Arz ebet deza, arz ebed outa. Diroll.*

Indiscret. *Diaviz, balc'h.* Pour la soustraire à la curiosité indiscrète du public, *da viret na vize gveled gant curiuzenned diaviz.*

Indispensable. C'est... *Ur pez red eo, a ranc beza, n'oer ket evit ober ebda.*

Indisposé, incommodé. On est indisposé contre lui, *troed eo meno an dud en e eneb — eneb deza.*

Infaillible. *Difazi,* qui signifie aussi, clair, facile à voir, à comprendre.

Infâme. *Mez e envel, mez lavaret ano aneza, comz aneza.*

Infernal. Un esprit... *Ur spered ifern.*

Infiltrer (s'). *Mont a zil a zil. Sila.*

Infini. *Niver ebed deza, muzul, count ebet deza, eb fin.*

Infirme. *Clanvuz, issill.*

Inflammable. *A grog an tan enna, a id an tan dreiza buan, buan da flamma.*

Inflammation. t. méd. *Tanedigez, tanizenn, lescadurez, fô.* L'... paraît sur son visage, *tanizenned eo e vizach.*

Inflexible. *Reud.*

Influence. *Vertuz. A dôl var.* Au moral : *Levezon,* (ascendant).

Influer sur. *Tôler var.*

Infus. *(Deued) rag-eün eus an nev.*

Inhabité. *Diloj, den ebed enna.*

Injurier. *Goall-envel, lavaret goall-anvou, vileniou da.*

Innocent. Qui ne nuit pas. *Dinoaz.*

Inoccupé. *Vag. Dioccup,* n'est pas tout-à-fait bret.

Inondation. *Dour beuz.*

Inquiéter. Il commence à s'inquiéter au sujet de son fils, *coumans a ra nec'hi, beza nec'hed, gant e vab.*

Inquiétude, vague. *Encrezenn.*

Insensé. Un... *Un egared.*

Insensible. Devenir... *Dont da griza, da galedi.*

Insinuant. *Teod tano, a gaoze tano.*

Insinuer (s'). *En em zila. Sila.*

Insipide. Paroles... *Comzou panenn.*

Insister, sur. *Starda da. Pedi ac erbedi. O pedi ac o-h erbedi e vez great ar grevidi,* à force d'instances on réussit.

Insolent, insolemment. *Pez divalo, divezed, divez.*

Insouciant. *Lez-ober.*

Instances. Que d'..! *Ac a bederez!* En mauvaise p. Faites instance sur lui, *stardit deza, pedid-e stard.*

Instant. Il n'a pas été un... *Neket bet un eulvenn.* (Voir la filiation des sens). En un instant, *en ur ber berr.* S'asseoir, s'étendre, s'éloigner un... *Ober un azezic, ur gourvezic, un tec'hig.*

Instigation. *Voall-ali.*

Instituer. Il ne manque ici au mot, *lacaat,* que d'être employé dans ce sens, qui est son sens propre, positif. L'esprit de routine nous le voile. Des livres anciens mettent : *sevel a-nevez.* Le sens itératif, donné faussement au terme, *a nevez,* peut encore empêcher l'emploi de cette locution. *A nevez* a ici sa vraie signification. *Adarre,* a une autre.

Instruction. Il n'a pas complété son... *Neket perzesked c'hoaz. Neket,* est une abrév. de, *n'eo ket.*

Instrument, de fer. *Clao, penn-clao.* De toute matière : *Ijin, reizou,* sing. *reiz, prestou.*

Insubordonné. *Dizuj, divarn.*

Insulte. *Hu, huerez, vileni, bafoui,* (verbe), *bafouerez.* L'infinitif peut toujours servir de nom.

Intelligence. *Skiant, meis, (mens?)* Comprenezon, est devenu m. usuel. *Ar vudezic keas, ha n'eo nemet seiz vloaz, e d-euz meis, a gass ar zaout...* Cette pauvre petite muette de 7 ans a de l'intelligence, conduit les vaches... *Epad un anter-eur goude ma vez bet sempled, evel-se, ne devez meis eus netra,* pendant une demi-heure après ces défaillances, elle n'a l'intelligence, le sentiment de rien (CORN.) *Mar em bize bet meis avoalc'h neuze, n'em bize ket great an dra-ze,* si j'avais eu alors assez d'intelligence, je n'eus pas fait cela.

Intelligible. *Freaz, splam, sclear, anad.*

Intempestif. *Eneb an dro, n'ema ket e vare.*

Intense. La chaleur était... *Un domder diraved* (vero) *a oa.*

Intention. Dans l'... *En aviz (e velet,* h. et b. L.) Avoir l'... *Biza.* Que le mot vienne de *biz,* (index) ou du l. *visere,* on pourra toujours, en remontant aux origines, soutenir qu'il est breton. Il est d'un usage universel, et le fr. *avis,* n'a pas le même sens. *Aviz vad en d-oa,* son int. était bonne. Il avait comme l'... de. *E seul aviz edo da,* (sur le talon du projet). Allez-y, puisque v. en aviez l'... *It atao, p'oc'h euz bized mont, p'edoc'h en aviz, e sonj mont, p'oa ho spered, p'edo en ho spered mont.* Je l'ai acheté pour v., à votre... *En oc'h aviz em euz e brened.* (80).

14

Intentionné. *Santimanted*, m. us.

Intercepter. *Troc'ha etre.*

Interdit. Il resta… *Balc'h, mantred, abafed, e choumas.*

Intérieurement. *Enna e-unan.* Il se disait… *Outa e-unan e lavare.*

Intermittence. *Distag. Un abascaenn a ra vad da un den clanv,* une… soulage un malade.

Intermittent. *A vareadou, a daoladou.*

Interroger. On l'interrogea, *goulennou a oe great outa.*

Interrompre, sa journée de travail, *terri e zevez labour.* — Celui qui parle, *mont var g'er un all.*

Interruption. *Distag.*

Intervalle. Par… *A vareadou, a dachadou, a bennadou,* (h. L. 70). Dans l'… *Etre daou.* Cette locution signifie encore : médiocre, incertain, hésitant. C'est que les notions qui s'attachent aux différents termes ne s'éclairent et ne se précisent que par le rapprochement des autres termes opposés ou analogues.

Intimer. *Kemenn.*

Intimider. *Lacaat de lenta.* S'… de plus en plus ;

devenir de plus en plus timide. *Lentaat.* Il s'intimida, *lenta a reas.*

Intraitable. *Divarn, dizuj. N'euz den evita,* tu vad ebed varna. Tu vad, tu mad, signifie aussi bonne qualité. (Trég.)

Introduire. *Digeri da.*

Inutile. *Didalvez, dizervich; null.* (Remonter aux orig.) J'ai entendu : *Un den dic'hounid eo,* c'est un homme qui ne gagne rien.

Invariable. *Atao ar memez, eb sench ebed.*

Invention. C'est une… *Un ivantenn eo.*

Invétéré. Sa maladie était… mais les cautères l'ont fait revenir, *goall-grizienned oa ar c'hlenved enna, met an deltennou (ar mouchou) o d-euz en digassed.*

Invisible. *A guz, (d'an oll).*

Irascible. *Prim, buan da facha.*

Irréprochable. *Direbech, difazi.*

Irriguer. Faire des irrigations. L'Avent en est l'époque, *en Asvent eo gouazia ar prajou. Rigoli,* a été usité.

Ivrogne. *Roulleur, tapeur,* (gr. *tapein; eva a tapadou*).

J.

Jambage, de porte. *Post,* (lat. *postis*).

Jeunesse. Dans sa… *Er iaouanc.*

Jouet, du vent. *Taol distaol gant an avel.*

Juger. Il ne faut pas le… sur sa mine, *neket diouz e velet eo mont deza — eo barn aneza.*

Juste, justement. Le m. *just,* est nécess. Quelle

qu'en soit l'origine, par sa forme il entre naturellement dans la langue bretonne, avec toutes les signific. qu'il a en français. *Justic edon,* j'étais à peine assez tôt.

Justice. Si l'on agissait selon la… *Mà ve great eün, mar d-afet gant ar eün.* — Les magistrats, *ar barnerien.* (MARIGO : *eur*).

L.

Lac. *Loc'h,* (héb. *leh.* Le *h* et le *g,* ou *c,* se remplacent. V. BARRAD. t. 3. 502).

Lâcher, la bride. *Rei lans, lezel en e roll.*

Lacune. *Mankenn.*

Laideur. Prov. *Neket ar viloni a ra an druzoni.*

Langage. *Mod prezeg, parlant,* v. m. us. *Langach,* se dit, en mauvaise p. Il sait trois langues, *tri seurt parlant a voar.*

Langue, organe. *Teod.* Une femme de mauvaise… *Ur goall deod maouez.*

Langueur. *Fallentez, falloni, langis,* m. us. *Falloni,* se prend souvent au moral, pour, mauvaise action.

Languir. *Toc'hori, isilla, lang'issa.* En parlant des végétaux, *dizeria.*

Larmes. Les… lui venaient aux yeux. *Reaz oa e zaoulagad.*

Las. *Scuiz, perscuiz, lastred.* Travail qui lasse, *labour fezuz, lazuz, lastruz, etc.* (K).

Le, article. *An.* L'article s'emploie plus souvent depuis que le français a pris la haute main, surtout dans les noms propres : *ar C'ham, ar Frans, ar Vreis.* — Les anciens disent : *Frans. Ebad eo d'ar re-ze, o d-euz bara mad ha gvele soubl.*

Lèche de pain. *Delienn vara.*

Lecture. *Pennad lenn, lennadenn.*

Léger, frivole. *Gadal (evel gad).* Qui court vite, *lijer* (K), *buan.*

Légèreté. *Scanvadurez, berboell;* qui est aussi adjectif, comme, *berboellig.*

Lent. *Lugud.* En parlant du travail : *luguduz.*

Lentement. Travailler… *Ludut.* Qui travaille… *Lugudeur.*

Liberté. *Libertez,* anc. livre.

Lisière, d'un champ. *Crizenn,* (cru, non labouré).

Lieu. Le premier son a eu lieu, *ar zon kenta a zo bet. En d-euz bet leac'h,* sent l'écolier. J'ai lieu d'être triste, *n'em euz ken tro nemet — tro am euz da veza trist.* — Prov. *Pa vez tro da goll eo gvell anter eget oll.*

Livide. *Persdu, dourlived.*

Livré, au vol. *Tôled, en em dôled, d'al laeronsi.*

Loisir. Puisque j'ai du… *Pa oun vag, p'oun di-breder,* (b. et h. L.)

Long-temps. *Pell ac hir.* Le plus… que je pourrai, *hirra ma c'hallin.*

Lucratif. *Goniduz, arc'hantuz.*

Luxe. *Fouerez, ficherez, digoradur.*

Luxure. Le m. *lucsur,* paraît nécessaire.

M.

Machine. *Ijin.* M. devenu br. *Gant an ijinou nevez ez ear buan,* avec les machines nouv. on va vite.

Magasin. Mettre en... *Magazenna,* qu'on peut prononcer *magajenna.*

Maitriser. *Suji;* et plus souvent, quand le verbe est intransitif, *suja.*

Majesté. *Taill nobl, doujed.* Majestez, ainsi écrit dans les livres anc. Ceux qui disent : *Ar veurdet a Zoue* — au lieu de — *Majestez an Aotrou Doue,* brisent la syntaxe bretonne, oublient cet axiome de philosophie : *forma dat esse,* et forgent un mot pour en écarter un autre plus ancien et absolument nécessaire. Le terme de majesté n'appartient originairement qu'au latin ; le grec ne l'a pas : *Majestatis ignorat nomen,* Son mot, *doxa,* est rendu dans la vulgate par, *majestas,* et par, *gloria.*

Majestueux. *Solen.* (W).

Malheur. *Maleur.* (MARIGO) v. m. presque bret. *Reuz, goall-darvoud, goall-dro.* Malheur à... *Goual! goaz da! Vouai deomp-ni!* Nous en patirons. (b. L. gr. *ouai*).

Malheureux. Vous n'êtes pas... *Neket fall, neket diez, neket disegar deoc'h, c'hui zo brao deoc'h.*

Malhonnête. *Divalo, vil, dizoare.*

Malice. *Drougias, goalissi. Maliss,* est usité, et dans le génie du bret.

Malintentionné. *Goall-zantimanted.* Même obs.

Maltraiter. *Goall-lacaat, bafoui.*

Mander. *Kemenn.* On manda à son père, *kemenned e oe d'e dad, kemenn a oe great d'e dad.*

Manége. Je verrai quel m... il fera, *me velo pese ruill a rai,* veut dire aussi, quelle issue...

Manger. Donner à... comme à un enfant. *Pasca,* (*pascere*).

Maniable. *Eaz da gass, da vania, da ambrega.* Soupl, *direbarb.*

Manier. *Cass en dro, mania,* v. m.

Manière. *Doare, tro, ent, mod.* Ce n'est pas de cette... *Neket en ent-se eo.* Il y a différentes manières de faire; *ober ac ober a zo.* C'est un homme de bonnes manières, *un arvez vrao, ur vaniel vrao a zen eo, maniel brao deza, earied brao.* Sans... *Divaniel, divaiz, digaz, dic'hrass.* Il critique ma manière de lire, de parler, de marcher, *abeg a gav em lenn, em parlant, em bale,* (infinitif). Affèterie. *Ardou, modou,* pl. de *ard, mod,* monosyllabes, partout usités. *Maniel,* (pour *manier*), a fait le latin rustique; *ober ac ober a zo,* qui a la même origine que, *manus.* Ne pas oublier les origines communes, ombriennes, celtiq., etc. ; ni ce fait admis par les moins jaloux de passer pour celtistes, que les mots français de la plus ancienne roche sont généralement du gaulois, (ou celto-br,) et appartiennent aux dial. celtiq.

Maniement, remûment. *Dournaterez.* Que de.. ! *Ac a freuz! ac a rencou ganes!* Quelle manœuvre fera-t-il ? où ira-t-il ? *Pe ruill a rai?*

Manquement, manquer. *Manc, mancout.* (b. l. *mancàre*).

Mantelet. *Mantellic, joublinenn.*

Manuel. *Levric dorn, levr godel.*

Marais. *Gvern, prajenn* (pour *pradenn*), *gun,* (héb.)

Marque. *Roud, tress,* (b. l. *tessera*).

Matières. *Peadra, danvez.* Qui vient des bois. *Danveziad, danveziadou.*

Maudit. *Milliged.* Les.. ! *An daonedou!*

Mauvais. Oter ce qui est... *Difalla,* (*ur pennad moger*). Ce qui revient à l'idée de réparer.

Maximes. Les vieilles... reprendront le dessus, *ar sturiou coz a zavo c'hoaz var c'horre, a deui da vir adarre* (95). C'est au pied des montagnes d'Arées que j'ai entendu cette expression, dont le sens originaire saute aux yeux. Ceux qui ne suivent pas la filiation des sens dans les mots, ne l'admettront pas; et ils sont nombreux. De là, pour eux, la pauvreté de la langue.

Méchant. *Goall-ini, goall-unan. Divad out, pa res ar seurt poan d'as vam,* tu es bien méchant, de faire une telle peine à ta mère.

Mèche. Couper la... *Divoucha ar goulou.*

Mécontent. *Droug enna, neket aviz.*

Médire, pour plaire. *Fludenna.*

Méditer. *Pleustri, midita.* V. **CONTEMPLER.**

Mélange. *Touezenn.* — de paille et de trèfle hachés, *colo ha melchenn drailled en un douezenn.*

Mèlée. *Cabal. Mesc, mescadurez, mescadenn, mescad,* (gr. *misgô,* hébr. *masag, mesec,* etc.) Ce m. est de ceux qui sont communs aux deux grandes familles sémitiq. et indo-europ.

Même. Le même métier que son père, *ar memez micher gant e dad—ma rea e dad.* Le m. br. *memez,* est sans équival. Il a été écarté par une fausse crainte de la parenté des lang. (Gr. *omoios, mimesis*). De même âge que moi, *ken-oad d'in-me — gane-me.*

Mémoire. Sa... s'affaiblit, *divemori a ra.* Sa mémoire bénie, *bennoz var e ano.*

Ménage. *Dispign a reer o vont en ent, ac o terc'hel ti daou c'hement,* on dépense en voyage, et le double en ménage.

Ménager. *Espern, ober kempenn.* Se trop... *Beza rezamantuz.*

Menées. Je connais ses... *Me voar e droiou — e roudou.*

Mention. Il n'en est pas... *N'euz meneg ebet, ano ebet, kel ebed aneza, Ne glever na roud na meneg aneza.*

Menu, adv. *Munud.*

Mériter, méritoire. *Miritout, mirituz,* m. nécess. usit,

Merveille, merveilleux. Ce n'est pas... *Neket mars—marvaill. Mars,* est encore usité, quoiqu'en dise LE PELTIER. *Pez caer, cur caer, tôl caër.*

Méthode. *Mod, doare.* On se sert plus souvent de l'infinitif. La meilleure méthode de culture, *ar gvella tiecaat.*

Mets. *Meuz, boed.*

Meuble, aisé à remuer. *Blod.*

Miette. Il n'a pas mangé une miette, *n'en d-euz ket bet un eskenenn, un eskenn, (esca) ur vruzunenn da zibri.*

Miné. *Min,* (héb. *min*), man.

Minorité. Le plus petit nombre, *al lodenn vianna.*

Minute, original. *An escadenn, (adenn genta?)*

Mobile. *Sench dizench, edro.* — L'argent est son mobile, *an arc'hant eo a gass aneza — a gass aneza en dro — a ra deza loc'h — a laca finv enna.*

Modération. *Moder* (v. livre). C'est le français ou le latin, moins la forme, (se rappeler le principe).

Modérer. Il faudra qu'il se modère dans le manger, *renabli a ranco gant e voed,* (b. l.) Il se modéra, *ameni a reas (deza), souplaat a reas.* Modérer l'ardeur de la fièvre, *diflamma — distana an dersien.*

Modeste, modestement. *Modest,* m. néces.

Moins d'ouvrage, de fatigue. *Dilabourroc'h, didorroc'h.*

Mois. Passer un mois, *ober ur miziad.* (V. le sens des désinences. *Ad,* ici, peut exprimer l'idée de durée précise, de produit de, etc.)

Moitié. Faire à... *Antera, anteri.*

Moment. *Mareig, pennadig, tachadig.*

Mondain. *Fou, den ar bed.*

Monts. Par monts et par vaux, *a dreuz carter. Treuz-didreuz dre an douarou.*

Monté. Pourvu de ce qui est nécessaire. Trois charrettes bien... *Tri c'har var varc'h — var zao.*

Monter, la porte. *Marc'ha an or.*

Moral. Le monde moral et le monde physique, *ar bed e kever an ene ac e kever ar c'horf.*

Morale, en action. *Kentellou ac oberou.*

Morfondre (se). *Morfonti, destum morfontadurez, riou.* (orig. inconnue).

Morgue. *Brazoni, brazonegez, maniel aotuz.*

Morne. *Mantr, teval e fass.*

Mortel. *Ganed da vervel, (goenned?) goenn enna da vervel, da rancout mervel. E voenn, e natur mervel.*

Mouler. *Lacaat er voull.*

Mouvement. *Loc'h, finv, finvadenn.* Il ne fit qu'un petit... *Ne reas nemet ul loc'hio, ur finvic.* — *Io,* ou *ig,* se peut mettre à tous les mots, comme on le sait. — Il a beau faire des mouvements, des gestes exorbitants, *caër en d-euz ober dispac'h — freuz.* Si tu veux réussir, il faut que tu te donnes du... *Mar c'hoantaes mont da benn, e rankes trei — loc'h — finval — mania — divorfila — trevell.*

Moyen. De moyenne-taille, *crenn-den, crenn-baotr, etc. crenn-gi, etc.* Moyen, voie. Il ne prend pas le moyen d'être aimé, *ne ra ket an ent da veza cared.* Par quel..? *Dre be ent?* Le moyen d'être heureux, c'est d'être sage, *e kever beza fur eo beza eürus.* Aux moyens de ses économies, *e serr ar pez en d-euz esperned.* Au moyen d'appuis, *var boez arpou.* Par des moyens moins sévères, vous les feriez marcher, *gant souploc'h e cassfec'h anezo en dro.* Il a trouvé le m... *Caved en d-euz ar penn.*

Moyennant que. *Var boez ma, a boez ma, gant ma.*

Multiplier. Les mauv. herbes se multiplient vite, *al louzoueier fall a zo peupluz, ne vezont ket pell evit goenna.*

Museler. *Muzellera.*

Mystères. Les... de chaque fête, *sacradou (misteriou) peb gouel.*

N.

Naïf. *Dizroug, divaliss caër (e doare ur bugel).*

Nappe d'eau sur le chemin, après une grande pluie. *Dour a-ballenn — pallenned var an ent, goude glao braz.* Si elle couvre moins d'étendue, on dit, *poulladed.*

Natal. Son pays... *Ar vro m'eo ganed (enni).*

Nature, naturel. C'est sa... d'être. *A voenn eo deza — natur eo deza — e natur eo, beza.* La petite vérole naturelle, *ar vreac'h dre natur.* Mourir d'une mort n... *Mervel a glanv vele.* Il tient de son père : même naturel, *goenn (voenn) e dad a zo enna.* Il est naturel d'aimer son pays, *natur eo caret e vro.*

Navrant. *Calonaduz, glac'haruz.*

Ne, partic. nég. Avec le mode direct : *Ne.* Avec un mode indirect et avec l'impératif, *Na. Ne z-euz ket a coz-votez na gav e farez.* (Quin.) *Ne d-euz ent na gass da Rom, nemet e leac'h all e rancfet choum.* Par asservissement à la prononciation, on met *na, nag,* pour, *a, ac. Ac a vall as beuz (at euz) d'am chass, evit caout un all em plas,* dit la vieille chanson. Aujourd'hui : *nac a vall,* (forme négative, en affirmant). C'est imiter les chanteurs de nos foires et marchés. — *Ar ré iaouanc pa zemeiont, na prena ur jardin a dleont ; nag enni planta a zo red louzaouenn ar bassianted.*

Nécessaire. Le stricte... *Kement ha terri an izom.*

Nécessité. N'a pas de loi, *ouz red n'euz ket a remed (nemet choum a zâ a greiz redet.* Triv.)

Négliger. *Lezira.* n. et act.

Neigeux. Temps... *Amzer erc'h.* (V. gramm. héb.)

Niais. Un... *Ur souezed, ur bazane.* (Gr?)

Nicher (se). *Neiza, cuzat.* Où est-il allé se..? *Da beleac'h eo eat soucha?* (On peut prononcer *joucha, z,* en br. comme en angl. se prononce souvent, *j,* par abus comme le *d.*)

Niveau. Descendez-le au niveau de l'autre, *diskennit-e izelder egile, a ressed gant egile. Savit-e uhelder an int-all,* élevez-le, etc.

Niveler. *Ressedi, lacaat a ressed, a reaz gant. Compeza, plena.*

Noble, noblement. *Nobl, caër, dreist, dîs, dispar.*

Nœud. C'est là le... *Enq ema an dalc'h.*

Noircissure. *Duad.*

Nourriture. *Resped d'an eskenn zo var an daol (esca)* réparatrice, saine. *Sassun.* Qui ne l'est pas. *Disassun.* Pour sa... *D'e mezur.* LE PELTIER veut que, *mezur,* soit ici un substantif. C'est qu'il ne connait pas l'emploi de l'infinitif, *nomen verbi,* ni la constr. br. Le P. MAUNOIR la connaissait mieux.

Nous. *Ni, on,* mieux, *om, omp,* (attract. mutuelle de *m.* et p. V. p. 29.

Nuire. L'abus du tabac nuit, *or butun a ra diez da gemeret re aliez.*

Nul, sans effet, propre à rien. *Null.* Un homme... *Un den null,* se dit aussi d'un homme ruiné. Se rappeler que les notions qui se rattachent aux mots se précisent par le rapprochement des autres mots. Il en est ainsi dans toute langue.

O.

Objet. *Pe, pez.* Le br., non plus que le véritable latin, ne rend pas littéralement ce mot, dans ces phrases. L'objet de ses efforts. *Ar pez en d-euz poaniad da ober.* Telle sera l'objet de votre attention favorable, *setu var betra ho pezo da dôler pled. (da lacaat ho spered, etc.) mar pliz.*

Obligation. Les anciens disent : *oblij,* en dépouillant le mot de la désinence caractéristique d'une autre langue.

Obliger. On l'a obligé de partir, *great ez euz deza mont kuit.*

Obligeant. *Avized, mal ganta ober plizadur.*

Oblique, obliquement. *A-drô, o kemeret tro.*

Obscurité. Avant l'... *Araog an teval.* Dans l'... *En teval, en amc'houlou.* (b. L.)

Obvier. *Diarbenn, mont a ziarbenn da.*

Occasion. Si je trouve l'... *Mar cavan tu — an tu — tro.* Tu en avais l'... *Var an tu edoás* (on prononce, *edos*). A voire... *Divar ho penn.* A l'occ. de la communion de son fils, il a donné... *Evit m'en d-euz great e vab e basc, en d-euz roed...* A cette... *Divar an traou-ze : (in his rebus). En dro-ma, en taol-ma.* A l'... de peu de chose, *divar dister dra.* Il ne manquera pas l'... *Ne vanco ket d'e grog.*

Occasionner. Cela occasionne des chicanes, des inimitiés, *an dra-ze a zo sicanuz, droulazuz.*

Occupé. Il est fort... *Dever avoalc'h a zo varne-za. Trevell, feur, Feur avoalc'h en d-euz, feured avoalc'h eo.* Ceux qui ne peuv. faire grâce de ce qu'on appelle, en grammaire, mouillement, disent, *feuried,* comme ils disent, *fleuried,* etc. L'abus va même jusqu'à écrire, *fleuryed,* par y. La place est... *Stanked eo ar plass.*

Occuper (s'). *Pleustri var.*

Offenser. *Goall-ober da, dieza, gloaza.*

Offrir. *Ofri, (ar zacrifis, oferenn.* L'acte d'... Termes de religion, nécess.)

Offusquer. Qu'est-ce qui l'offusque ? *Petra zo (saved) en e c'houlou ?*

Oisif. *Vag, dibreder.*

Ombrageux. *Kivioul.*

Onctueux. *A laca calz a c'hrass — a zo caloned en e gomzou.*

Ondoyant. *A houlennou.* Marche ondoyante, *mont en eur grouza.*

Ondée. Petite... par comparaison : *strincad.*

Opiniâtrer. Pourquoi vous opiniâtrer à travailler,

vous qui êtes malade ? *Perac aheurti (aeurti) da labourat, ha c'hui clanv ?*

Opinion, particulière. *Pennad.* (V. sur les désinences significat.)

Oppressé. *Bec'hied, stanked, (e ziabars).*

Oppression. *Bec'hiadurez.*

Oratoire. *Peniti,* pour : *pedi-ti, ti-bedi,* comme *candi,* pour *canna ti, ti canna.*

Ordinaire et ordinairement. *Custum, perliessa.*

Ordination. C'est demain l'... *Varc'hoaz ema rei an urzou.*

Orgueil. *Brazoni, brazentez. Ourgouil,* est plus usité actuellement.

Orgueilleux. *Brazoniuz, etc.* (b. L.)

Origine. *Orin, penn-leac'h,* qui signifie aussi, siège de la principale autorité. *Mont d'ar penn-le-ac'h.* (h. et b. L.)

Originaire. Il est... de. *Ar penn kenta aneza a zo eus. An orin....* Au haut Léon, *orin,* se prend souvent pour, original. *Ennez a zo un orin.*

Orner. *Lacaat caër.*

Ornière. *Rollec'h, (rod, leach).* Sortir de l'... *Dirollehia, diroleia.*

Oscillation. *(fluctuat). Lusc.*

Osciller. *Kellusc, (cullusc), kelluscat.*

Oter, le pourri. *Divreina ;* — le vieux, *digoza,* — la boue de son manteau, *dibria e vantell,* — la poussière, *diboultrenna.* Par analogie, on forme autant de mots que l'on veut, sans néologisme.

Où. Le lieu célèbre où elle a apparu, *al leac'h bruded m'eo bet gveled.*

Ourdissoir. *Steulac'h.*

Ourler. *Ourlet,* v. fr. *orler. Ourla, ourl, our-ledenn.* Faire un repli, petite bordure. (v. m. br.)

Outil. *Oustill, clao, benveg, reizou labour, (prestou)* pl.

Outrage. *Vileni, bafoui,* (tout infinitif est un nom). *Outraj,* d'après ce que dit l'histoire des rapports de la b. lat. et du cello-breton, ne serait peut-être pas foncièrement étranger à la vieille langue, (*ultra-gium*), quoiqu'il en soit de sa forme actuelle.

Ouvrage. Celui-ci est son... *E-ma a zo divar e zorn.*

Ouvrier. C'est un bon... *Ur gonideur mad eo,* — *a zo aneza.*

Ouvrir, l'esprit. *Rei digor d'ar spered. Rei digor,* signifie, simplement, introduire.

15

P.

Pacifique. C'est un homme p... et tout humble, *un denic peoc'h eo*. (K). V. gramm. hébr. et ps. 36. etc. — Pour calquer le fr., on dit : *un den peoc'huz — a beoc'h*.

Paix. Vous y serez en... *Eno e vezo distourm deoc'h — sioul — didrouz — didrabass , etc*. Il ne lui donnait ni paix ni relache, *ne baoueze outa*.

Paille, courte et légère. *Plouz (palea)*.

Pallier, les torts de quelq. *Golo var unan bennac*.

Palonnier. *Sparl*.

Panser, les blessés. *Pansi, prederi ar re vlessed, (blons?)*

Parade. *Digoradur*. Il fait un peu trop de... *Digorou a zo ganta frankig*.

Parapluie. *Disglaveur*, est un m. formé par analogie, sans aller contre le génie de la langue. Je préfère, *disglavenn*, que j'ai entendu employer. Il signifie primitivement, abri naturel. L'ignorance qui confond les deux langues, française et bretonne, a fait prévaloir, *parapluie*, dont le radical est breton.

Parcourir. *Treuzi*.

Pardonner. *Pardouni*, m. nécess.

Parer, éviter. *Para*. Paralisé, *seized*, m. br.

Parfait, parfaitement. *Difazi, biken gvell*. Nul n'est... *N'euz den difazi avoalc'h, n'euz nicun eb e fazi, eleac'h unan daou ha tri*. Chrétien — *christen avoalc'h*. — *Aleiz*.

Parler. *Caozeal*. On en parle (désavantageusem.) *dindan teodou an dud ema. Parlant*, a passé. *Geria*, (gr. *geruô*), est inusité ; mais le composé, *eil-geria*, ne l'est pas absolument.

Parole, peu convenable. *Treuzcomz*.

Part. *Pers*. Privé de sa... *Diranned*. De part en part, *par-didreuz, treuz-didreuz*. A part, séparém. *en e bart e-unan*. Non mêlé, *en e du e-unan, dreiza e-unan*, (pur, sans mélange).

Partager. *Ranna*. Vous v. plaignez, v. qui êtes si bien partagé, *ac e clemit, ha c'hui ken brao loded. Lodenned*, a un autre sens. — Entre Dieu et le monde, *var zaou anter etre Doue ac ar bed, gveis da Zoue, gveis d'ar bed*, (hébr. *paras, parasch*. BARRAD. t. 3., p. 505).

Parti. Il avait pris son... *Sonjed mad oa ganta*.

Partie. On n'en voit de loin que la partie grosse, *ne veler eus a ziabell nemet an teo am—a*. Ceux qui plaident ou contractent, *costezenn, lotienn, kevrenn*.

Partir. *Diblass, diloc'h, kuitaat*. Partez : *It en ho roud, baleit, it er bale*. Ici la ressemblance du latin, *valete*, parait une pure coïncidence. L'identité radicale serait plutôt dans, *ambulare*.

Pas. *Camed, paz*. Marcher à petits... *Bale munud, stanc, d'ar pil-pazic*. Il a fait un faux... (faute), *ricled eo*. Il est dans un mauvais... *Paked eo er goasc*.

Passable, passablement. *Peusvad, peusvadig*. Il est passablem. grand, *saoic avoalc'h a zo ganta*.

Passage. Par Ex. : entre Lannilis et Plouguerneau. *Treiz, (trans.)*

Passe. Un heureux hasard l'a mis en passe de se faire valoir, *ur chans vad eo deza, beza en em gaved e tro vrao da ziskuez an den ma zeo, meo, etc*.

Passer. *Passeal*, n'est pas un m. nouveau. Il a du rapport avec le gr., *pâtos*, le sansc., *pathas*, l'angl., *path (pass)*, l'hébr. *phase, passach*. (V. BARRAD, t. 4. 26. — Une rivière, *treiza*. Il est usité dans les lieux les plus isolés, où il n'a pu venir du fr. Il passera l'hiver le carême, *goavi, coraïza a raï. Peleac'h e cass e vuez, (agit, vit.) e cass e amzer? Peleac'h ema o coza? Où passe-t-il sa vie, son temps ? Cet accès passera, se calmera, ar barrad-se a basseo, a dorro, a ameno*. Il passe pour savant, *desket braz eo lakead — eo bruded da veza*.

Passe. Il connait les passes, *anaout a ra an ardremez, an doareou, ar roudou, ar riboulou*.

Pateliner. *Lubanat, truflenna*.

Patience. *Abasoder*. (b. L.) Attendez ! *Amzer! Depordit !*

Patient. *Gouzavuz, abascdered*, (b. L.)

Patriotisme. *Carantez bro*, (v. héb.)

Paume, de la main. *Palv an dorn*. Lat. *palma*. On sait que m et v, se remplacent souvent. Ex. Plume, br. *pluv, plû, (pluma)* etc.

Pavé. *Leurenn, pave. Ur pavead*. Comme un pavé (d'abcès).

Pause. *Pôz*, qui signifie aussi, stance *(stare, gr. pauô, a zd)*.

Péché. Le p... n'est pas si grand, *neket ker pec'hed*.

Peintre. *Peinteur*, m. nécess.

Pèlerin. *Pelerin*. v. franç., *pélegrin ; l*, pour, *r*, très-fréq.

Pencher. *Costeza*. Tantôt d'un côté, tantôt, etc. *Eil-gosteza, a gleiz da zeou*. — Vers sa ruine, *mont var ar penn, var e benn*. Faites-le pencher de ce côté, *grit deza bralla var an tu-ma*.

Pénétrant, touchant. *A bic ar gâlon, teneruz da glevet*, (accent).

Pénétrer. Étudier à fond. *Perstudia. Mont larc, mont doun e*.

Pensée. *Sonj, sonjenn, sonjezon*. Il pense, et il a lieu de penser, *sonjal a ra ha da zonjal en d-euz, mar dimez em bloa-ma, ar bloaz a zeu en devezo keuz*.

Pension. Bonne... *Tinell vad, cundu*. Qui a une bonne... *Cundued mad*.

Pente. En pente. *Var diribin — ar draon — ildraon, (ar, ir, tar, tir*, v. SUPRA). Plus longue, moins raide, *muioc'h a red ganta, ha nebeutoc'h sounn*. L'opposé : *crenn*. — Bandes qui pendent, *stribillennou, flanchou*, etc.

Percevoir, de l'argent. *Touch arc'hant*.

Perdre. Nous perdons, *colleurien ômp*. Je perds la vue, la force, la santé ; tout, *mont a ra diganén, ar gvelet, an nerz, ar iec'hed ; peb tra*. Il perd son poil, *diflouri a ra*. Les pratiques, *diostiza*. La respirat., *dialana*. Aucun vocabulaire ne peut recueillir tous les mots que le br. forme de cette façon. Voilà que n. av. perdu le fruit de notre retraite, *setu ni diretreded.*

Perdre (se), se corrompre. *Trei fall, trei da fall.*

Père. *Tad ha mam a lez bugel a zo daoned a- raog mervel.*

Perfection. *Pez mad, pers mad, pervadelez, ne- tra gvell.*

Perfectionner. *Cass var vell — var vellaat.* Terme de dév. *santelaat.*

Perfide. Rire... *C'hoarzin iûd, ganes — trais.*

Période. *Pennad-amzer, maread,(mare).* Cette... *An andro-ma* (coin).

Périodique — ment. *A vareadou, a vareou.*

Permission. *Conjez,* v. m. orig. inc.

Perpendiculaire. *A blom, plomb, a bic, pic,* m. br. (V. Suétone. Vitell. C. 47.)

Persécuter. *Goall-gass.*

Persécuteur. *Goall-enebour.*

Persévérer. *Kendelc'her, delc'her mad.*

Perspective. Il est pauvre, et il n'a en perspective que la pauvreté, *paourentez en d-euz ha n'ema a- vel da gaout ken.* Les négociations qui sont en... *Ar c'huzul ac an divizou a zo a vell — da rancout beza great.*

Persuasion. Par... *Dre gaër.*

Pétiller. Les étoiles pétillent, *ar stered a zo elu- med.* (h. L.)

Petit. Quelques petites et rares gelées, *scoula- douigou.* On fait des diminutifs à volonté, au moyen du suffixe, *ic, ig.* Ex. *Remedig, remedigou, reme- douigou,* etc.

Petitement, Vivre... *Beva bevaïc, treudic.* Ober *coñc moan,* y ajoute un degré de plus.

Pétrir. *Mezat.* Il est pétri de vanité, *n'euz nemet fouge aneza, ur bern fouge ne ken.*

Pétrin. *Laouer daol.*

Peu. Ce qui nous perd, c'est qu'on prie peu, *ar bian pedi eo a goll ahanomp.* Il est un peu trop grand, *brazic eo.* Trois francs, c'est par trop peu, c'est trop peu, *scortic eo, scort eo,* (Corn. et b. L. Angl. et All. *short,* L. *curtus.* Je dors bien peu, *ar c'housket a raan a zo tano,* (tenuis). An dour a evan a zo tano, je bois rarement. Cette express. de I. C. paraîtra ridicule à ceux qui ne voient dans les mots que le sens primitif et réel. Un peu trop tard, *var an divezad, divezadig, prim, touz.* (Justic. à peine assez tôt). Pour peu qu'il se plaigne, *an disterra ma clem.* A peu près, *var dost, pe dost, var dro.*

Pied. Il perd pied (dans l'eau). *N'en d-euz mui arp d'e dreid.*

Pièce. de terre. *Tachenn,* b. l. *tacha agri.* Don- ner à quelq. la monnaie de sa p... *Cass an dorz d'ar g'er, — en dro.*

Piédestal. *Mass,* (b. L. hébr.)

Pierraille. *Meindraill.*

Piété. *Carantez ouz Doue, devosion.*

Pieux, pieusement. *Devod,* m. néces.

Pile, amas masc. *Pilerad.*

Pimpant. *Fou, canfard, a ra e fou, a zo fou deza.*

Piquant (vent). *Pud, abeg, a speg, lemm.*

Piste. *Roud, tress.*

Place. *Leac'h, plass.* Au milieu d'un village, *plassenn, villar, villarenn, (area villa).* Le ra- dical, *plass,* d'un usage général, est commun aux langues græco-latines, celtiq. etc. Il paraît qu'il en est de même de, *area,* et de, *villa,* quoiqu'ils ne soient guère restés en breton, que dans les m. composés. *Villar, villarenn,* a, pour synonyme, *leurger. Leur,* est radicalement le même que *area,* auquel s'est accolé l'*l.* Les mots courts, com- mençant par une voyelle, offrent plusieurs exemples analogues. Je vois dans deux ouvrages, l'un de 1608, l'autre de 1654, *laureola,* pour, *aureola; lauréole,* pour, *auréole,* (P. Vega Ind.) etc.

Plafond. *Stel ar gampr.* *Ar razed a red ouz stel ar gambr, a-zoud, evel kellien,* les rats courent au plafond en y adhérant comme des mouches.

Plaine. *Plénenn, (pleanenn), frankizenn.* Au bord de la mer, *paludenn.*

Plainte. *Clem, clemadenn.* Le lat. et le gr. n'y mett. qu'un seul *m, clama, clauma* : en mettre deux, c'est corriger ce qui a deux à trois mille ans d'antiquité.

Plaindre. Il n'est pas à... *Neket fall deza.*

Plaire. *Plizout,* est la meilleure orthographe, d'après l'analogie des autres langues, latine, an glaise, etc ; elle n'empêcherait pas de prononcer, *plijout,* comme en anglais, *pleasure,* se prononce comme si l'on écrivait, *pleajure.* En latin, il y a un *c* ; mais le *c* sifflant et l's ou *z,* sont comme la même lettre. La Noue écrit : *Plaizir.* Pour plaire à tous il faut être sage et fou, *evit plizout d'an oll, eo red beza fur ha foll.* Plût à Doue qu'il fût, *salo e vel*

Plaisanter. *Badinat,* est un m. br., usité avant l'introduction et l'existence du français.

Plan. *Gobari,* h. et b. L.

Plantation. *Planteiz,* pl. *planteizou,* (h. L.)

Pliant. *Soubl. Goen,* qui veut dire, dans certaines phrases, fort, capable, qui tient bon. *Ur paotr goen a zo eno,* c'est un individu capable, fort.

Plier. Fig. *Soubla, lenta,* (l. *lentare*).

Plisser. *Plissa.* m. commun au l., au br., au gr., *plecsó.*

Pluie. *Glao,* même rac. que *pluvia,* com. *ippos,* et *equus,* etc. Le temp est à la... *Goenn glao a zo ; o voenni rei glao, o voenni glaoia ema, pa glasc ar ier an disglao.*

Plume. *Pluv, ou plú.* Le m. fr., plumer, n'est pas si bien formé que le br., *displua. Peilla,* se dit au fig.

Plus qu'il ne peut, *en tu all ma c'hell.* Tout au plus, *da hirra, da hirra tout.* Le plus le mieux, *Sul vut sul vell.* Me promettrait-on, me donnerait- on plus que ce monde, *ha pa ve larared d'in, ac e ve roed d'in sul a ve!* D'autant plus hautain qu'il était plus pauvre, *sul ôtussoc'h ma oa paourroc'h.*

Poêle. Drap mortuaire, *pallenn caonv.*

Poids. Contre-p... *Da boeza ouz, poez ha poez gant.*

Point. *Poent.* Sur le p... d'aller, *var nez mont, var an divezad, var ar bordic, var ar mâre da vont.* Au point où il en est, *er mare m'ema.* Il en était au p. q. rien ne faisait impression sur lui, *deued* *oa, ne rea van ouz netra, eus netra.* Point, article. Sur un p… *E kever ur pers.* P… en discuss. *Poent, count, pers, crav, corn.* Ce dernier n'est pas plus trivial en br. que, *cornu disputationis,* dans Cicéron.

Pointiller. *Flipada, flemma.*

Pointu. *Lemm e veg.* Rendre, devenir… *Bega. Mar teu ar goriou, ar vreac'h da vega, sin vad.* Les v. bret. sont transitifs et intransitifs au besoin.

Poli. *Brao da gaozeal.*

Polir. *Dic'hroza, floura, digriza.* On l'a poli, *un dic'hroza a zo great deza.*

Politesse. *Dereadurez.* (K, l. M. Le Bris). *Mod, maniel, giz vrao.*

Pompe. *Digor, digorou, digoradou, pompad, pompadou, iron, tronel.* Il est plus porté à aimer les… *Tronussoc'h eo.* (h. L.)

Pomper, absorber. *Punsa, pompa.* (K).

Porte. *Or.* Dormant de la p… *Stern dor.*

Portée. A p… *Var ed taol.* Il n'a pas de p… dans l'esprit, *ne d-a ket pell deza.*

Porter. Le radical, *port,* ne parait former aucun mot breton, sinon, *ebort,* portatif, facile à transporter. (Préfixe; *e, eu,* gr.)

Portrait. *Patrom* (1606, 1756, m. us.)

Posséder. *Caout ganta, en e gerz.*

Postiche. Un morceau… *Ur stagadenn.*

Pour. Il est bon aux pauvres, pour les pauvres, *mad eo d'ar paour, ouz ar paour, e kever ar paour.* Il est question pour lui de s'établir, *kel a zo deza, ano a zo deza da fortunia. Evita,* sentirait le breton frelaté, qui tend à prévaloir. *Erit,* signifie, proprement, au lieu et place. Ici le fr. n'a pas la fixité du br. Bossuet dit : Quelle consolation aux enfants de Dieu ! On dirait égalem. : pour les enfants…

Pourvoir. *Pourchass. Pourvei,* a passé.

Pourvu, de bonnes dents. *Danted mad.* Et ainsi des termes analogues.

Pousse, nouvelle. *Nevezenn, creskenn.*

Poussé, à bout. *Re gassed.*

Poussière. Si vous repoussez les avis, comment voulez-vous qu'on nettoie vos habits *mà ne fell de-oc'h beza kelenned, penaoz e sonj deoc'h beza diboultrenned.*

Pouvoir. C'est à tort qu'on supprime l'h dans *hellont, c'hellont,* pour écrire, *ellont, allont.* Il y représente une lettre radicale, et non pas une simple aspiration. Un auteur donne 32 dérivés, signifiant énergie, valeur, puissance, force ; et ayant tous pour radical, *gall.* (héb. *galim*).

Pratiquer. Il pratique ses devoirs religieux, *ober a ra e relijion, delc'her a ra d'e…*

Précautionner (se). *Beza var zioual.*

Précieuse. *Pebrenn, pebrennig,* (beg prenned?)

Précipitation. La p… ne vaut rien, sauf pour prendre des puces, *mont a lamm ne dalv netra, nemet da baca c'hoenn.*

Précisément. *Crac, dress, eün.* Il n'est pas riche… *Neket da lavaret penvidig (aneza).*

Prédilection. Objet de… *Tosta d'ar galon.*

Préjudice. À mon… *Var va c'holl.*

Préluder. *Arnodi, coumans.*

Prémices. *Previdiou.* Il aura les… *Divar ar barr en devezo.*

Prendre. *Kemeret, cregi.* (gr. *kheïr, heir*). Le feu prit, *an tan a grogaz.* Les empêcher de prendre (la vogue), *miret outo da goenna.*

Préparatif. *Amparaillou, kempennou, kempennerez, ar preparou.*

Préparer. *Prepar, prepari.* Est-ce le radical, par répété? par *par?* Quoiqu'il en soit, il parait appartenir aux langues indo-europ., en général. *Ema par an traou,* tout est prêt, paré.

Prérogative, privilège. En latin on prend souvent l'un pour l'autre. *Guir, gviriou, enor ha n'o d-euz ket an oll, dreist ar re-all, disparti diouz ar re-all.* Il a des… *E viriou e-unan en d-euz — en tu diouta.*

Présent. Le temps… *An amzer vrema,* ou, *brema ;* suivant que, *brema,* soit pris comme partie intégrante de, *amzer,* ou comme adjectif.

Présenter (se). *Dont a-raog.*

Préserver. Nous avons été préservés de la petite vérole, *diouz ar vreac'h omp bet erbeded.* (Trég.)

Presque. *Couls lavaret, var dost,* (à peu près). *Cazi,* parait assez ancien : *cazero'h.* En breton, *dija,* a le même sens. Près de deux mois, *daou vi-dijaïc, e kichenic daou vis.*

Presse, imprim. Mettre sous… *Lacaat er voull.*

Presser. Pressez-le de venir, *stardit deza, ma teuio.* Nous sommes trop pressés, trop serrés, *re stard emaomp.* Pressé, qui a hâte, *press varneza, pressed.*

Pressentir. *C'hoant divinout, santout un dra bennag, santout araog.*

Pressure. *Goasca,* (*vexare*).

Prestance. *Tress caër* (a zen).

Prestation. *Aner,* (gr. *aner*).

Prétendu. Son… *E fried mar bez — pa vezo.* Le prétendu propriétaire, *ar perc'hen, pe lavared perc'hen.*

Prétentieux. *A zell uhel.*

Prévaloir. *Dont var c'horre. Caout levezon var,* signifie de plus, ascendant, et, toute espèce de supériorité.

Prévenir, empêcher. Pour pr… la haine, l'inimitié, *da drei ar gassoni, an droulas, da viret ouz…*

Principal, capital. *Kenta, ar pekenta, ar penn.*

Principe. *Stur.* (V. maxime). Par… *Gant skiant ac anaoudegez.* Sans… *Eb gouzout perag, eb stur ebed, ne voar ket ar stur.*

Pris, trompé. *Paked, tized, gluded, goaned.*

Priver. *Diranna, lezel eb ket. Priva,* se dit aussi. C'est un radical monosyllabique, qui peut être breton, d'après ce qui a été dit sous la garantie, des savants. Cet achat l'a privé de ses fonds, *ar prense en d-euz en diarc'hanted.*

Privilégié. *Great gvell deza eget d'ar re-all. Caeroc'h donezoned,* m. importé, us.

Prix, récompense. Il a eu deux… *Diou veich eo bet prized.* C'est le contexte qui précise souvent le sens des mots. *Prized*, isolém., signifie, estimé.

Probable. *Da veza creded*. Ce n'est pas... *Neket da veza gvir.*

Produire. *Rei, tóler, digass*. Cela produit la soif, *an dra-ze a zigass sec'hed, a zo sec'heduz*. Un ver en peut produire une infinité, *ur preo a c'hell goenna a-leiz a-leiz*. C'est le produit de l'autre, *divar egile eo*. Produit de la terre. *Trevad* (pour, *terevad?*) *Gonidegez an douar.*

Profane. *Divinnig.*

Profané. *Dizacred*, et plus souvent : *profaned*, m. imp.

Profession. Il a fait sa... *Profezed en d-euz, profezed eo.*

Profit. *Vad*. Si vous pouvez en tirer du... *Mar gallit votaat aneza, beza vell aneza. Bleuri e meurs, furmi en ebrel, eus ar re-ze ne vezimp ket vell (meliores); bleuvi en ebrel, furmi e mae, eus ar re-ze e cargimp om zae*. C'est-à-dire, que les arbres qui fleurissent trop tôt, ne donnent pas de fruits; qu'on n'en profite pas. Profit, étant un terme de commerce, a passé en breton.

Profondément. Il dort... *Cousked mic eo*, (gr. *mucos*.)

Progresser. *Ober roud, mont var vell, var vellaat, var gresc.*

Projet. *Mennad*. J'ai le projet de... *E seul aviz emaoun da.*

Projeter. *Biza. Avizal*. V. m. J'avais projeté d'y aller, *bized em oa mont.*

Promener. *Pourmen*, a passé depuis long temps.

Promesse. *Promessa*. M. nécess. On doit tenir ses... *Un dra lavared a dle beza sevened.*

Promettre. *Lavaret* (v. héb.) Il a promis de venir, *lavaret en d-euz dont — e teuio*. *Prometi*, a passé.

Prompt, *Teer. Madou deued pront buan e tigillont.*

Proner. *Pompadi.*

Prononcer. Il osa... un mot fr., *e a riscas digass ur ger galleg*. L'autre ne prononça pas un m., *egile ne sigassas ket, ne zistagas ur ger.*

Prononciation. Il a la même... que son frère, *da gaozeal en d-euz ar memez distag gant e vreur,*

Proportion. Il est plus riche à proportion, *penzidicoc'h eo peb ini d'e gount.*

Proportionné. *Keratal, ingal.* Nen... *Disingal, digavatal*. Bien... conformé, *renked brao.*

Proportionner. *Lacaat ar c'hem.*

Propos. Mauvais... *Peziadou vil, comzou dizoare*. A... *E mare mad*. Hors de... *Eneb an dro.*

Proposer. *Digass a-raog*. Se... *Dont...*

Propre. Personnel, se rend par, *e-unan*. Dans le sens de net, décent, le m. *prop*, parait breton. Outre les raisons générales qui découlent de tout ce qui a été dit des origines communes des familles européennes de langues, on remarque que ce mot, *prop*, (gr. *prepô*), a des dérivés. On appelle, *propic*, ou *coantic*, ou *caerell*, la belette. *Propic e can*, il chante joliment. *Propaat a ra*, il s'enjolive, etc.

Propreté. *Propentez, propadur*, v. livr.

Propriété, qualité. *Vertuz*. (Gr. *Dunamis*). Pers.

Prospérer. *Beza er vad. (In bonis.* Job. 22*).*

Prospérité. *Peb tra er vad, chans, chansou caêr.*

Prouver. *Prouvi*. M. nécess.

Proverbe. *Rim*. C'est que le prov. br. tend toujours à rimer. Ex. *Eassoc'h eo kendelc'her eg'et difeller, evel a lavar ar rim*. A défaut de rime, il y a ordinairement une certaine consonnance. *Dour, bale diarc'hen ha loja er meaz a vez caved e peb leac'h.*

Provision. *Pourchass*, pl. *pourchassou. Bevans*, n'a de br. que sa racine.

Public. *A vel d'an dud, a voar an oll*, ouvert à tous. *Foran, (foras).*

Pulluler. *Dont puill, peupli, goanna buan.* (Gr. *polus, poul-us*, sansc. *pull*, amasser).

Punir. *Punissa*. M. nécess. appart. peut-être à toute la famille indo-europ. (Sanscr. *Puniam*). Le mot, *dibunis*, impuni, a la forme bretonne; et *punis*, punition, l'aurait également.

Pur, sans mélange. *Glan, dreiza e-unan*. Le br. *pur*, a les différents sens du français. On prononce quelquefois, *spura*, pour, *pura*, purifier. Il y a plusieurs prononciations analogues, dans les autres lang. comme dans le breton. Angl. *smoke*, fumée... etc. etc.

Purger. *Spurja*. M. us.

Q.

Qualité. *Tu, pers, si, reiz, (ratio), natur, calite*. (*Marigo*, écrit ainsi ce m. Il est difficile à écarter, quoiqu'il ne soit pas breton). Il a une bonne... *Ur pez mad, — ur pers mad — un tu mad, a zo enna*. Nous avons tous nos bonnes et nos mauv. q... *Oll oh d-euz om mad ac om droug*. Il y est en qualité de domestique, *e reiz mevel ema eno.*

Quantité. *Niver, (numer-us)*, ne se met pas seulement pour exprimer la quantité numérique. *Ne anavez ket an niver eus e zanvez....*

Quart. *Palefars, (pevare-fars); pevare renn,*

Quartier. *Taread, Carter*, est plus usité auj. Habitants d'un... *Carteris.*

Que. V. pp. 43-55. Encore quelq. Ex. de l'emploi si varié de cette particule. Jusqu'à l'âge de 45 ans, que son père mourut, *betec e 45 vloaz, ma varvas e dad*. N'avez-vous pas de pain à manger, que vous faites ce métier? *N'oc'h euz tam da zibri, ma rit ar richer-ze?* disait un homme du monde à une petite sœur des pauvres. Que vous êtes à plaindre! *Ac ez eo trist ho toare!* J'ai vu un temps que les jeunes personnes eussent rougi de se permettre de ce qui devient aujourd'hui un usage, *gvelet em euz (un amzer) e vize mez gant ar*

16

merc'hed iaouanc ober ar pez a deu brema ar c'hiz? Quelle est la cause que? *Petra eo, ma?* Héb. *m?* V. Jo. 14, 22. — Dès les 1ers siècles, les écrivains ont toujours affecté de mêler le breton *t'hon pater.* Il parait cependant qu'ils ne confondaient pas, comme les nôtres, le pron. interrogatif et le relatif. V. Essai sur l'hist. de la l. br. p. 25-26.

Quelque. Quelques sillons çà et là, *un ervenn bennac ama ac gcount.* Il y a quelques endroits où l'on voit, *bez ez eux leac'hiou — leac'hiennou, (ac) e veler. A blassou e veler.*

Quelquefois; mais rarement. *A viztouigou.*

Question: Il est q... *Keal a zo, ano a zo, meneg a zo, kount a zo.* Restons à la q... *Choumomp var ar gount.* C'est une q... difficile à décider, *ur poent eo diez da varn — diez da zifozia.* Une grave q... *Count kel un dra vraz.* Quand il est question de travailler, *pa vez da labourat.*

Qui? *Peini?* V. pp. 48-55. p. *Ne voar gant pe goud ober thil.* Le latin, outre ses flexions et ses désinences particulières, *tio, sio, atio, antia, mentum,* etc. a surtout pour trait distinctif qu'il fait du pronom interrogatif, un adjectif conjonctif que le français a adopté, et qui a un grand rôle dans la phrase latine particulièrement. C'est comme le pivot de son mécanisme harmonieux. En réduisant le breton à ce mécanisme artificiel, on en fait une langue nouvelle, qui n'aurait pas sa raison d'être. C'est l'arrangement organique, la manière d'associer les mots d'une langue, qui en constitue l'identité, l'individualité. Au lieu d'une discussion à fond, voici encore quelques phrases caractéristiques de l'idiome breton. — Un homme qui n'a tant de biens et qui se nourrit si maigrement! *Un den kement a zanvez deza, — en deuz kement a zanvez, — beva ken treud!* Un homme en qui j'avais mis ma confiance, *un den em oa lakeat va fizians enna,* —

un den lakeed va fizians ganen enna. J'ai oublié son nom, moi qui le connaît si bien, *ancounac'heed e ano ganein, ha me ken anaoudeg aneza.* Je suis demandé pour domestique par un individu chez qui j'ai déjà été en condition, *goulenned oun da vevel gant inan oun bet c'hoaz mevel ganta.* On voit ici le caractère d'un langage tout naturel et logique. Entre l'antécédent et l'idée qui le complète, avant celle-ci par conséquent, avec ou sans autre conjonction, se place le mot qui unit les idées, *(copula)* le verbe, toujours nécessaire, même avec l'emploi de l'adjectif conjonctif, comme en breton quand on exprime la conjonction : La maison dans laquelle j'ai été, *an ti ma oun bet enna.* Ou : *An ti oun bet enna.* Ici le verbe *(copula)* suit immédiatement l'antécédent : en latin il se met bien à la fin de la phrase, la liaison étant faite par l'adjectif conjonctif. Autres Ex : Un pauvre auquel on a enlevé la crainte de Dieu, est doublement pauvre, *un den paour tenned doufans Doue diganta, a zo diou reis paour.* V. p. 48. L'artisan qui remplit ses devoirs est un grand homme, mais le prince qui les trahit ne me semble pas même un homme. Lacorp. *Ur micherour, (ac) a ra e zever, a zo ur mestr den; mes ur prins a ia eneb e zever, coulz lavaret neket un den.* Le breton met l'article indéfini, *un, ur,* parce que l'individu n'est pas déterminé. Vous qui deviez me défendre... *C'hui an ini a dlie sevel ganein!*

Quia. Je l'ai mis à q... *Me em euz an lakeed berr.* Jamais il n'a pu me mettre... *Biscoaz n'en d-euz caved ac'hanon-me berr.*

Quitte, Je suis... envers lui, *disle oun diouta.* Nous voilà quitte à quitte, *setu ni en em guitteed — kuit ha kuit.*

Quitter. S'il me quitte, *m'ar d-d djirar va zro-diouzin — diganein — mar kuita ac'hanon.*

Quoique. Quoiqu'il soit riche, *evit beza m'eo penvidig, ha beza m'eo p...*

R.

Raboutir, (des bas). *Pennada.*

Raccommoder. *Dressa, aoza, didoulla, difalla, rapari.* Raccommodez mes souliers, *grit ur c'hempen — un aoza — un dressa — d'am boutou.* Un peu, *ur c'hempennic.*

Raccourcir. *Diverra, crenna.*

Race. *Goenn, orin. Rass,* se dit. Il a du rapport avec l'hébreu, *ras, rach, (caput princip.)* Est-ce une simple coïncidence? Ou bien serait-ce une racine commune aux langues primitives? D'où *radix? grizienn?*

Racler. *Raclal.*

Raccornir (se). *Dont correog, (au fig.) Caledi.*

Racquitter (se). *Caout e zigoll.*

Radoter. *Borodi, ravodi, randoni, rapea, grac'hi.*

Radoteur. *Grac'h,* qui signifie originairement, édenté.

Radoucir. *Ameni.*

Rafale. *Fourrad,* avec pl. *fourradou.*

Rafler. *Rafler. Ober rins.*

Rage. *Arraj, (rabies).* Faire r... *Ober carnaj.* Être transporté de r... *Mont en arraj — en egar — egari.* V. les dial. du Nord. — Ravage.

Ragout. *Cavallenn.*

Raide. *Reud, steign,* à monter, pic. Ce chemin n'est pas si... *An ent-ma neket ker pic, ken sounn.*

Raifort. *Alc'hoezan. (Ar c'houezenn,* la sauvage, navet).

Raisin. *Rezin;* prononcé souvent, *rejin.* La prononciation change souvent s ou z en *j*; et les écrivains, par routine, le font aussi.

Raison. *Rezon.* M. néces. *(reiz-on).* Le temps a aisément raison de nous et de nos œuvres, *an amzer a deu caz da benn ac'hanomp ac eus kement a reomp.*

Raisonnable. C'est juste, t... *Rezon eo.*

Ralentir. *Ameni, terri an err, evont d'an droite.*

Raler. *Ronclenna.* Il a le r... *Ar ronclenn a zo varneza.*

Ramassé, trapu. *Stum,* b. L. et Le P.

Ramener, de l'erreur... *Diarbenn, digass (d'un*

ere). *Dastri, dastrenn* (b. L. et h. L. *astringere*).
Renca, ameni. Ar gvin en doa e gassed.— l'avait
perdu — *Ar Mission en d-euz en digassed*, la
Mission l'a ramené.

Ramifier (se). *Branca, kefia.*

Ramer. *Roevat.* Au fig. *lacâat e boan.*

Ramper. *Ruza, mont a ruz — a rutou.*

Ranger. Celui-là saura bien les... *Ennez o renco
— a zigasso reiz enno.*

Ranimer. *Digass buez e...*

Rapace. *Scrapeur, rastelleur, aloubeur, cam e
vizied.*

Rapacité. *Egar caout, ioul cregi.*

Rapport. Cette farine d'avoine est d'un bon r...
Ar bleud kero'h-ma a ra founn vad. Relation. Il
n'y a nul r... entr'eux, *an eil ne denn tam d'egile,
var egile. N'euz enevel ebed etrezo.* Sous ce r...
*E kever ar poent-se, diouz an tu-ze, da zellet
eno, — en tu-ze.* Sous aucun r... *E tu ebed, e giz
ebed, e ent ebed.* En parlant de l'estomac : Cet
aliment me donne des r... *Ar boed-se a zigass d'in,*
(75) *a zao da uhella* (*boed*) *d'in.*

Rapporter V. PRODUIRE. Apporter de nouveau,
digass en dro. Ajouter, pour compléter *ober un
ast-nn, ur stagadenn.* Autre s. Je m'en rapporterai
à ce qu'il me dira; *me rai dious a lavaro — diouz
ma lavaro d'in.*

Rapide. *Cass — err — ganta.*

Rapidement. *A gass.*

Rare, rarement *Rouez, tano, dis, ral,* (remonter
aux origines?) Il serait r... *Rouez e ve — ral — un
taol dis e ne.* On l'entend rarem. se plaindre, *rouez
e vez clewed o clem; — a rziouigou.* Les rares brins
de seigle restés, *ar zegalennou choumed.* Les
quelq. (rares) panais, *ar panezennou,* etc. etc.

Rareté. *Ralentez, pez ral,* (h. Ih)

Ras. Leur niveau intellectuel est à ras de terre,
*o spered a zo a-raz an douar — a rez an douar
— a rez an douar,* (b. L.)

Raser. Passer tout auprès, *mont a raz. Raza,*
qui veut dire aussi, enduire de chaux, etc.

Rassasier. Il a été rassasié, *e toul en d-euz bet.*
On ne le peut... *N'euz sount ebed deza,* (*muget
da un toull goz*).

Ravager. *Ober freuz, ravaj,* du b. l. *rapagium.*
V. au m. OUTRAGE.

Ravaler. C'est se... *An dra-ze a zo ur raval.*
Objet de rebut, *traou ravaled — rafaled* (*fall?*)

Ravi. *Dudied, Ravissed,* est reçu, et peut passer
comme terme de piété.

Ravin. *Ribin, Claskit ho ribinou.* Allez-vous-en,
(b. L.)

Ravir. A r... *Un dudi, ar brava, dudiuz...*

Raviser (se). *Trei meno.* (b. L.)

Rayon, de lumière. *Barrou sclerigenn, skillenn,
skillennou* (*skinennou?*).

Rayonner, en parl. de la lumière. *skillenna,* (b. L.)
steredenna.

Re, préfixe commun à plusieurs langues. Refaire,
reficere). *As,* ou mieux, *ati,* paraît plus breton :
astoma, rechauffer ; *asober, eil-ober,* en Trég.
adober, refaire. On dit cependant : *reclem, crbe-
di, rapari, renevezi.*

Rebours. A r... *A gil, a eneb.*

Rebut. Mis au r... *Lakeed er stal gostez,* veut
dire aussi, hors de cours. — *Peziou rafaled, disterach, traou rebuted,* (orig. inc.)

Rebuter. *Ober fae var.* Se r... *Falgaloni.*

Recéler. *Rei golo.*

Receleur. *Riblaer.*

Recensement. *Roll.*

Recherché, dans ses gouts et ses manières. *Divized,
ardou ganta, clinked deza o caozeal.*

Rechuter. *Affeil,* (*asfeill*), syn. *récidiver.*

Récit. *Count, countenn,* prononcé : *counchenn,
countadenn.* En Vann. *diviz.*

Recoin. *Coign, coign tro, distroenn.*

Réclamer. *Reclem.*

Recommander. *Rei testeni mad da.* Se r... à...
En em erbedi ouz, en em voesta dd.

Récompenser. *Recompansi.* M. nécessaire. Que
Dieu vous récompense! *Doue r'ho paeo!* Dieu l'en
récompensa. *Doue en talvezas deza.* Cette express.
est aussi ironique.

Reconnaissance. *Trugarecaat, trugare, gras-
vad, joa, ouz ar vad great.* Il n'a aucune r... *Ne
zisquez madelez ebed — joa ebed evit ar vad great
deza.* V. p. 47-8.

Rectifier. *Eüna.*

Recueilli. *Destumed enna e-unan,* (b. L.)

Reculer. *Mont a-dré, dont en dro.*

Redempteur. *Redemtor.* Les termes de religion
sont nécessaires.

Redhibitoire. *Rebutuz.*

Redresser. *Eüna, difazia, lacâat var an ent mad,
eüna e dort da.* (Triv.)

Réduire, en parlant des êtres indociles. *Reiza,
ranji, suja, digass d'an ere, cass d'e naso.* Express.
pittoresq.

Réfléchir. *En em zonjal.* Quand j'ai bien réfléchi,
p'am euz perzonjed, (b. L.) v. CONTEMPLER

Réformer. *Dressa, terri ur c'hiz fall.*

Réfraction. *Dilam.*

Refréner. *Delc'her var.*

Refrogner (se). *Criza e fri.* (*Moulbenni?*) *Mous-
penni,* signifie plutôt, bouder.

Refroidir. Il s'est refroidi envers moi, *deued eo
da iena ouzin.*

Refuge. *Repu, savete,* m. us.

Refus. *Repuz, reruzadenn.*

Refuser. *Revuzi,* (*refuzi*), orig. dout. Il a refusé
de venir, *rebelled en d-euz dont,* (rac. *pell*).

Régal. *Fest.* Pour moi ce n'est pas un... *An dra-
ze neket festus — neket ur fest d'in-me,* (b. L.)

Regard. Il attirait les reg., *tenna a rea ar zell —
sell avoalc'h a oa outa.*

Regarder. Être vis-à-vis, *beza var-eûn da —
a dal da — a fass da — rag eneb da.*

Regret. Exprimer ses r... *Keuzi.*

Regretter. Je regrette que vous soyez tard, *diez
e cavan m'emaoc'h divezad.*

Régulièrement. *Ressis*, (h. et b. L.) *Ingal*, (m. utile), *aketuz, var-eün, eb manc ebed*.

Réjouissance. *Levenez, ebat, fest*.

Réjouissant. *Festuz*.

Rejaillissement, d'eau. *Bouill dour*.

Relatif. *Diouz ma vez. Diouz ma vezo, e rin, diouz all, ne rin ket*. (80).

Relation. *Emgleo*.

Remarquable. Un prédicateur r... *Ur prezeguer dis — dreist — nobl*, (b. L. 84).

Remède. *Remed*. — de bonne femme. *Simill, simillou, simillerez, (simulare). Ounez a voar meur a zimill*, celle-là connait bien des...

Remédier. *Remedi*. M. us. nécess. anc. (DAV.)

Remettre (se). *En em gavout mad — var e du, — parea*.

Remole. *Poull-droenn*.

Remonter. *Pignat, sevel adarre*, (et non, *a-nevez*). R... des souliers, *doubsolia*.

Remontrance. *Scandal, scandaladenn*. Votre r... a été sévère, *goall-foetaduz ôc'h bet*, (b. L.)

Remords. *Morc'hed. Remors*, a passé.

Remplacer. Remplacez ces paroles ; parlez autrement, ou parlez, *senchit ar ger-se, pe glaskit ho ribinou ; it en ho roud !* (K).

Remuant. *Fionv enna, bresseur, fistoul*.

Remuement, remue-ménage. *Freuz. Que de r..! Ac a ober ! Ac a fistoul !* (Triv.)

Rencontre. Occasion. *Tôlad, tro, troad*.

Rendez-vous. Nous nous étions donné rendez-vous, mais un obstacle survint, *lakead on d-oa en em gavout, mes ur gontroliez a deuas*.

Rendu, exténué. *Echu, eat bet'r mouch. Ul louarn ac e dare gvelet ur iar a gare (a garfe)*, le renard mourra dans sa peau.

Rêne. *Siblenn*. Tenir hautes les r... *Ranjenna ur marc'h*.

Rentrer. En parlant d'un abcès, *kiza*.

Réparations, locatives. *An didoulla*, m. à m. faire qu'il n'y ait pas de trous.

Réparer. *Dressa, difalla (an doenn)*. Remplacer ce qui tombe de vétusté. *Difalla*, signifie encore, remplacer dans une plantation, ce qui ne prend pas, etc. *Un dressa a zo great d'an ti*, on a réparé la maison.

Repas. *Pred*, (gr. *brot-a*).

Repli, détour. *Distroenn*.

Réplique. Une r... m'échappa, *disvinta a ris da eil-geria*.

Répliquer. *Eil-geria*, (gr. *geruô*, Conquel, 1845).

Reposer. *Repozi*, v. le préfixe, **az.** b. l. *repausare*, S. Aug. Le radical, *paus, paouez*, est commun aux vieilles langues de l'Europe. Reposez-v. un instant, *grit un azezic — un eanic — un disouizic*.

Représentation. *Eskedenn* (1757), *eskeudenn?* Le préfixe, *es*, remplace quelquefois, *ar, er, re*, etc. J'ai entendu, *escadenn*, pour, original, (type), minute.

Représenter, figurer. *Ober furm, mod, skeudenn, patrom un dra, evelebi*. (M. LE BRIS). *Discuez, la-*

cant *(evel) dirag an daoulagad, rei sclear da velet — du anaout, discleria*, etc.

Reprise. *Taolad, e tri daolad ez aint tout*, (en deux fois).

Reproche. *Rebech, rebechad*, (h. L.) Toutes sortes de r... *Rebecherez*. Qui attire des r... *Rebechuz, tamallus*. Qui n'en attire pas ; n'en mérite pas. *Direbech, divlam. Blam*, parait br.

Reproduire. *Goenna*. Se r... *peupli*. Depuis qu'il n'y a pas eu de battue dans ce bois, les loups s'y sont r..., multiplié, *abaoe n'euz bet hu ebed var ar bleizi er c'hoad-ma, ez euz goenned aleiz anezo*.

Requérir. *Kemenn*.

Réputation. Nuire à sa r... *En em ziscar*.

Réputé savant. *Lakead den abil*.

Réservé, circonspect. *A zalc'h ganta, ne zispay ket e zontimant d'an oll. Sontimant*, n'est pas br. dans sa forme, mais très-usité.

Réserver. *Miret*. Réservez un pour moi, *mirit unan d'in-me*. On commence à dire *evidon-me*, pour calquer le fr.

Résider. *Beza o choum*.

Résistance. Il trouvera de la r... *Arp a gavo (arz ?)* On saura l'arrêter.

Résister. *Rebarbi*. On ne peut lui r... *N'euz arz ebed — eneb ebet deza*. — *Rebelli*, (pell.)

Résolu, résolument. *Grons, distag, crenn*.

Résoudre, une difficulté. *Caout ar poell — ar penn*. *Diluia ur poent diez*. *Poent*, est un m. us., coulé dans le moule br. Il s'est résolu, (avec répugnance) à... *En em derri en d-euz great da*...

Respect. *Resped*. M. nécess. L'inconduite commence quand on n'a plus le respect de ses parents, *ar vuez direol a goumans pa ne vez mui e zoujans kerent*. (80).

Respectueux, respectueusement. *Respeduz*, m. anc. nécess.

Respirer. Je ne puis r... *N'oun ket evit caout va alan*. Tant que je respirerai, *keit ha ma vezo — keit ha ma c'hozo alan em c'hreiz*.

Ressembler. *Evelout*. M. anc. (gr. *omal-os, oval*).

Ressort, pour réussir. *Ijin, ard*.

Ressource. *Peadra*. Il n'y a pas de r..., en lui, *n'euz ket enna dont, n'euz ket a voenn enna (da zont), n'euz ket a zantez enna, neket d'anveziog*. Il y a des r..., dans cette ferme, *en tiegez-ze ez euz tro, (douar mad)*.

Ressusciter. *Digass e buez, digass beo, beva*, n. *Dont beo, dont e buez adarre*.

Reste, rester. Voilà ce qui reste de la vieille maison, *setu aze an aspadenn eus an ti coz*. Voyez au cimetière ce qui reste de vos aïeux, *grelit er vered an aspadenn eus ho tud coz*. On parlera de M. Q., pendant qu'il restera, qu'il survivra un de ceux que l'on vu, *ano a vezo, (comzed e vezo) eus an A, Q. keit ha ma choumo un aspadenn eus ar re o d-eus e velet*, (h. et b. L. Landiv.)

Reste. *Restad*, sont aussi d'anciens mots. Aussi, *rest*, est un nom propre très-commun. Il y a aussi, *manout, choum*. Il est resté au lit, *maned eo en e vele*. (Trég.) Il n'en reste que peu, *n'euz ket maned calz*. (80). L'expression : *maned eo ar mor*, est connue, au bord de la mer. On entend quelquefois ;

vals a ve mar maine. Le lat. et le gr. ont aussi ce mot. Quand au m. *choum*, primitivement, *soum*, *som*, que l'on entend encore quelquefois, il appartient aux vieilles langues de l'occident et du nord de l'Europe (*saumen*), et aux lang. sém. (*soum*, héb. *cesser*).

Restituer. *Restôl, restôler.* (V. préf. **ad**, et le lat. *retaliare*).

Résultat. *Lostad, taôl, distôl.* Voilà le r... de sa folie, *setu petra en d-euz tôled gant e stultenn.*

Retenir, sa langue. *Delc'her var e dêod.* Je me sens retenu, *dalc'hed e vez ouzin — varnon.*

Retentir. *Crozal,* (gr. *crausô*), *tregarni.*

Retentissant, L'église serait plus r... *An iliz a ve ecleooc'h,* (essoc'h *cana enni*),

Retif. *Kil enna.*

Retour. Chant de retour, *can distro, can distrei.*

Retrancher. *Crenna, troc'ha.*

Retrouver. *Caout adarre,* (et non, *a-neves*).

Réunion. *Bôdad, bagad,* (b. L. et Corn.) *Bagad,* au féminin, signifie, batelée.

Réussir. *Mont da benn, ober taol mad, tro vad.* Il y réussit, *brao e ra eno, ober a ra mad eno.*

Réussite. *Tro vad, difin vad.*

Révasser. *Ambren, alteri,* (*arderi*).

Rêveur. *Rambreeur, raneeur, ranezenneur.* (Rien).

Revenir. (Coûter). Cette maison revient à 3000 fr. *Mil scoed a zilez var an ti-ze.*

Révoltant. C'est r... *Un êdz eo! un udur! ur gassoni!*

Révolte. *Diroll, freuz.*

Révolu. Dix ans r... *Deo vloaz leun.*

Révoquer. *Terri.*

Ricaner. *C'hoarzin iud.*

Riche. *Penvidig eo neb a gar Doue, e nessa, e vro ac e roue,* m. à m. riche est celui qui aime Dieu, son prochain et son roi.

Ride. *Rid.* M. celt.

Rien. Cela ne me fait r... *An dra-ze ne ra man d'in-me,* (h. L.) Il ne v. coûtera rien, *ne gousto man deoc'h* (Méné-Bré). Je n'ai rien, *n'em euz gour* (Corn.) Coïncidence remarquable : *Man, gour, tir,* signifient, primitivement, néant (pas homme). En grec, *ouden,* ou *den.* — Des riens, *raneou, ranerez, rambreou.* Dire des r... *Ranea.* Les étymologistes français ne voudraient pas voir là l'origine du mot, rien. Nous avons vu (p. 38) leur pué-

rile répugnance pour les étymologies bretonnes.

Rigoureux. *Reud, dizamant, criz, pud, stard.*

Rigueur. *Rustoni, rigol,* (*rigolenn*) est breton, dans le sens de rigole. (Dav. Le P.)

Rire, forcément, du bout des dents, *c'hoarzin ouz an avel, — da fall, — melen.*

Riposter. *Eil-geria, eil-bica, para an taol.*

Risquer. *Risca.* Vieux m. bret. Ceux qui écriv. *riscl,* vont contre les indic. de l'hist. com. ceux qui écriv. *raoscl,* pour, *raoz,* (*rauseum,* allem. *raus*). Quelques-uns cependant prononcent, *riscl.* — A tous risques, *risca tout.* (Nominatif abs.)

Rivaliser. *Beza paravia, c'hoari paravia.* En fait de musique, je ne puis r... avec vous, *n'oun ket evit musicat ouzoc'h.*

Rivière. *Ster.* L'ancien nom du Danube est, *Ister.* Il se noie plus de monde dans les verres que dans les rivières, *atiessoc'h a ini a vez beuzed er gver eget er ster.*

Robe. *Robenn* (*robba*), diffère, de, *sae,* qui est plus simple.

Roitelet. Au b. L. *Troc'han,* (gr. *trohos*).

Roman. *Countadenn.*

Rond. M. br... en affaires, *brocuz.* A une lieue à la r... *Var n-ed ul leo rond.*

Rosacé. *A rozennou.*

Rossignol. *Eostic-noz, eostic-cuz.* L'adjectif le distingue de l'*eostic-baill.*

Rôtie. *Tostenn.* (b. L.) *Bara tostenned.* (Corn.) lat. *tostum.*

Rôtir, un peu. *Suilla.*

Roucouler. *Mourrat, mourouellat.*

Roue. La pire r... est celle qui crie le plus, *ar rod falla a vigour muia.*

Rouer, de coups. *Rousta. Rei ur roustad — bazadou da.*

Rude, et rudement. *Rust, lourd. Dorn ar medisin-se a zo lourd,* ce médecin a la main rude, (ne peut toucher une plaie sans en augmenter la douleur. Votre leçon est r... *Ho kentell a zo lourd, goall-dic'hras.*

Ruine. *Rivin.* V. m. Tomber en... *Coeza en e boull.* Qui cause la... *Rivinuz.*

Rugir. *Iudal.*

Ruisseau. *Gouver, gouverenn. Voaz,* d'où, *voazenn, voazienn,* veine.

Ruminer. *Daskiriat, daskigna.*

Ruse. *Finessa.*

S.

Sable. Lat. *Sabul-um.* M, commun aux vieilles langues de l'occident ; seulement les bretons armoricains de la côte prononcent, *sabr. Treaz,* signifie, sable menu.

Sagacité, perspicacité, discernement, pénétration, jugement. Le breton ne les distingue que d'après la liaison des idées. *Spered lem, a vel pell, spered fin.*

Sage, prudent, circonspect. Les traducteurs classiques eux-mêmes ne distinguent pas toujours ces mots, et rendent, quelquefois, *sapiens,* par, prudent ; et *prudens,* par, sage. Aussi le breton n'a guère que le m. *fur,* pour exprimer cette qualité. Pour varier l'expression, on dit cependant, *skianteg, skianted, avized, avized mad. Digor e zaoulagad,* répond à circonspect.

17

Sagesse, prudence, etc. L'une est, dit-on, dans les pensées ; l'autre, dans la conduite. Ces nuances se sentent mieux qu'elles ne s'expriment. Cependant, dans le sens de prudence, on dit quelquefois, *furentez*, au lieu de, *furnez*. *En em glevet zo furentez pa vez ano d'ober prosez. Skiant prena eo ar gvella, ia, nemet re ger e ve cousted*, la sagesse qui coûte est la meilleure, pourvu qu'elle ne coûte pas trop.

Saillir, sortir brusquement, s'élancer. *Sailla*, (lat. *salire*. La mauvaise prononciation a fait le français, jaillir.)

Sain. *Salv, salo pesc, iac'h pesc. Seven. Bloaz a zo n'en d-euz great pred seven ebed*, il y a un an qu'il n'a joui d'un moment de santé. (h. et b. L.)

Saison. *Mare-bloaz.*

Salir. *Mastara, lacaat leun a vastar, labeza.*

Saluer. *Rei ar zalud. Saludi*, m. nécess.

Sans. *Eb*, (sanse. et lat. *ab*, gr. *ap*). *Anez*, (gr. *aneu*). V. privatif, *a, an*, p. 48. Le goût des superfétations a introduit l'*h*, dans *heb* ; ainsi que dans une foule de mots où il est positivement contre-indiqué. Le privatif, *di*, devant le radical, remplace la prép. *eb, Dispount*, sans peur. *Dichipot*, sans marchander. *Diarc'hant ema*, il est sans fonds. A Conlie nous étions sans armes, *e Conlie oamp dizarm*. Je lui ai prêté trois cents francs sans intérêt, *cant scoed em euz prested deza, diinterest.* Un sillon est resté sans être semé, *un ero a zo choumed diad.* On voit que ce préfixe peut aller à tous les mots.

Satiété. Il a mangé à... *E toul en d-euz debred.*

Satisfaire, pour ses péchés. *Perbaea evit e bec'hejou. Perrapari.*

Sauvage. Trèfle. *Melchen coad.* Devenir... *Mont e gouezeri.*

Sauvé. *Salo, savete.*

Sauver. *Salva*, a fait le participe, *salved.* Le sens primitif est, guérir. La vraie guérison n'est qu'au ciel. (héb. *sala*). *Porz-salv*, port de salut. *Salo d'it e vez ker fur-se*, tu serais heureux d'être si sage.

Saveur. *Saour.* Pour donner un peu de saveur à ma soupe, *da vlaza — da saouri va zoubenn.*

Savoir. *Gouzout, (ginosco).* Ce verbe, comme le verbe être, a deux formes : l'une exprime l'acte ; l'autre l'habitude. *Pa c'houzon*, quand je sais. *Pa vouezan*, quand (toutes les fois que) je sais. *Pa voar, eo etad deza beza ardiz*; pa ne vouezer ket e rezer lent*, comme il sait (le cas), il lui est facile d'être sans crainte ; quand on ne sait pas, on est timide. Prov. *Araog lamet, gouez e peleac'h, evit na dorri na penn na breac'h.*

Scélérat. *Fallagr (a zen), den fallagr.*

Sec. Il parle... *E c'her a zo seac'h, crenn, grons.*

Sécherie. *Sec'herez.*

Seconde. Il y a eu une seconde publication, *eiled eo an embannou — eil-embanned eo.*

Secouer. *Hoja, oja, eja.* Il a été bien... *Ur goall-hoja — ur goall-zifreta a zo great deza.*

Secourir. *Rei dorn da, rei scoaz. Sicour*, (a prescrit).

Secousse. Il a eu plusieurs... *Meur a stocad — meur a stocadenn en d-euz bet.*

Secret. *Secred.* M. nécess. Ce que trois personnes savent, n'est plus un... *Eleac'h ma vez tri, e vez toull an ti.*

Section. *Rumad tud.* Sect. de territoire, etc. *Trochad, taread.* (v. **tran**). Par s... *A gordennadou*, veut dire aussi, en grand nombre.

Sédentaire. *Da choum, a-blass.*

Séducteur. *Tenneur, touelleur.*

Séduisant. Propos... *Lidourerez, flourerez, touelluz.*

Semblable. *Evel.* Quelques-uns écriv. *haval.* Ce qui se rapproche du grec, *omal-os*, sauf l'*h*, ajouté à tort.

Semaille. La première... *An ada kenta.* La seconde... *An eil ada.* Le mot, *sata*, a fait croire qu'il y a ici originairement une consonne initiale. C'est que les mots courts commencent par une voyelle, ont souvent attiré l'aspiration *h*, devenue *s* dans plusieurs mots. Le vieux mot, *al, salure*, a fait *sal.* Le latin même écrit, *ador*, blé, (graine) sans aspiration. Dans certains endroits, *Alan*, nom propre, se prononce, *Salan*, etc.

Semer, clair. *Ada tano, rouez, sclear.* Il ne faut pas laisser de semer par crainte des pigeons, *arabad choum eb gounid ed gant aoun rag an dubeed.* Qui calculerait ce que coûte un sillon (a semer), ne les sèmerait pas, *an ini a zellfe ouz un ero ed n'e gounezfe ket.*

Semis. Par... *Divar ad.*

Semonce. *Scandaladenn.*

Sens. Ses deux mots reviennent au même. *An daou c'her-se a ia var ar memez tu.* Quelques-uns en parle dans un autre... *Darn a gaoze var an tu-all.* Sens-dessus-dessous, *penn eleac'h penn.*

Sensibilité. *Calon dener.*

Sensible, au froid. *Tener, goag, fall ouz an amzer iên.* Prendre quelqu'un par son côté sensible, *goasga var ar guiridig da unan bennac.* Qui tombe sous les sens : *A-vel, aned da velet, diaveaz. Da veza santed.* Les objets... *An traou aned d'an daoulagad, an trou da douch outo, da velet.* Dans le breton, un des sens comprend les autres, la vue, par Ex. (héb.) v. **santim**.

Sensuel. *Mag e gorf.*

Sentiment, affection. *Meno, santiman.* Qui a de bons... *Santimanted mad*, m. nécess. Il a de bons... *E carantez vad ema.*

Sentir. *Santout.* Qui sent vite, *santuz.* Je sens une odeur de pourriture, *c'hoez ar velet a glevan.* On en sentira la perte, l'absence, *diouer a vezo aneza.* On dit dans le sens contraire : *Un diouer eaz eo.* Mon doigt malade est sensible. *Ma biz clanv a grog an amzer enna.*

Série. *Rencad, aradennad.* Ce mot, au sens direct, signifierait, sillon.

Sérieusement. *Divadin.* Je ne pouvais le regarder sérieusement, *ne oan ket evit dic'hoarzin o sellet outa.*

Serre-bride. *Goaskellig brid, (var ar ziblenn).*

Sève. *Seo.*

Sévèrement. On m'a défendu s... *Difenn a zo great ouzin caled — stard.*

Si. *Mar.* S'il vient, pour, s'il viendra, *mar teu.* Le présent pour le futur, en breton comme en français. *Ma*, étant souvent pour, *mar*, par abus ou relachement de prononciation, un signe quelconque indiquant l'élision *(ma)* ne serait pas superflu, ni contre-indiqué comme l'*h*, dans, *hunan, hini, (u-nus,* gr. *en).* Je vois dans un livre ancien, *d,* pour, *ac.* Je n'ai pas demandé s'il était venu, *n'em euz ket goulenned a deued oa.* Si l'particule affirmative. *Eo,* Le *d,* euphonique, *d-eo, d-euz,* pour, *euz,* est fréquent. L'art. *er, (ar),* le, en hongrois, est devenu *der.* Le mot sémitique, *ar, ara, arat,* est devenu, *dara, tara, terra, teren, eto.* — Si l'il sera! *Bezo.*

Siége. Voici le siége de mon mal, *amã ema va dalh.*

Siffler. En parlant d'un corps mu ou lancé avec force : *Froumal, (fremere), zutal.*

Signe. Il me dit... *Sina a reas d'in.*

Signalement, *Tress.*

Signifier, exprimer. *Meroa, beza da lavaret, talvezout. Sinifiout,* est devenu breton.

Silence. *Sioul! Peoc'h!* (Is. 32.) Vous y trouverez le... *Eno e vezo didrouz, sioul deoc'h, eno e ca-voc'h ar zioul.*

Silencieux. Il resta... *Choum a reas peoc'h.* (V. **PACIFIQ.**)

Simple. Non composé, non mélangé. *Dretza e-unan,* Sans malice, *ken dizroug ac crouadur, di-valiss-caer.* Sans ornement, *eb decor ebed, dister.*

Sincère. *Diflat.*

Singulier. *Den e-unan,* signifie plutôt, concentré, égoïste. *Drol,* est un v. m. qui paraît breton, d'après toutes les indicat.

Société. La société en général, *an dud ken etre-zo.* Union de personnes, pour un intérêt quelconque. *Consortis, compagnonach, kerentez.*

Socle. *Stelbenn.*

Soif. Qui se couche sur sa... ne s'en lève que mieux, *an tni a gousc var e zec'hed en devezo muioc'h a zec'hed.*

Soigner. *Hirroc'h a dalv d'it en em brederi eg'et risca da vuez,* il vaut mieux te soigner, que d'exposer ta vie.

Soir. Un s... d'été, *ur pardaeez anv, (par, bar, deiz).* Le s... se fait, *pardaezi a ra,*

Sol, superficie, aire. *Leur, leurenn, douar plean.*

Soleil. Pour que le beurre ait été au s... il perd son bon goût, *an disterra ma vez eoled an aman, e coll e vlaz,*

Solennel. *Solenn.* M. coulé dans le moule breton, *(solet in annum).* *Din,* se dit dans le même sens, (b. h.) Les fêtes s... *Ar goueliou din.*

Solenniser. *Soleni.* (Trég.)

Solennité. *Gouel din, gouel solenn, gouel braz; caer.*

Solide. *Ferm, cre, en d-euz dalc'h, rac. Sol,* (base), *solenn,* (semelle). La racine paraît bretonne, quoique la forme actuelle de, solide, ne le soit pas.

Solution. *Diluia ur poent diez, (ur c'hrav, ur meil).*

Somme d'argent. *Soum.* Une grande... d'argent, *ur zoumad vad a arc'hant.*

Sommeiller. *Bezã dre e vor, dindan vor, mori, moredi, etc.*

Somme. Léger sommeil. *Mor, mored, moredenn.*

Les radicaux latins, *mor, fun,* font voir ici l'idée fondamentale. Dès le temps de M. LE BRIS, *fun,* s'écrivait *hun : Dre va hun ac en dihun,* pour, *di-fun, divun.* Ici l'*h* n'est pas un intrus, comme il l'est dans, *hag, hano.* Il remplace l'*f,* comme dans *fun,* corde, et *fun,* mort, est une pure coïncidence, tant en lat. qu'en br.

Sonder. *Sounti.* On dit d'un glouton : *N'euz sount ebet deza,* v. m.

Soporatif. *Louzou (gvin) cousket.*

Sonore. *Ecleo,* (gr. *caleo, cluô).*

Sort. Telle est mon... *Setu eno va doare-me.*

Sorte. *Seurt.* M. br. de tous les dialectes celtiq.

Sortie, (attaque). *Dirolladenn.*

Sortir, de la question. *Dibarca, dirouda, mont e count all.* Si je puis sortir des sables (en tirer ma charrette), *mar gallan didréza, (di, treaz).* Sortir de la voie charretière, *digarencha, digarenta, di-rollehia, (di, rod, leo'h).*

Sot. *Sod.* Rendre, ou devenir... *Soda, sodi.* Le dernier est plus usité, au neutre, et signifie, se montrer sot. Devenir de plus en plus... *Sotaat.*

Sottises. *Brizerez, sotach.*

Souche, d'arbre. *Sichenn,* (héb.) *pilgoz.*

Souci. Avoir, prendre... *Soussia, kemeret soussi euz, etc.* V. m.

Souder. *Souda,* V. m.

Souffler, avec efforts. *Termat, trec'hoeza.*

Soufflet, *C'houezeur, c'houezeurez.* Coup. *Stavad, fassad, javedad.*

Souffleter. *Fassata, Rei fassadou da.* De, *fass.* Il est dans la nature du breton d'emprunter les mots courts dont il peut avoir besoin.

Souffrir, beaucoup. *Divoasta (goasta) poan. Gouzav an dud ac an amzer a zo daou dra red da ober.*

Souhait. *Diviz.* On ne peut avoir tout à... *Ne c'haller ket caout tout diouz an diviz, diouz e ti-viz. Souhet,* est reçu.

Souhaiter. *Divizout.* Je vous souhaite d'être heureux dans votre choix, *chans deoc'h, (grass deoc'h) da goeza eün (en ho choaz).* Il est à s... pour lui, *salo deza.*

Souiller. *Mastara, mastarenna, caillara, labeza, slabeza (s,* parasite, fréq.) *Mastar (tar, terenn, etc.)*

Soulagement. On trouve dans des livres anciens (1650), *soulach,* et même, dans des livres français, *soulas. Soulach, soulas,* est une forme bretonne donnée au mot français, (lat. *Solat-ium).* M. nécess. Le *t* et les *s* se remplacent souvent. D'un autre côté, le *j* est nouveau.

Soulager. *Soulaji, soulazi.* Même obser. On peut cependant se passer souvent de ce mot. Je me sens soulagé par mes larmes, *grass e cavan, vad a ra d'in, scuilla daelou. Bene mihi erat cum eis (la-crym. meis).* Aco.

Soulever. *Dibrada.* Ici le sens originaire, est facile à trouver. Il est... *Dibrad eo.*

Soumettre. *Suja, suji, plega, lacaat da zoubla.* J'ai pu le... *Galled em euz ober deza soubla, ple-ga, suja,* m. importé.

Soumis. *Soubl, sentuz.*

Soumission. *Soublentez* (LE BRIS), *spered soubl.* C'est la soumission qui manque, *ar zufa eo a vanc.*

Soupeser. *Dibrada, diboeza.*

Source. Il y prend sa... *Eno e tivoan.*

Sourd. Qui empêche d'entendre. *Bouzar.*

Sourdement. *Divar e zouch, sioulic.*

Souris. Prov. *Un dra ha n'eo bet gveled biscoaz, eo un neiz logod e scouarn ur c'haz.*

Sournois. Faire le... *Oursal, simudi.*

Soutenir. Il est riche, et c'est ce qui le soutient, *pinvidig eo, ac an dra-ze a zo o-h'en dougen. Souten,* est reçu.

Soutirer son argent à quelqu'un. *C'huilla unan bennac.*

Souvenir. Autant que je puis... *Keit ha ma c'hellan memori.*

Souverain. *Dreist-oll.*

Spectacle. Le cœur se fend à la vue de tels... *Ranna a ra ar galon ouz ar seurt arvestou.* (Trég).

Spectre. *Teuz, teuzman, teuz-noz.* (Civ. Dei. l. 45. 23.)

Spéculer. On ne pourvoit bien à ses intérêts qu'en spéculant sur les faveurs du ciel, *den ne ra eün e vad e-unan, mâ n'er c'hlasc e kever grassou-mad an Autrou-Doue, — mâ n'er c'hlask e serr grassou Doue, — mâ ne zell ive ouz grassou Doue.*

Spirituel. Les choses spir. et les corporelles, *an traou spered'ac an traou corf.* (V. héb. et Jo. 6.) Ici en effet l'adjectif exprime la nature plutôt que la qualité de la chose.

Splendeur. *Digoradur, digourou, brazeñez.*

Spontané — ment. *Aneza e-unan, eb netra d'e gass.* Les cloches de N.-D. sonnèrent d'elles-mêmes, *cleier (clehier) an Itron Varia a zounas o-unan.* Leg. de La Mariyre.

Stagnant. *Sac'h, maro, maned.* Faire couler l'eau... *Dizac'ha an dour. Dizac'ha,* tirer du sac pour le vider, est un autre mot, ou plutôt a une autre signification.

Stationnaire. *Choumed a-zâ, a blass, e van-van, (manens).*

Statue. *Mod un den, mod-den.*

Stérile. (Terre). *Ne ro, ne dôl netra.* Des personnes : *dizer.*

Stimuler. *Lacaat ar c'hentrou da, atiza.* LE P.

Stipuler. *Divizout.* J'avais stipulé que j'aurais trois, *tri am oa divized (da gaout), divized em oa em bize tri.*

Subir. Puisqu'il est venu, je dois le... *P'eo deued e rancan erzel outa.* Subir les dépenses, *erzel ouz ar mizou.*

Subjonctif. Le conditionel en tient lieu. *Ne gredan ket e vén dleour din a zen ebed.*

Substance. *Sustans* (1750), m. nécess. peut se mettre pour, essence, d'après des trad. approuvées.

Successeurs. Ses... *Ar re var e lerc'h, ar re en e c'houde.*

Succomber. *Plega, plada, puca,* (héb. pug). Les deux premiers v. sont également transitifs.

Succulent. *Sassun.*

Sueur. Tout en... *En dour-c'hoez.*

Suffire. *Founna.* (Trég.)

Suffisant, altier. *Otuz, (autuz, altus?)*

Suffoquant. Temps s... *Amzer moug.*

Suggestion. Je cède aux... du démon, *gant an droug-spered e voall-droan. Da atizou — da aliou an droug-sp. e plegan.*

Suivre. *Pursu, eülia.* (Dav.)

Suinter. *Didarza.*

Suivre le chemin. *Mont gant an ent, euli, (ultim).* DAV. *Oli.*

Sujet, sujétion. *Sujed, sujedigez,* m. nécess. Sujet à se casser, à se perdre, *edor, egoll.* Moins sujet à se perdre, à se casser, à produire des chicanes, *digolloc'h, didorroc'h, dizicannoc'h.* Alors on ne trouvait pas de sujets propres à être enfants de chœur, *neuze ne oa ket a zanvez euristet.* Mauvais... *Aillon, ajez, lampon, truillenn.* Vivre en... *Aillonat, etc.* A ce sujet, *divar (benn) an dra-ze.*

Superficiel, ou superficiellement. *Divar-c'horre, (divar garre), divar gorreio.*

Superflu. Propos... *Comzou goullo, null.*

Supérieur. *Da uhella, da genta, Dreist, die; dispar.* Il a une récolte... *Un eost prins en d-euz* (80). Un homme... *Un den die; Il se croit... Caeroc'h eget an oll en em laca,* (Corn.)

Suppliant. D'un air... *Var e zoubl.*

Supplier. Il m'a supplié de prendre son fils, *en em erbedi en d-euz great ouzin kemeret e vab. Pedi umbl* (1757), sans h.

Supporter vos peines avec résignation à la volonté du maître, *dougit ho poan o soubla da volontez ar mestr, arzit ouz ho poan.*

Supposé qu'il en soit ainsi. *Lacaomp evelse, lavaromp evel-se, e ve (guir).*

Supprimer. On a s... cette auberge, *troc'hed, torred eo an hostalëri-ze.*

Suppurer. *Distilla, direnta.*

Sur, sureté. M. nécess. En lieu s... *E sapete, surentez.* Deux suretés valent mieux qu'une. *Ul logodenn (ha) n'e d-euz nemet a toull, a vez paked buan.*

Surabondant, surabondamment. *Dreist ar bord.*

Suracheter. *Goall-brena, (voall-brena).*

Surnaturel. *Dreist-natur.* On entend dire ; le monde de sur-nature.

Surpasser. *Mont dreist, gounid var.*

Surprenant. C'est s... *Souez eo, (souezus braz).*

Surpris, par la mort. *Goall-dized gant ar maro.*

Surprise désagréable. *Souezenn.*

Surveillance. Ils s'en vont en dépit de toute... *En desped da bep diouall, ez vont kuit.*

Susceptible. Il n'est pas s... d'amélioration. *N'euz ket a vellaat enna.* S'il était s... d'amendement, *mâ ve enna dont da vad.* Dieu, en créant les Anges et les hom., a voulu avoir des enfants susceptibles de lui ressembler, *Doue, o crou an Elez ac an dud, a zo falvezed ganta caout bugale ac a vize enno beza evel outa.*

Suspect, *Doare fall, tress fall varna, deza,*

Tressed fall, doareed fall. N'euz nemet da zisfiziout anesa. Amjust.

Svelte. *Sinol.*

Symbolisme. *Enevel etre ar c'horfou ac ar sperejou.* (S. P.)

Système de vie. *Reiz beva, mod beva, doare beva.*

T.

Tablier. En mettre à une porte, *tavanchera un or.*

Tache, souillure. Pic, picad. Souilleur, paraît d'origine sans être de forme celtiq. *Tachadur*, se dit, et ainsi que *tachaded*. Les deux mots ont leurs racines dans les dialect. du n. Sans t... *Digatar, dibicouz.* — Tache imposée, *feur*. Les frèr. en font leur tache, (de l'instruc. de l'enfance), *ar frered a ra o feur eus an dra-ze.* Prennent cela à tache. Ce mot, radicalem. br., a fait le b. lat. *tasca, (tacsa). Tachad,* m. br.; signifie portion, etc. Durée déterminée.

Taille, tailler. *Taill.* M. br., qui répond au même mot devenu français. (V. p. 38). Défaut de t... *Gant bian, evit bian, evit re vian.* La taille ne fait pas tout le mérite, *neket ment a ra tout — a verz maro'h.*

Taire. Même à se taire on peut mal faire, *fazia a c'haller eb lavaret ger.*

Tard, tarder. Il se fait t... *Pardaezi a ra.* Après tarder il faut marcher, *goude dale e ranker bale.* On ne s'en trouve pas plus tard pour aller à l'église, (à la messe), *dale en iliz pe da rei kero'h ne ra da zen beza varlerc'h.*

Taxe. *Feur dailled.* (h. L.)

Télescope. *Lunedou gvelet pell. Telescôp.* La foi est un télescope qui nous fait voir... *Ar feiz a zo evel ul lunedenn gvelet pell, ac a ziscuez deomp...*

Temporiser. Il est quelquefois bon de... *Mad eo amzeri a-vixou.*

Temps. Il a fait son... *Echu ar c'hiz anesa, ema o-h ober e dalarou.* Quand vous aurez le... *Pa dizoo'h.* Gros temps, *rust amzer, goall-amzer.* Brumeux, *solabezenn.* A t... *E mare mad, d'ar mare.* De tout t... *Ed ar velsh.* C'est maintenant t... de prier, *brema eo pedi.* Il fut un temps, qu'on était... *Bet eo, ac oat...*

Tenants et aboutis. *Doareou.* Connaître les... *Gouzout an dro, an doareou.*

Tendre. *Tenna da.* A devenir bourgeois, *trei, tenna da vourc'hiz.* Le blé tend à hausser, *an ed a ta var greso, var (an tu) huellaat.* Le radical, *tenn,* dans ce sens, est de la famille des lang. europ.

Tenir. Il vint, tenant un bâton, *dont a reaz, ur vaz ganta, orog en ur vaz, ur vaz en e zorn.* Je ne puis plus t... *Ne c'hallan mui padout, ne badan mui.* Je ne puis encore tenir sur mes pieds, *n'oun ket evit troada c'hoaz.* Troada, par dériv. signifie aussi, emmancher, fixer, etc.

Tente. *Telt.* (Angl. *tilt*, all. *zelt.*)

Terme. *Termen.* Commun au br., au gr., au l.

Terne. *Teval, intr. (ar pladou coz a ta intr).* Paper terrassed, *tarassed,* papier qui a perdu sa blancheur; terni. (K). *Terenned, (tered, terennog, ternog)* dit trop. La ressemblance de *terassed; tarassed,* avec le fr. terrasser, n'est pas une pure coïncidence. Le sens radical est le même, le sens dérivé, non.

Terrasse. *Savenn douar.*

Terrasser. D'un mot il le t... *Gant ur g'er en douaras, en discaras, en darc'hoas.*

Terre. B. *douar,* sansc. *dara, tara,* héb. *eret, (tere, arat, ara). Terenn,* terre inculte et marécageuse. *Pen-tir.* Pointe entre Crozon et Camaret. *Taread,* section (de territoire). *E taread coad ar C'hrannou ez eus goloadurez d'ar bleizi,* le loup trouve des retraites dans le territoire du Crannou. Une simple métathèse a ici dérouté ceux qui n'ont pas vu que ce mot, *arat, tarat,* etc., est commun aux langues sémitiques et aux lang. europ. L'antipathie de quelques savants pour tout ce qui tient à la parenté des langues, y est aussi pour quelque chose. (V. LE GON.) Contre ce faux système, on pourrait encore citer: *Terennou, tiriennou,* terres incultes. *Tere-bruc, (telgruc), tarafat, tarava, mont a daravou,* trainer, se trainer à terre; *fpen, tirien, trevad,* fruits de la t... *Tarassed,* terni. *Tered,* etc. Le mot, *atil,* terre fertile, *parc an atil, (tellus)* pourrait-il se ramener à la même origine? On écrit par un seul *r,* plusieurs mots ou le latin en met deux. *Litera..,* Vieux livr. esp.

Tertre. *Run, runenn.* Quelques-uns prononcent, *reun;* mais rien n'oblige à l'écrire ainsi: *reun,* a un autre sens. Les angl. écrivent bien, *turf,* pelouse, ce qui ne les empêche pas de prononcer, *teurf. Hurt,* qu'ils prononcent, *heurt,* etc. *Runaven,* ainsi prononcé par les personnes les plus âgées de Pl., se prononcent généralement, *runaoen;* mais la vraie orthographe serait, *runaven,* tertre de la rivière. A K. on prononce, *rumikeal,* pour, *runmikeal.*

Tête. Derrière de la... *Kitern, (kil-kern,* gr. *cranion).*

Textile. L'ortie est une plante t... *Al linad a zo ur vezennic danvez neud enni.* — Les Egyptiens en faisaient des tissus, les Sibériens en font des cordages et des filets. Le nom de *lin,* modifié par la désinence *ad,* (v. ᴍᴛʀᴀᴘ.) montre que nos pères en savaient faire le même usage.

Tiédeur. J'ai entendu, au moral, *clouarder;* au physique, *clouarien.*

Tierce. Mettre en... main... *Lacaat e tredeoc.*

Tiers. Le tiers du temps, *an trede fars euz an amzer.*

Tige. A la tige droite et aux feuilles élégantes, *corzenned eün ha deillenned brao.*

Tirailler. *Sacha, sachenna, difreta.*

Tirer. tirer le noir, etc. *Tenna var an du.* (ten danoe. v. gr.)

Titre. *Goarant, goaranchou, difazi, difaziou, sclerizenn, mro, paper, (titr).*

Toison. *Saead-c'hlan, touzadenn.*

Tomber. *Caout lam,* qui signifie aussi, défaite, dans une lutte.

Déchoir. *Discar, mont var e benn, disteraat, dichea.*

Ton. Donner le... *Lacaat var an ton.*

Tonsure. *Curunenn.*

Tordre. Se tordre de douleur, *en em vedenna, gant ar boan.* (*Vedenn*, lien, qui fixe une claie, etc).

Tort. J'ai... *Fazi am euz.* A tort, *e gaou.*

Torture. *Bourreverez.* Il lui en fait subir une... *Ur merzeria, ur bourrevi o d-euz great deza.*

Toucher. Sans t... *Didouch, dibrad.* Percevoir. Il a touché trois fr., *ur scoed en d-euz touched.* Frapper pour faire aller, *touchit deza.* Apre au t... Lourd, *garo (da douch).*

Touffe. *Bouchad, bodad, touffad,* (d'où le b. l. *tuffa*).

Touffu. *Touffog.* M. br.

Tournure. Le monde prend une mauvaise... *Ur stum fall a gemer ar bed.*

Tourmente. *Barr-amzer.*

Tout. Mot commun au br., au l., etc. Seul usité en parlant d'une quantité continue. Tout-à-fait, *tre, oll,* (gr. *olós*). Tout-à-fait extraord., *par-dis.*

Toux. Une très-grande... *Ur pas diroll.*

Tracassier. *Trabasseur, (tregasseur).*

Traces. Plus de trace de chapelle, *doare chapell ebed mui, tress ebed.*

Trafic. *Trafic.*

Trahison. *Traïzoni, taol traïs.*

Train. En train de... *Var an tre da, e tress.*

Trainer. Le diner à... *Al lein a zo bet lostog.* Se trainer, *ruza, mont a ruzou, a dreinou.* Qui tr... en parlant, *ganez, (ganuz).*

Traineur. *Gourlerc'heur, lugudeur.*

Trait. *Tôl errued, digouezed, c'hoarveed, pennistor.*

Traitable. *Eaz ober ganta, eaz da gass, da ambreger.*

Traité. Accord. *Paper etre diou gevrenn, diou gostezenn, daou rum, pe ouzpenn.*

Traiter. Traitez-les comme... *Grit dezo evel...* (*Fac illis*). Ils l'ont tr... de sot., *sod o d-euz great aneza, o d-eus en lakead.* Vous le traitez de la sorte, *evelse eo er c'hempennit!* Se bien traiter, (ne pas se priver), *en em brederi mad.* Il ne me t... pas bien, *ne ra ket brao d'in.*

Trame. *Anneuenn,* et non, *steuenn,* qui désigne la chaîne.

Tranquille. *Trankil,* est usité partout, quoique rien ne prouve positivement qu'il soit réellement breton, sinon peut-être l'emploi qu'on en fait dans des lieux où le fr. était naguère inconnu. Vous y serez tranquille, *eno e vezo didrouz, distourm, didrabas, eaz deoc'h.* Dans certains endroits de la Corn., *trankil,* veut dire, en bonne santé. Les Hébreux saluaient en souhaitant la paix, compagne du bonheur; les Romains, comme nous, souhaitaient la santé. *Salve, iec'hed.* Ra vezo c'h iâc'h, e peoc'h, trankil, (corrélat.)

Transfiguration. *Furm-nevez, doare unan tresfurmed caër.*

Transfigurer (se). *Kemeret furm nevez, tresfurmi (caër).*

Transformer. *Sench doare.*

Transport. (Port). Il a pris à sa charge un t... difficile, *ur goall gass en d-euz kemered en tu diouta.* Ce t... est difficile pour nous qui sommes âgés, *an dougen-ze a zo diez deomp-ni, tud coz.*

Transporté, de joie, — de colère, *er meaz aneza e-unan, gant e joa,* — *gant an droug a oa enna.*

Transubstantiation. *Sench subsans, (sustans).* Mont e sustans all. Subsans, sustans, m. nécess.

Transplanter. *Tresplanta.* Préfixe; *tre,* idée de passage d'un état, d'un lieu à un autre. *Tre,* au delà.

Travail. *Trevell.* V. m. Il vit de son... *Divar boez e zivrec'h e vev, n'en d-euz nemet poez e zivrec'h da veva.*

Travailler, avec effort, *labourat a laz corf, dizamant.* De bon cœur, *c'hoëg, stard. Trevell,* signifie ordinairem., se donner de l'exercice.

Travers. A trav. les barreaux, *dre voase ar bizier.* Regard de... *Sell a gorn* — *treuz.*

Traverse. Pièce en trav. *Treuzel, treuzladenn.* Si quelque traverse nous arrête, *mar teu un dra bennac a-dreuz.*

Treillage, treillis. Treill. de buis, *treill veuz.* Champ du... Parc an dreill, trelllou. (*Caëll*), v. m. K. *Un dreillennic.*

Trémousser. *Fistoulat, trabassat.*

Tremper. *Trempa, souba.* Esprit bien... *Spered ploumed mad,* v. m.

Triompher, (par vanité). *Brabansal, ober brabanserez, en em bompadi.*

Triste et accablé, morne. *Damañ,* b. l. (gr. *damañ*, héb. *dama*, accablé, tranquille).

Trivial et inconvenant. *Baloc'h (e comzit, Corn.) Glapez.*

Tromper. *Trompla,* origine inconnue, peut être bret. Où l'on n'est pas exposé à se... Qui ne peut, *Difazi,* (infaillible, activ. et passivem.) *An ent coz a gass difazi, an int a id dreiza d'e gi.*

Trompette. Publier à son de trompe, *incanti, bruda gant ar c'horn boud, gant an drompill.*

Tronc. *Trunsen, gur,* — d'arbre. *Corf gvezenn.* Tronçon, *troc'had.*

Trot. *Trot.* Au petit... *D'an drotic, d'ar pildrotic.* V. *pildrotat.*

Trou. Il boit et mange comme un trou, *n'euz sount ebed deza, cleuz eo beteg begou e dreit.*

Trouver. *Caout.* (Gr. *kiked*). Prov. *Ar c'hlasc a zo franc, mes ar c'haout ne ket stanc.*

Tumulte, (trouble). *Freuz, dispac'h,* Carm. *Troubl,* n'est pas inusité en breton, mais il a un autre sens. *E zaoulagad a zo troubl, troubl eo an amzer, an deiz. Troubl deiz, troubl noz oa,* etc.

Tuteur. *Goarant, (culator).* Subrogé... *Culator aeozan.*

Type. *Souer, pinpatrom, (penn-patrom).*

U.

Uni, à vous. *Unan ganeoc'h. Unaned*, signifierait, réconcilié.

Uniforme, uniformément. *Ingal, plean, evell-evel, Compez, uni.*

Un. Art. indéf. *Un*, en construc. *ul, ur.* On dit aussi, (com. en gr.) *en, el, er. Er parc, en ti…* (S. P. et b. l.) *Er bloaz mil seiz-cant-pevar-ugent ha nao, Brest ne dalveze ket er bod scao,* disait M. GUILLERME, autrefois, Recteur de Guimiliau. L'identité matérielle du mot, *er*, équivalant à une prép. suivie de l'art. et du mot *er*, substitué à *en*, est une coïncidence qui ne peut étonner que ceux qui n'ont aucune idée de l'omonymie dans les langues.

Union. *Unanvez.* L'…, règne. *Plean eo ar bed.* — *Kerentez.*

Unique. *E-unan, nemeta, dis.* Unic, a passé. Incomparable, *dis.*

Unir. *Lacat unan, a-unan, unani.*

Uniment. *Plean, var-blean,* (parlant).

Usage. *Custum.* Pays où règne de bons…, *Bro uzached mad.* On dit d'une personne : *Uzached mad eo.* M. emprunté. Aller contre l'… *Dic'hiza,* qui n'est plus d'…, qui n'est pl. de service, *dizervich.*

User. *Uza.* M. br. Demi… *Anter-uz.* Adj. et s. Particip. *anter uzed. Ar boutou-ma o d-euz great un uza mad,* ces souliers ont été d'un bon service. Ils sont à moitié… *Anter-uz a zo enno,* (int). Travail qui use les vêtem., *labour uzuz d'an dillad.* Qui n'use pas… *Diuz d'an dillad.* Il n'a pas souv. l'occasion d'user de ses… *N'en d-euz ket vad a freuz, (a uz) d'e zillad, ar freuz en d-euz d'e zillad neket braz, n'en d-eus ket a vraz a uz.*

Ustensiles. *Reizou, claoiou, prestou, dafarou, ostillou.*

Utile. *Da dalvout, da ober vad, emzao.* Non… *Didalvez, dizervich.*

Utilité. *Vad.*

V.

Vague. Terre. *Frankizenn, terenn. Tiriennou,* n'a pas précisém. le même sens. Souvenir… *Marzonj, brissonj.* Crainte… *Encrezenn,* (Corn.) Votre explication a été… *Golbed eo bet an displica oc'h euz great.*

Vaincu. Nous sommes les… *Collevrien omp.* (80).

Vallon. Traonenn, devenu, *traonien, canienn.* La désinence , *enn,* devenue *ienn,* par quelques mots, ne modifie pas les mots dans le sens que le suppose LE PELTIER. Ici, d'après lui, exprime l'idée de froid. Mais, on dit également, *crec'hienn,* pour, *crec'henn,* collines, *lec'hiennou,* pour, *lec'hennou,* quelques endroits. Ce serait donc partout le froid. Impossible d'énumérer les cas où LE PELTIER s'est égaré, à force de vouloir rendre compte des lettres parasites et sans portée.

Vaulté. *Avel, neira, raneou, traou null, disfounn, vean,* m. néces.

Vantard. Brabanseur, *teoded hir ha dorned berr, troed d'en em bompadi, d'en em fougeal, d'en em re-veuli.*

Vapeur. *Aezenn,* (héb.) Navire. *Mogedeur,* (b. l.)

Variable. *Senôh dizench, mont dont, a vezo ha ne vezo, gvels e vezo gvels ne vezo, edro, a dro alies, mareaduz, a id ao a deu.*

Varié. Plus… *Mutoc'h a seurtou enna.*

Variété. On y voit plus de… *Mutoc'h a draou diesvel, mutoc'h a seurtou a veler eno.*

Vase, bourbe. *Bouillenn,* Où il y a beaucoup de… *Bouillenneg* (og).

Vaurien. Tour de… *Lamponiach, utiloneres, ajezeres.*

Végétal. *A zao en douar.* Couche de terre… *Goeledenn, condoun.*

Végéter. Vivre pauvrement. *Beva moan, beva bevaic.*

Veillée, veiller. *Neket tac'hux beilla pell, sevel mintin a zo gvell,* les long. veillées nuis. à la santé.

Veine, (d'une carrière, d'une source). *Vouaiennad, voazenn.*

Vendre. Facile à… *Everz.* Difficile à… *Dieverz. Nebeud a verz, gverz ebed, ne gaver gverz ebed deza. Re ginnig marc'hadourez a zo ur mero neket everz.*

Venelle. *Banell.* Et il enfila la… S'enfuit. *Ac e clasc e ribinou.*

Vénérable. (Da veza) *enored. Venerab,* m. imp.

Venger. Se… *Venji.* Porté à… *Venfuz,* m. néces. bien formé. Un homme qui sentait le collège, se servait toujours du m. *vindicatif*; on le surnommait, *An Aotrou Benedicatif.*

Vent. Un jour de grand v… Un gros avel. S'il dure toute la journée, *derveziad.* Uniforme, *plean.* Contraire, *avel a-benn.* Derrière, *avel a-dré.* Il fera du… *Aveli a rai.* Impétueux, *foll, froudenn avel.* Coup de… *Fourrad, fourradenn avel,* (da zigorna saout.) Triv.

Ver luisant. *Prev-tan.*

Verbal. *Dre c'her, a c'her, eb paper.*

Verdure. Arrivés jusqu'à la v…, nous nous reposerons, *pa erruimp gant ar glas, ni ziscuizo.*

Verge. Je ne suis plus sous sa… *N'emaoun mui dindan e zomani.*

Véritablement. *En detin.*

Verrouillé. La porte n'est pas… *An or a zo divoraill.*

Verser. La charrette va… *Troc'heulia a rai ar c'harr.*

Versoir. *Scouarn alar.*

Vert. *Gver.* (Couleur.) Couper vert… *Troc'hla er c'hlas.* Sur le v… *Dem-c'hlas.*

Vertement. *Grons.*

Vertical. *A-blom, plom, a-bic, pic. Sers. A-zd, soun en e zd.* Opposé à : *A-led, a-hir, a-blad.*

Vertu. *Vertuz.* V. mot. *Divertuz e cavan aneza.* Sans force, sans ressource, sans richesse. (*Kaliou*).

Vétiller. Quelle manie de…! *Ac a ranerez! Ac a ran!* (rien).

Vicissitude. Sujet aux… *Mareaduz.*

Vicieux. *Fallagr, var ar fall, fall.*

Victime. Tu en seras… *Varnot e coëzo, voaz a ze e vezo d'it, (goaz) te a vezo voaz, (goaz) eus a ze, d'it a vezo ar goassa.*

Vide. Il y a des vides, *mankennou a zo*, (d'un sillon semé, planté, etc. A vide, *er c'houllo, er goullo. Dizamm*, sans rien porter. La petite vérole a fait le vide dans la maison, *ar vreac'h a d-euz great rins en ti.* Tête vide, *penn vac.* (*Vacuus, bugale re vac, re lezed*).

Vider. *Rinsa. Pa vez ar boan en e goassa e vez tost ar gor da ziscarga.*

Vie. La vie est difficile, *ar beva a zo tenn.* L'ignor. du génie de la langue a fait forger, *bividigez.* Où passez-vous votre…? *Peleac'h emaoc'h o cora?* On a toujours plus de bien que de vie, *atao e vez muioc'h a zanvez eget a vuez.*

Vieille. *Grac'h,* (gr. *graia*). *Grac'h,* par extension, édenté, radoteur.

Vieilleries. *Cozaillou,* (*cozachou*). *Un den iaouanc da fall za za, ne vella ket evit coza.*

Vieillir. *Coza.* V… de plus en pl. *Cosaat.*

Vieux. Les… s'en vont cette année, *digoza a reer er bloa-ma.*

Vilain! *Pez divalo! vil, mez e velet (ma z-out).*

Ville. La ville de Brest, *kear vrest.* Les faiseurs de breton de cérémonie disent : *Ar gear a Vrest.* L'habitude ou la routine empêche de trouver ridicule ce français mal retourné, *a,* ne répond pas à ce, de.

Vin, de qualité inférieure, faible. *Gvinig.*

Violemment. *A toul,* en un taol *crac, orenn, a frap.*

Violence. *Rustoni.* Se faire v… pour, *en em derri da.* Fortune due à la… *Madou deued a grogad.*

Violent. *Divad, divarn.* Un homme… *Ur goallunan, ur goall-int.*

Vis-à-vis. *Var-eün, rag-eneb da, a fass da. Fass,* est très-vieux dans la langue, (*tal-fass,* trogne). *Fassog,* grande face, air menaçant, etc. Un mot, dont la famille est nombreuse dans la langue, y est nécessairement très-ancien.

Visage. *Bizach.* V. m. (*Visagium*).

Vision. *Skeud, skeudou a veler, selerizennou.*

Visible. *Freaz.* Ce sera plus… *Fressoc'h e vezo,* (b. L.)

Visite. Vous avez fait une courte… *Un dro vuan oc'h euz great.* Les plus courtes sont les meill., *ar bizitou berra eo ar re vella.* — des bois, *gvel, gveliou, tro.*

Vite et bien né s'accordent guère. *Mad ha buan n'int ket unan.*

Vitesse. *Tis.* Marcher avec… *Bale tis, tissa,* (Plougast.)

Vitraux, à sujets. *Gver patromou, prenestr gver patromou.*

Vivacité. Il a quelquefois des… *Fionv, (finv), fourradou droug a vez enna a-viziou. N'euz ket*

a diegez na vez buanegez, nul ménage où il n'y ait quelques vivacités.

Vivant. Bien aimée de son… *Cared dreist, en e beo.*

Vivement. *Distag, grons.*

Vivifiant. *Beo, tac'h.*

Vivres. Les v… n'abondent guère ici, *ar beva a zo berr ganeomp.*

Vocation. *Eleac'h ma fell da Zoue, stad ma oer galved (dezi),* v. **DIVAD.**

Vogue. En o *bog.* A leur apogée, (90).

Vol. *Laeradenn.* Il ne peut surmonter son penchant au v… *Neket evit e zaouarn.*

Volée. (Son de cloche). *Boleadenn.* — de coups. *Roustad, saead, guiscad bazadou.*

Voler. *Voall-gemeret, pëillat,* (d'où piller, compilare).

Volet. *Stalafenn,* (*talafenn*), *panell.*

Volonté. *Bolontez.* V. m., (gr. *boulesis*).

Volontiers. *Laouen.*

Volte-face. *Distrei ous…*

Volumineux. *Founnuz,* (Corn. pour, corpulent). *Fourmal, fort,* (gr. *fortos*).

Vorace. *Debruz, marlonc, sount ebed deza.*

Voter. *Rei mouezou, voti.*

Vouer. *Voesta.* M. importé, nécess.

Vouloir. *Caroul.* Il fait ce qu'il veut. *A gar a ra. Lezed e vez en e roll, en e vad-ober.* Puisque v. ne voulez pas m'obéir, *pa neket mad deoc'h senti ouzin.*

Vous. *C'hui, hui, hu, ho.* Primitiv. *Fui, h,* encore usité. Le *v* adouci est devenu *h,* comme dans, *dihun,* pour, *divun, difun.* Comme en espagnol, *filo,* est devenu *hilo,* filet ; *fenoso,* fenouil, est devenu *hinojo* ; *f,* et *h,* pour, *s,* et *f,* ou *v,* etc. Beaucoup d'altérations de ce genre ont défiguré le breton, surtout à la faveur des théories nouvelles. On a prétendu s'isoler de la tradition. Cela explique le mépris où est tombé l'étude de notre langue. Le système qui devait la sauver pourrait lui donner le coup mortel. L'analogie fait bien voir que *ho,* par métathèse *oh, vos,* sont des modifications du même mot. V. somme, p. 103. Les métath. *oh, am, em,* datent des premiers temps.

Voyager. *Ober ent, bale, redet bro. Beachi,* est reçu.

Vraiment. Cependant, vraiment, je suis contrarié, *cousgoude, gvir, e cavan diez.*

Vraisemblable. Ce n'est pas… *Neket doareed da veza gvir, n'euz ket a zoare e ve gvir.*

Vue, organe. *Gvelet.* Perdre la… *Coll ar sclerizen — ar gvelet.*

Vue. Celui que j'ai en vue. *An ini a vizan, an ini am euz bized.* Dès que je le perds de vue, je suis inquiet, *rac-tal m'en disvelan, diouz-tu pa disvelan aneza, e vezan var daoun, nec'hed.* J'ai des vues particulières sur lui, *va zonjou va-unan am eus varneza.* Au point de vue des bienséances, des convenances comme au point de vue de la stricte justice, *e kever an deread couls ac e kever ar gvir strissa.* L'homme sage a d'abord en vue le salut de son âme, *an den fur a laca e penn kenta, e penn tout, gounid ar baradoz.*

Y.

C'est un abus de mettre un *y*, dans certains mots où la prononciation a introduit ce qu'on appelle mouillement : *prisonied*, vaut mieux que *prisonyed*. L'*i* simple est même presque un abus. J'entends dans la même maison la sœur prononcer, *glepioc'h*, plus humide ; c'est-à-dire, en faisant entendre un *i*, très-rapide ; et le frère, *glepoc'h*, simplement. Les signes parasites doivent à peine se montrer. Quelques écrivains ont écrit, d'après une certaine prononciation : cochier, vergier, au lieu de, verger, cocher ; mais un instinct de bon goût ou de bon sens a toujours empêché d'écrire : vergyer, cochyer. (V. l'introd. pp. 10, 18, etc.)

Z.

Par abus et par ignorance, on substitue *ch*, et *j*.... *garoazou, cleuziou*. Trég. *croajou*. Le *j*, consonne au *z* : *Cleuchou, croachou, reichou*, pour, *reizou*.... est nouveau. V. p. 18.

FIN.

TABLE

DES MATIÈRES.

Landerneau. — Imprimerie de DESMOULINS.

www.ingramcontent.com/pod-product-compliance
Lightning Source LLC
Chambersburg PA
CBHW052037270326
41931CB00012B/2526